Q 48,-

Ulich/Oberhuemer/Reidelhuber (Hrsg.)
Der Fuchs geht um…

Der Fuchs geht um ...auch anderswo

Kinderkultur aus den Ländern Türkei – Jugoslawien – Griechenland – Italien – Spanien – Portugal

Ein multikulturelles Spiel- und Arbeitsbuch

Herausgegeben von
Michaela Ulich, Pamela Oberhuemer
und Almut Reidelhuber
im Staatsinstitut für Frühpädagogik
und Familienforschung München

Beltz Verlag · Weinheim und Basel

Dr. Michaela Ulich, Jg. 1943, M. A., mehrjährige Tätigkeit als Hochschulassistentin in München und Berlin: Forschung und Lehrerausbildung mit Spezialgebiet: Literatur, Kultur und Sozialgeschichte von Minderheiten; Zweijährige Tätigkeit am Geschwister-Scholl-Institut: Koordination und Durchführung eines wissenschaftssoziologischen Projekts (Leitung: Prof. Dr. P. C. Ludz); Referatsleiterin am Staatsinstitut für Frühpädagogik und Familienforschung, München

Pamela Oberhuemer, Jg. 1946, Bachelor of Education/University of London; mehrjährige praktische Arbeit mit Kindern in London (Infant School) und München (Schulkindergarten); Referentin am Staatsinstitut für Frühpädagogik und Familienforschung , München; seit vielen Jahren in Modellversuchen und Erzieherfortbildung tätig.

Almut Reidelhuber, Jg. 1942, Soz. päd. (grad.); mehrjährige Tätigkeit als Erzieherin und Sozialpädagogin; Praxisberatung an Fachakademien für Sozialpädagogik in München; als Referentin am Staatsinstitut für Frühpädagogik und Familienforschung, München, in Modellversuchen und Erzieherfortbildung tätig.

Expertenkommissionen für die Sammlung von Materialien in den Herkunftsländern:

Türkei: M. Alpay (Leitung), N. Altindağ, A. Oktay, N. Önder, A. San
Jugoslawien: M. Marković, Beograd; R. Matić, Beograd; M. Škoda, Zagreb; B. Straźar, Ljubljana
Griechenland: T. Valinakis, M. Stamatopoulou-Blümlein
Italien: A. L. Gelli Bigler (Leitung). G. Fucci, R. Guarnieri, M. L. Meacci, C. Valeri, M. Valeri
Spanien: J. Artigas (Leitung), C. Bravo-Villasante, D.F. Cubells Salas, A. Diaz Plaja, A. Medina, J. G. Padrino
Portugal: T. da Silva Saião Lopes (Leitung), M. Brandão, M. E. Leandro, N. Rocha

Diese Arbeit entstand im Rahmen des Projekts des Staatsinstituts für Frühpädagogik: „Didaktische Materialien zur Förderung deutscher und ausländischer Kinder im Elementarbereich und im Übergang zum Primarbereich".
Dieses Projekt wurde mit Mitteln des Bundesministeriums für Bildung und Wissenschaft gefördert.

CIP-Titelaufnahme der Deutschen Bibliothek

Der *Fuchs geht um... auch anderswo* : Kinderkultur aus den Ländern Türkei, Jugoslawien, Griechenland, Italien, Spanien, Portugal ; e. multikulturelles Spiel- u. Arbeitsbuch / hrsg. von Michaela Ulich... – 2., unveränd. Aufl. – Weinheim ; Basel : Beltz, 1990
(Beltz-Praxis)
ISBN 3-407-62097-7

NE: Ulich, Michaela [Hrsg.]

Lektorat: Peter E. Kalb

2., unveränderte Auflage 1990

Satz: Fotosatz Unger, Weinheim
Druck und buchbinderische Verarbeitung: Druckhaus Beltz, Hemsbach
Titelbild: Fernando Alonso – Aus dem Bilderbuch „El hombrecillo de papel" (Das Papiermännchen), Valladolid, Miñón 1978.
Printed in Germany

ISBN 3 407 62097 7

Inhaltsverzeichnis

Vorwort 9

A. Zur Einführung 11

1. Aufbau des Buches 14
2. Wozu Kinderkultur aus anderen Ländern? 16
3. „Aber ich kann doch kein Türkisch!“ – Spielen und Tanzen kann aber jeder 19

Exkurs: Wozu die alten Spiele? – Einige Merkmale und Möglichkeiten traditioneller Spielformen 20

B. Kinderspiele 23

1. Zum Auftakt – Auszählreime 26
2. Kreisspiele: 33
   Ringel Ringel Reihe – Ringe, ringe, raja – Ringa ringa raja – Jiro, jiro oli – Giro girotondo – A la rueda de la patata 33
   Der Fuchs geht um – Yağ satarım – Gnilo jajce – Il pungiglione – A la zapatilla por detrás 39
   Taler, Taler, du mußt wandern – Yüzük kimde? – Punto, punto to dhachtilidhi? 43
   Weitere Kreisspiele 45
3. Brückenspiele 50
   Machet auf das Tor – Aç Kapıyı Bezirgân Başı – Ali je kaj trden most? – Perna, perna i melissa – La gallina bella bianca – Al alimón, al alimón – Que linda falua 50
4. Fangspiele 59
   Wolfspiel: Alle meine Entchen, kommt nach Haus! – Perpato is to dhasos – Lupo, lupo, cosa fai? – Juego del lobo 62
   Weitere Fangspiele 64
5. Ochs am Berg, Huckepack, Himmel und Hölle ... und weitere traditionelle Kinderspiele 66

C. *Kinder- und Volkslieder* 77

1. Lieder zum Mitmachen 80
2. Volkslieder 94

D. *Kinder- und Volkstänze* 105

E. *Theater spielen – Theater machen* 133

1. Schattenspiel als kulturspezifisches Theater 136
   – Türkisches Schattentheater: Karagöz gestern und heute 137
   – Karaghiozis in Griechenland 140
   – Praktische Hinweise zum Selbermachen: Puppen, Theater 142
2. Theaterstücke 151
   – Karagöz und Nix Verstehen 151
   – Rätsel um Karagöz 153
   – Pinocchio und die Grille 155
   – Pinocchios Auferstehung 157
   – Der Hund, der nicht bellen konnte: ein Theaterstück über Sprache 159
3. Anregungen für Szenen und Improvisation 165
   – Italienische Masken 165
   – Auf dem Markt – auf dem Bazar 168
   – Ein Stierkampf 170
   – Bunt, bunt, bunt, sind alle meine Kleider – Kulturspezifisches Kleidungsmaterial in der Kindergruppe 173

F. *Feste und Feiern* 175

Einführung: Feste und Feiertage – Bekanntes und Unbekanntes 177
Kalender der Feste und Feiertage in den Herkunftsländern 178

1. Weihnachten – Neujahr
   – Der Weihnachtseinkauf: eine Erzählung 181
   – Türkische Kinder und deutsche Weihnachten 183
   – Weihnachten und Neujahr in Griechenland 184
   – Weihnachten in Italien 186
   – Lieder aus den Ländern 190
2. Ostern 199
   – Ostern in Griechenland 199
   – Ostern mit türkischen Kindern im deutschen Kindergarten 209
   – Eine jugoslawische Mutter erinnert sich an Ostern in Kroatien 211

– Ostern in Südeuropa 212
– Rätsel rund ums Ei 214

3. Kinderfest, 23. April – Çocuk Bayramı 215

4. Muttertag – Tag der Frauen 219

5. Zuckerfest – Şeker Bayramı 224

6. Opferfest – Kurban Bayramı 227

7. Tag der Republik, 29. November 228

8. Exkurs: Islam 232
– Grundprinzipien des Islam 232
– Christentum – Islam: ein Vergleich für Kinder 237
– Nasreddin Hodscha und die Religion 237

G. *Die Jahreszeiten: Lieder, Tänze, Erzählungen* 241

H. *Familiengeschichten* 161

Einführung: Viele Länder – viele Familien 263
Tabellarische Übersicht zu den Familiengeschichten 266

Polikos und Melenia (Griechenland) 265
Geremia und die Kinder (Italien) 272
Papa Vielfraß (Italien) 279
Ein Sonntag mit Familie Notidis (Griechenland) 282
Die schönste Enkelin der Welt (Portugal) 287
Das kleine Mädchen und die Wölfe (Jugoslawien) 292
Der Mann, der die Blumen wiederbelebte (Türkei) 294
Nasreddin-Hodscha-Anekdoten 299

I. *Schulgeschichten* 301

Keloglan geht in die Schule (Türkei) 303
Nasreddin-Hodscha-Anekdoten (Türkei) 304
Pika kommt in die Schule (Jugoslawien) 305
9 mal 9 ist 81 (Portugal) 305
Das Wunderkind (Italien) 307
So zeichnet man Don Miguel (Spanien) 309

J. Bilderbücher: Empfehlungen und pädagogische Anregungen 311

1. Bilderbücher als Kulturträger 313
2. Warum ausländische Bilderbücher in Kindergarten und Grundschule? . 315
3. Empfehlenswerte Bilderbücher für den Einsatz in national gemischten Gruppen 316
4. Praktische Erfahrungen und Anregungen zum Einsatz ausländischer Bilderbücher im Kindergarten 325
5. Musikalisches Spiel nach einer türkischen Bilderbuchgeschichte – „Das Klatschmohnfeld und das rauchende Ungeheuer" 328
6. Beschaffung von ausländischen Bilderbüchern 334

Anhang 335

Memo für den Einsatz fremdsprachiger Texte in national gemischten Gruppen 337

Aussprachehilfen 338

Materialübersicht – nach Ländern geordnet 343

Quellen – Literaturhinweise – Adressen 351

Vorwort

Diese Auswahl von Kinderkultur und Kinderliteratur aus den Ländern Türkei, Jugoslawien, Griechenland, Italien, Spanien und Portugal ist gleichermaßen für ausländische und deutsche Kinder bestimmt. Beide sollen erfahren, daß es in den Herkunftsländern ausländischer Familien viel Interessantes und Lustiges für Kinder gibt: Spiele, Lieder, Geschichten, Schattentheater, Bilderbücher und vieles mehr. Deutsche Kinder bekommen auf diese Weise die Möglichkeit, kindgemäße Ausdrucksformen anderer Kulturen kennenzulernen und können so eine selbstverständliche Offenheit und Neugierde gegenüber anderen Sprachen und Kulturen entwickeln. Ausländische Kinder gilt es in der Entwicklung einer positiven ethnischen Identität zu unterstützen. Auch in einer überwiegend deutschsprachigen Umgebung ist es für diese Kinder wichtig zu erfahren, daß die Sprache und Kultur ihrer Familien geschätzt wird.

Es geht uns darum, konkrete und ansprechende Ausdrucksformen dieser Kulturen – seien es Lieder, Spiele oder Anekdoten – im pädagogischen Alltag von deutschen und ausländischen Kindern sichtbar und erfahrbar zu machen. Gelingt es dann, ausländische Familien mit diesem Materialangebot anzusprechen, so kann dies die Beziehung zwischen Kindergarten oder Schule und ausländischen Familien verändern, und zwar für alle Beteiligten: für die Erzieher oder Lehrer, für die ausländische Familie sowie für die deutschen und ausländischen Kinder in der Gruppe.

Die Grundlage für diese Materialauswahl ist eine umfangreiche Sammlung von kulturspezifischen Materialien am Staatsinstitut für Frühpädagogik und Familienforschung, München. Diese vom Institutsleiter Dr. Dr. W. E. Fthenakis initiierte Sammlung umfaßt Kinder- und Bilderbücher, Märchen, Erzählungen, Lieder, Spiele, Kinderreime, Tonkassetten, Illustrationen usw. aus den Ländern Türkei, Jugoslawien, Griechenland, Italien, Spanien und Portugal. Das Material wurde von Experten für Kinderliteratur und von Pädagogen in den jeweiligen Ländern – im Auftrag des Staatsinstituts für Frühpädagogik – zusammengestellt. Die Sammlung wurde aus Mitteln des Bundesministeriums für Bildung und Wissenschaft gefördert.

Eine zweibändige Dokumentation der Kinderbuchsammlung sowie ein Praxisbuch mit Märchen und Erzählungen aus den sechs Ländern sind bereits erschienen (siehe Literaturhinweise, S. 355).

In zwanzig national gemischten Kindergartengruppen im Raum Bayern wurden ausgewählte Materialien dieser Sammlung über einen Zeitraum von 2 Jahren eingesetzt. Den Erzieherinnen dieser Gruppen danken wir für praktische Anregungen, Kritik und Verstärkung; für die Unterstützung dieser Zusammenarbeit danken wir den Trägern der Einrichtungen: Arbeiterwohlfahrt, Deutscher Paritätischer Wohlfahrtsverband, Diakonisches

Werk der evangelisch-lutherischen Kirchen in Bayern, Katholischer Caritasverband (München und Augsburg), Landeshauptstadt München.

Die Institutsleitung und die Herausgeber möchten sich an dieser Stelle insbesondere bei den Kommissionen in den Herkunftsländern bedanken (siehe Impressum für die Namen der Kommissionsmitglieder). Am Institut wurden wir von verschiedenen Seiten tatkräftig unterstützt: Domna Valakas Steininger entzifferte für uns viele griechische und türkische Texte und gab uns dazu wertvolle kulturspezifische Hinweise; Nora Berzheim beriet uns in musikpädagogischen Fragen und half uns bei der Sichtung und Aufbereitung von Liedern; ein Sekretärinnen-Team bewältigte ein Manuskript in sieben Sprachen. Allen sei herzlich gedankt.

A. Zur Einführung

A. Zur Einführung

Türkei, Jugoslawien, Griechenland, Italien, Spanien und Portugal – dies sind die sechs klassischen Entsendeländer der sogenannten Gastarbeiter. Mit diesen Ländern und ihren Migranten assoziieren wir hierzulande meist Kulturkonflikte, Sprachprobleme oder wirtschaftliche Not, nicht aber Kreisspiele, Kinderlieder, Geschichten oder Bilderbücher. Im Zusammenhang mit der öffentlichen Erziehung von Migrantenkindern werden vor allem Probleme und Defizite wahrgenommen und weniger die Möglichkeit einer Bereicherung durch kulturspezifische Angebote, die deutschen und ausländischen Kindern Spaß machen könnten.

Aus der reichhaltigen Kinderkultur und Kinderliteratur dieser Länder haben wir eine möglichst breitgefächerte Auswahl von unterschiedlichen Spiel- und Ausdrucksformen zusammengestellt: Kinderlieder und Volkslieder, Tänze, Spiellieder, Ringelreihen, Kreisspiele, Fangspiele, Anekdoten und Geschichten, Feste-feiern, Kindertheater und einiges mehr. Ergänzend zu dieser Auswahl sei noch auf unser erstes multikulturelles Buch mit Märchen und Erzählungen aus den sechs Ländern hingewiesen: *Es war einmal, es war keinmal. Ein multikulturelles Lese- und Arbeitsbuch.* Weinheim u.a.: Beltz 1985.

Auch das vorliegende Buch enthält Geschichten, aber der Schwerpunkt liegt diesmal weniger im Erzählen und Zuhören als im gemeinsamen Tun: spielen, singen, tanzen, feiern, Theater spielen usw. Unsere Auswahl berücksichtigt sowohl moderne, speziell für Kinder verfaßte Texte – z.B. Erzählungen und komponierte Kinderlieder – als auch mündlich überlieferte Spiel- und Ausdrucksformen, die eher zum selbstverständlichen Kulturgut von Erwachsenen und Kindern gehören (Volkslieder, Anekdoten, Auszählreime).

Bei diesem Praxisbuch geht es nicht nur um kulturspezifische Materialien und Lernprozesse innerhalb der Kindergruppe, sondern auch um weiterreichende Impulse und Initiativen:

- Die Materialien bieten konkrete Anknüpfungspunkte für vielfältige Kontakte zwischen Schule oder Kindergarten und ausländischen Familien.
- Lieder, Spiele oder Geschichten aus dem Herkunftsland können ausländische Kinder und Familien zum „Weiterspielen" und Lesen anregen.
- Deutsche Pädagogen erleben beim Einsatz kulturspezifischer Materialien, daß die Sprache und Kultur ausländischer Kinder sie selbst und auch die deutschen Kinder etwas „angeht" – daß dieser Bereich nicht einfach ausgeklammert wird. Dies kann ein Anstoß sein, sich um weitere Materialien und um Kontakte mit ausländischen Kollegen, Eltern und Nachbarn zu bemühen.

1. Aufbau des Buches

Das Materialangebot aus den sechs Ländern und die entsprechenden praktischen Anregungen gliedern sich folgendermaßen auf:

a) Verschiedene *Spiel- und Ausdrucksformen.*
Kreisspiele, Fangspiele, Spiellieder, Volkslieder, Tänze, Theater usw.
b) Anregungen zum *Feste* feiern.
Dieses Kapitel enthält neben den Spielangeboten für Kinder wie Lieder, Spiele oder Tänze auch für Pädagogen bestimmte Hintergrundinformationen über kulturspezifische Sitten und Traditionen in den sechs Ländern.
c) Verschiedene *Themenkreise.*
Die Themen „Jahreszeiten", „Familie" oder „Schule" sind sowohl im Kindergarten als auch in der Grundschule zentrale Themen – im Bilderbuch, in Lesebüchern, im Sachkundeunterricht usw. Auch in den Herkunftsländern ausländischer Familien gibt es zu diesen Themen viele interessante und lustige Geschichten, Lieder oder Spiele, die für ausländische und deutsche Kinder gleichermaßen ansprechend sind.
d) *Bilderbücher* aus den sechs Ländern:
Empfehlungen und pädagogische Anregungen zum Einsatz.

Alle Erzählungen und Spielbeschreibungen werden in deutscher Sprache angeboten. Einige Texte (Liedtexte, einfache spielbegleitende Formeln und Sprüche) werden jedoch in der Originalsprache wiedergegeben – jeweils mit deutschsprachigen Inhaltsangaben der Liedtexte und Spielbeschreibungen. Wir hoffen, daß deutsche Erzieher und Lehrer – mit der entsprechenden Hilfestellung – auch diese originalsprachigen Materialien einsetzen werden, denn gerade das gemeinsame Spielen oder Singen in einer anderen Sprache vermittelt Kindern am sinnfälligsten, daß diese Sprache in ihrer Kindergruppe etwas „gilt". Gelingt es auch noch, ausländische Familien in diese Aktivitäten miteinzubeziehen, dann wird die Präsenz der „anderen" Sprache und Kultur besonders deutlich.

Altersstufe

Die Materialien sind für Kinder im Kindergarten- und Grundschulalter bestimmt. Dies sind keine auf eine bestimmte Altersstufe zugeschnittenen didaktischen Materialien, die spezifische Fertigkeiten voraussetzen oder fördern sollen. Literarische Grundformen – seien es Bilderbücher, Lieder, Auszählreime oder Geschichten – lassen sich prinzipiell nicht auf engumgrenzte Altersstufen beziehen. Dies gilt in besonderem Maße für traditionelle Spielformen wie Kreisspiele, Volkslieder oder Kindertänze, die erfahrungsgemäß Kindern unterschiedlicher Altersstufen Spaß machen. Ein Beispiel aus dem deutschsprachigen Raum: „Die Reise nach Jerusalem" oder „Der Fuchs geht um" kann ebensogut mit 4 bis 5Jährigen wie mit 6 bis 8Jährigen gespielt werden. Zu den längeren Erzählungen haben wir die Altersstufe in einer Übersichtstabelle angegeben (S. 266).

Ein flexibel einsetzbares Materialangebot

Die Rahmenbedingungen für die Erziehung ausländischer und deutscher Kinder sind sehr unterschiedlich – je nach Bundesland, Wohngebiet oder personeller und räumlicher Ausstattung der Bildungseinrichtung. Wir haben versucht, ein möglichst *flexibel* einsetzbares Materialangebot für unterschiedliche Rahmenbedingungen, Zielgruppen und Altersstufen zusammenzustellen. Erzieher und Lehrer können dann je nach Situation, Zusammensetzung der Kindergruppe und pädagogischer Zielsetzung, die entsprechenden Materialien oder Abschnitte einsetzen. Neben der Gliederung nach Gattungen, Festen und Themen (vgl. Kapitelüberschriften) haben wir noch eine Materialübersicht nach Ländern zusammengestellt (S. 343). So ist das Material unter ganz verschiedenen Gesichtspunkten abrufbar. Zu den Familiengeschichten haben wir noch darüber hinaus, um eine schnelle Orientierung zu erleichtern, eine tabellarische Übersicht mit Stichpunkten zu den Themen der einzelnen Geschichten zusammengestellt (S. 266).

Das Buch kann überall dort verwendet werden, wo mit ausländischen und deutschen Kindern gespielt, gesungen, gelesen oder erzählt wird – sei es im Kindergarten, in der Grundschule, im Hort oder generell bei der außerschulischen Betreuung und Förderung ausländischer Kinder.

Die Integration von Migrantenkulturen im Alltag deutscher Bildungseinrichtungen ist das Grundanliegen dieser Sammlung – ein Anliegen, das sich folgendermaßen präzisieren läßt.

2. Wozu Kinderkultur aus anderen Ländern?

Aufwertung der Herkunftssprache und Kultur

Viele ausländische Familien sind bereits seit 10 oder sogar 20 Jahren in der Bundesrepublik Deutschland. Und doch sind sie – bei aller äußerlichen Anpassung – an ihre Herkunftskultur gebunden. Kultureller Wandel vollzieht sich über mehrere Generationen hinweg – und nicht innerhalb von 10 oder 20 Jahren. Vor allem innerhalb der Familie spielt die Herkunftskultur häufig noch eine große Rolle – beim Essen, wie man sich begrüßt usw. So bewegen sich Migrantenkinder tagtäglich in unterschiedlichen kulturellen „Feldern" und Sprachen. Sie erleben als Angehörige einer Minderheit, daß die Sprache und Kultur ihrer Familie außerhalb der Familie wenig gilt oder sogar verachtet wird. Und soviel haben die Geschichte und Gegenwart von Migrationsbewegungen gezeigt: Migrantenkinder, die lernen, die Sprache und Kultur ihrer Eltern zu verleugnen, sind in der Entwicklung ihres Selbstwertgefühls und ihrer Identität ernsthaft gefährdet. Soziale Isolation, Schulversagen, Randgruppendasein sind die allzu bekannten Folgeerscheinungen.

Die Wahrnehmung und Einschätzung einer Minoritäten-Sprache und -Kultur durch die Minorität selbst und durch die Majorität sind wesentlicher Bestandteil der pädagogischen Arbeit in national gemischten Kindergruppen. Es geht darum, für deutsche sowie für ausländische Kinder die Sprache und Kultur der verschiedenen Minoritäten in der Bundesrepublik Deutschland aufzuwerten – unabhängig davon, ob einzelne sich entscheiden, in ihr Heimatland zurückzukehren. Aber es genügt nicht, interkulturelle oder multikulturelle Erziehung zu propagieren, es müssen konkrete Angebote und entsprechende Materialien verfügbar sein. Das heißt, die Präsenz und Wertschätzung einer Sprache und Kultur muß für Kinder sichtbar und erfahrbar sein – auch in einer national gemischten Kindergruppe mit deutschen Erziehern und Lehrern. Wenn ein türkisches Kind seiner deutschen Lehrerin und seinen Mitschülern ein türkisches Lied vorsingt, dann geht es um viel mehr als die Erweiterung des Liedrepertoires oder ein paar Brocken „Türkisch". Entscheidend für alle Beteiligten ist: jetzt weiß das türkische Kind aufgrund seiner Sprachkenntnisse und seines familiären Hintergrunds mehr als alle anderen, und dieses Wissen wird in einem deutschsprachigen Kontext eingesetzt, es bleibt nicht im Kreis der türkischen Familie und Freunde.

Viele ausländische Kinder freuen sich, wenn sie mal im Mittelpunkt stehen und mehr wissen als die anderen. Einige dagegen reagieren erfahrungsgemäß sehr defensiv oder sogar abweisend auf den Versuch der Erzieher, sie auf die Herkunft und Sprache ihrer Familie anzusprechen, – auch Kinder, die zweisprachig sind. Viele Kinder wollen stets wie „die anderen" sein, sie wollen auf keinen Fall auffallen oder etwas besonderes sein. Hinzu kommt, daß einige Kinder bereits im Kindergartenalter gelernt haben, sich ihrer Herkunft zu schämen.

Grundsätzlich sollten Erzieher mit der Einführung kulturspezifischer Materialien sehr behutsam sein und zunächst die Reaktionen der Kinder – und Eltern – abtasten. Im Zweifelsfall kann zuerst das Verbindende, das Gemeinsame verschiedener Kulturen betont werden: z. B. ein und dasselbe Spiel – „Der Fuchs geht um" – wird in verschiedenen Sprachen gespielt.

Interkulturelle Erziehung im Alltag

Ein besonderes Anliegen dieses Buches ist die Integration von Migrantenkulturen im Alltag von Kindergarten und Schule. Nur dann kann man von „interkultureller Erziehung" sprechen. Mit diesem vielstrapazierten Begriff ist hier folgendes gemeint: In der Begegnung zweier Kulturen wird die jeweils andere Kultur als eine eigenständige Kulturform wahrgenommen. Diese „andere" Kultur eröffnet die Möglichkeit zum selbstverständlichen Kulturaustausch und zur Bereicherung der eigenen Kultur.

In die Praxis umgesetzt heißt das:

1. In der Auswahl und Aufbereitung des Materials wurden sowohl markante kulturspezifische Merkmale betont (griechische Ostern oder türkisches Schattenspiel), als auch länderübergreifende Ebenen herausgearbeitet. So ist z. B. die „Familie" ein zentrales Thema der modernen Kinderliteratur in allen sechs Ländern, – genauso wie bei uns. Oder im Bereich der mündlich überlieferten Spielkultur findet man z. B. überall Ringelreihen, Brückenspiellieder oder „Wolfsspiele". Besonders aufschlußreich für kulturell interessierte Pädagogen sind die kulturspezifischen Ausprägungen innerhalb dieser länderübergreifenden Formen (z. B. in der Melodie oder im Rhythmus).

2. „Integration" ist nicht etwas, das einmal im Jahr auf dem Plan steht – wenn z. B. ein großes „Ausländerfest" vorbereitet wird, oder auch mal „eine Reise in die Türkei" im Kindergarten gespielt wird und die Kinder Fotos und Landkarten mitbringen. Uns geht es hier um eine mehr selbstverständliche Einbeziehung anderer Sprachen und Kulturen rund ums Jahr. Aus diesem Grunde haben wir ein möglichst breitgefächertes Angebot für unterschiedliche Gelegenheiten zusammengestellt.

Neue Kontaktformen zwischen Migrantenfamilie und Bildungseinrichtung

Kontakte zwischen deutschen Bildungseinrichtungen und Migrantenfamilien sind in der Regel spärlich und mit vielen Reserven belastet (von beiden Seiten aus). Zu Elternabenden kommen ausländische Eltern aufgrund der hohen Arbeitsbelastung (Schichtarbeit usw.) oder wegen Sprachbarrieren häufig nicht. Wenn sie dann einmal in die Schule gebeten werden, geht es meist um Probleme der Kinder: Einschulung, Lernschwierigkeiten, Sprachprobleme, Verhaltensauffälligkeiten. Diese sporadischen und häufig einseitigen Kontakte helfen wenig, die Distanz zwischen Familie und Institution abzubauen, und dies wirkt sich auf die Kinder aus.

Ein kulturspezifisches Materialangebot kann natürlich nicht die objektiv gegebenen Schwierigkeiten beseitigen. Es können sich aber doch Kontakte ergeben, die unter ganz anderen Vorzeichen stehen. Einige Beispiele: Griechische Eltern singen im Kindergarten mit allen Kindern ein griechisches Lied; die ganze Familie singt das Lied zuhause, nimmt es auf Kassette auf, das griechische Kind bringt die Kassette in die Schule und alle Kinder versuchen das Lied nachzusingen; ein türkisches Schattenspiel wird vorbereitet – in Zusammenarbeit mit türkischen Kollegen oder Eltern; die Kinder schauen sich ein italienisches Bilderbuch an –, die ältere Schwester eines italienischen Kindes kommt in die Kindergruppe und erzählt den Kindern die Geschichte des Bilderbuchs auf deutsch, nachdem sie den Text auf italienisch vorgelesen hat (dies macht erfahrungsgemäß auch deutschen Kindern Spaß). Bei diesen Kontakten ist die Situation eine ganz andere als beim Elternabend oder beim Elterngespräch. Ausländische Familien sehen, daß ihre Sprache geschätzt wird, sie haben einen Wissensvorsprung und können der Erzieherin oder Lehrerin helfen; und sie fühlen sich vielleicht an ihre eigene Kindheit erinnert.

So verstehen wir diese Materialien nicht nur als einen Beitrag zur Bereicherung des Curriculums von Kindergarten und Grundschule, sondern auch als konkrete Anknüpfungspunkte für vielfältige Kontakte mit ausländischen Familien – nach dem Motto: auch kleine Schritte, bzw. Begegnungen können helfen, festgefahrene Erwartungsmuster zu verändern.

Interesse wecken an Kinderliteratur und Kinderkultur

Werden im Kindergarten oder in der Schule Volkslieder, Erzählungen oder Reime aus den Herkunftsländern eingesetzt, dann wird für Kinder und Eltern der Wert dieser Spiel- und Ausdrucksformen signalisiert. Sie bekommen vielleicht auch Lust, noch mehr Lieder oder Geschichten zu erzählen oder zu hören. Und für Migrantenkinder ist die Begegnung mit muttersprachlicher Kinderliteratur ebenso wichtig wie für deutsche Kinder.

Angesichts der Sprachprobleme vieler ausländischer Kinder fühlen sich manche Pädagogen leicht versucht, das gezielte Sprachtraining in der deutschen Sprache besonders zu betonen und die Kommunikation mit den Kindern auf einen mehr instrumentellen Sprachgebrauch zu beschränken. Dabei vergißt man, daß Kinderlieder, Reime, Geschichten, Rätsel oder „Zaubersprüche“ ganz wesentliche Formen der Sprachförderung sind – auch bei zweisprachigen Kindern. Schule und Kindergarten sollten die Lust am Sprachspiel, am Geschichten hören und lesen genauso fördern, wie die Beherrschung von Satzbau und Aussprache. Das Argument, erst das „Notwendigste“ dann die „Kultur“, ist irreführend, denn beides ist von Anfang an notwendig für die kindliche Entwicklung. In der Begegnung mit fiktionalen und ritualisierten Formen – seien es Lieder, Auszählreime oder Geschichten – erleben Kinder, daß Begriffe nicht nur Objekte oder konkrete persönliche Erfahrungen bezeichnen, sondern auch auf ferne oder erfundene Zusammenhänge verweisen. So wird die Phantasie angeregt und das Symbolverständnis und Abstraktionsvermögen gefördert. Und noch wichtiger: diese Formen machen Kindern Spaß.

Es genügt nicht, wenn Migrantenkinder allein in der Reaktion auf Alltagsanforderungen (Essen, Verabreden, Schlafen gehen usw.) ihre Erlebnisfähigkeit und Ausdrucksmöglichkeiten in der Muttersprache entwickeln.

Kulturelle Identität heißt immer auch Vertrautheit mit der Bild- und Symbolwelt des betreffenden Kulturkreises. Gerade die Bild- und Symbolsprache von Fabeln, Märchen, Volksliedern, Rätseln, Reimen oder Sprichwörtern kann durch einen mehr zweckorientierten und „realistischen“ Sprachgebrauch nicht vermittelt werden.

3. „Aber ich kann doch kein Türkisch!" – Spielen und Tanzen kann aber jeder

Die hier abgedruckten fremdsprachigen Texte sind nicht für deutsche Pädagogen im „Alleingang" bestimmt. Sie brauchen Hilfe – von den ausländischen Kindern in der Gruppe sowie von ausländischen Eltern, Kollegen oder Freunden. Bei diesen Texten sind Erzieher und Lehrer genauso in der Rolle des Lernenden wie die Kinder. Gerade diese Situation eröffnet aber neue Möglichkeiten des Kontakts zu den Kindern und Erwachsenen der jeweiligen Nationalität. Und die Kinder in der Gruppe schätzen es, wenn sie ihre Erzieher und Lehrer in der Rolle des Lernenden erleben.

Wir haben im Anhang ein Memo zum Einsatz fremdsprachiger Texte und einige Aussprachehilfen zusammengestellt. Letztere sind keinesfalls eine Aufforderung zum „Selbermachen", sondern nur eine kleine Hilfe bei der Nachbereitung. Das heißt, nachdem z. B. ein türkischer Liedtext mit türkischen Kindern oder Erwachsenen gesungen worden ist, haben Pädagogen die Möglichkeit, einige Prinzipien der türkischen Aussprache nachzuschlagen.

Kinder haben beim Nachsprechen von fremdsprachigen Texten meist weniger Hemmungen und Schwierigkeiten als Erwachsene. Erwachsene sind stärker auf den Sinngehalt, auf das Verstehen eines Wortes fixiert, während insbesondere jüngere Kinder noch stärker vom Klang ausgehen und entsprechend neue Laute relativ mühelos nachplappern – auch wenn sie den Sinn nicht verstehen.

Mit Blick auf die multinationale Kindergruppe haben wir nur fremdsprachige Texte aufgenommen, die zugleich mit Musik, Gestik, Bewegung oder Handlung verbunden sind – fangen, klatschen, im Kreis gehen, singen usw. Dies erleichtert der ganzen Gruppe das Mitmachen. Beim italienischen Kreisspiel „Le belle statuine" können die italienischen Kinder in der Gruppe den Liedtext singen, während die anderen Kinder im Kreis mitgehen und nur „uno – due – tre" mitsingen. Das Gemeinschaftserlebnis der Gruppe wird hier vom Spiel und von der Sprache getragen. Das Italienische ist hier etwas *Besonderes,* das aber zugleich zum *gemeinsamen* Spiel dazugehört.

Man sollte insbesondere jüngere Kinder nicht zu Übersetzungsleistungen auffordern, zu denen sie sowieso meist nicht fähig sind. Wichtiger erscheint uns die Bindung der jeweiligen Sprache an die Situation, an ein kulturspezifisches Motiv, an das Spiel: Man möchte ein griechisches Lied singen, ein türkisches Bilderbuch verstehen oder einen italienischen Auszählreim benutzen – und der „geht" eben nur auf italienisch. Lieder, Spielformeln oder Bilderbücher sind kleine, in sich geschlossene und an den Spielkontext gebundene sprachliche Einheiten und nicht einzelne Worte, die in einer anderen Sprache „abgerufen" werden.

Bei Theaterstücken oder kleinen Szenen mit kulturspezifischen Motiven kann auch einmal mit einem Spiel in verschiedenen Sprachen experimentiert werden – Pinocchio spricht eben italienisch, und Karagöz kann türkisch und deutsch. Grundsätzlich sollte man in der national gemischten Gruppe die Chancen der Zweisprachigkeit und Mehrsprachigkeit in der Kindergruppe kreativ nutzen. Auf diese Weise können sich ausländische Schüler mit ihrer „Zusatzsprache" profilieren und einen Gruppenbeitrag leisten. Zweisprachigkeit sowie die Fähigkeit zwischen Sprachen umzuschalten, kann in bestimmten Situationen sehr viel Spaß machen. Diese Situationen sollte man als Pädagoge nutzen und fördern. Dies hat mit der im Fremdsprachen- und Deutschunterricht so gefürchteten Sprachmischung nichts zu tun. Es handelt sich hier nicht um fehlerhafte Interferenzerscheinungen. Wenn Pinocchio italienisch spricht und ihm auf deutsch geantwortet wird, dann entstehen viele komische Effekte, in denen sehr bewußt und kreativ mit den verschiedenen Sprachen umgegangen wird.

Dieser mehr spielerische und experimentierfreudige Umgang mit anderen Sprachen und Kulturen ist ein wesentliches Anliegen dieses Buches. Insofern sollten wir nicht länger *über* das Spiel sprechen, sondern den Weg frei machen für das Spielen und Ausprobieren.

Exkurs
Wozu die alten Spiele? – Einige Merkmale und Möglichkeiten traditioneller Spielformen

Wir haben versucht, mit Blick auf die Einbeziehung ausländischer Eltern, möglichst bekannte Spiele, Lieder und Tänze auszuwählen. Kinderlieder oder Tänze, die zum Allgemeingut eines Kulturkreises gehören, sind häufig keine Kinderlieder im strengen Sinn, sondern vielmehr einfache Volkslieder. Altbekannte Spiele, Lieder oder Tänze sind ein Teil der sogenannten „Volkskultur" – ebenso wie Volksmärchen, Rätsel, Sprichwörter, Auszählreime, Anekdoten oder Rezepte. Was heißt das aber?

- *Tradition und Erneuerung*

  All dies sind kulturspezifische Spiel- und Ausdrucksformen, die weder festgeschrieben noch institutionalisiert sind, die mündlich und schriftlich über mehrere Generationen hinweg tradiert werden (von Erwachsenen und Kindern). Sie gehören unabhängig von pädagogischen Institutionen oder Programmen zum selbstverständlichen Repertoire von Kindern und Erwachsenen in einem bestimmten Land, in einer bestimmten Region. Sie verändern sich fortlaufend, haben aber zugleich relativ konstante, leicht erkennbare Grundelemente. Ein einfaches Beispiel: jeder kennt „Pizza" als eine ursprünglich für Italien spezifische Speise. Aber es gibt nicht *die* italienische Pizza, sondern hunderte von Variationen, ebensowenig wie es *die* italienische Tarantella gibt.

  Zu den meisten volkstümlichen Formen gibt es je nach Region oder sogar je nach Spielgruppe viele Varianten. Wir haben uns bemüht, hier die jeweils bekannteste Version aufzunehmen. Dennoch werden sicherlich viele ausländische Eltern bei dem einen oder anderen Lied sagen: „Ja das kenne ich, aber das geht nicht so, das geht so ...". Deutsche Pädagogen sollten dann entsprechend flexibel die hier angebotene Form modifizieren. Gleichzeitig sollten sie nicht das Gefühl haben, daß diese Version „falsch" ist und die der Eltern „richtig", es gibt keine einzelne „richtige" Fassung eines Volkslieds, eines traditionellen Spiels oder eines Volksmärchens.

- *Länderübergreifende Grundformen*

  Einige Grundformen des Spielens und Tanzens gibt es seit Generationen in den verschiedensten Ländern. So gibt es in Süd-Ost- und Mitteleuropa – aber auch in Süd- und Nordamerika – Ringelreihen, Brückenspiellieder, Auszählreime, Tänze mit Nachahmung und Pantomime, Kreisspiele.

  Erzieher und Lehrer haben so die Möglichkeit, in der national gemischten Kindergruppe einige dieser länderübergreifenden, allgemein bekannten Grundformen einzusetzen – es können zum Beispiel Ringelreihen oder Brückenspiellieder in verschiedenen Sprachen gespielt werden.

- *Gruppenintegration*

  Traditionelle Tänze, Spiele und Lieder haben meist eine klare Gliederung, mit vielen gleichförmigen, ritualähnlichen Wiederholungen. Dies gilt ebenso für den Volkstanz wie für die altbekannten Spiele „Zeigt her eure Füße", „Machet auf das Tor" oder „Der Fuchs geht um". Kennzeichnend für die Spielstruktur dieser Kreis- und Singspiele ist die klare Gliederung des Spiels durch einen einfachen, eingängigen Rhythmus, durch Reime oder Sprüche, die leicht gelernt werden können, und durch gleichförmig sich wiederholende Handlungs- und Bewegungsabfolgen.

  Diese rhythmische Gliederung wirkt „ansteckend", und viele Kinder, die sonst eher zurückhaltend sind, machen bei Kreis- und Tanzspielen mit. „Dabeisein" und „Mitmachen" kann hier vieles heißen: am Rande mitklatschen, mitschwingen, im Kreis mitgehen, mitsingen, vorsingen oder auch „anführen". Die Übergänge sind oft fließend. Gerade für sprech- und kontaktgehemmte ausländische (und deutsche) Kinder sind diese verschiedenen Stufen und Formen des Mitmachens eine Chance, in die Gruppe „einzutreten".

  Jüngere Kinder können bei diesen Spielen „mitlaufen", ohne die älteren zu stören. Sie können zunächst einzelne Bewegungen „nachmachen" (*Flitner* 1980, S. 84 ff.) und dann allmählich, während des Spiels, aktivere Rollen übernehmen. Einzelne Kinder haben auch nach Spielbeginn noch die Möglichkeit, ein- und auszusteigen, ohne das Spiel allzu sehr zu stören – der Kreis ist dann entsprechend kleiner oder größer.

  Diese gemeinschaftsfördernde Spielstruktur ist für die Einbeziehung kulturspezifischer Materialien besonders wichtig: die andere Sprache ist dann zwar etwas Besonderes, aber doch ein selbstverständlicher Teil des rhythmisch gegliederten Gruppenspiels.

B. Kinderspiele

Illustration: Helena Rosa

Einführung

Mit Blick auf unterschiedliche Zielgruppen haben wir ein möglichst breitgefächertes Angebot zusammengestellt: Spiele für verschiedene Altersgruppen und Spielinteressen; Spiele für draußen und für drinnen; Spiele für größere und kleinere Gruppen; Spiele mit und ohne Gesang.

Einfache, rhythmisch gegliederte Spielformen wurden besonders berücksichtigt (vgl. Exkurs über Merkmale und Möglichkeiten traditioneller Spiele, S. 20). Viele Kreis-, Sing- oder Fangspiele gibt es seit Generationen in den verschiedensten Ländern, und wir haben uns bemüht, solche länderübergreifenden Grundformen einzubeziehen (Ringelreihen, Brückenspiele usw.). Diese Spiele sind sicherlich vielen Eltern verschiedener Nationalitäten aus ihrer eigenen Kindheit vertraut.

Alle spielbegleitenden Formeln und Sprüche werden in der Originalsprache wiedergegeben und sie sollten auch in der Originalsprache gespielt werden. Bei all diesen Texten handelt es sich um „Spielformeln", die an ein gemeinsames Tun gebunden sind: abschlagen, auszählen, im Kreis gehen usw. Auf diese Weise können auch Kinder mitmachen, die den Text noch nicht sprechen können – man muß ihnen nur den Spielverlauf erklären (vgl. Memo zum Einsatz fremdsprachiger Texte, S. 337).

Für die Übermittlung und Übersetzung einzelner Spiele möchten wir uns bei Maria Cecilia Alcubilla, Irmgard Blechl, Vlasta Bukvić Meichelböck, Lâtife Summerer und Ingrid Villain herzlich bedanken.

1. Zum Auftakt – Auszählreime

Illustration: Carme Solé

Auszählreime – Türkei

Ya şundadır
Ya bundadır
Helvacının kızındadır

Entweder ist es bei diesem
oder es ist bei jenem,
es ist bei Helvaci's Tochter.

O mo mercan Ne getirdi amcan Şeker ile patlıcan Sen de ebe kalıcan	O mo Koralle, was brachte dein Onkel? Zucker und Auberginen und du mußt Haschemann werden.
Bir iki kukla Atamam takla Yiyemem bakla Nokta	Eins, zwei Püppchen, ich kann keinen Purzelbaum, ich mag keine Saubohnen, Punkt.
O mo himya Himi çikolata Buz gibi limonata	O mo himya, himi Schokolade, eiskalte Limonade.
Mini mini yaramaz Kendi düşen ağlamaz* Bir iki üç bom	Kleiner, kleiner Bengel, wer aus eigener Schuld hinfällt, darf nicht klagen, eins, zwei, drei, bum.
Bir iki üç, ebelik güç Sonra dört beş Haydi kardeş Yerine geç	Eins zwei drei, schwer ist's Haschemann zu sein. Dann vier, fünf, also Freundchen, das ist dein Plätzchen.

Auszählreime — Jugoslawien (serbokroatisch)

En, ten, tini savaraka tini Savaraka tika taka bija, baja, buf.	(Nonsensreim)
Jedan, dva, tri sada loviš ti.	Eins, zwei, drei Jetzt mußt du fangen.
Eči, peči, peč ja sam mali zeč Ti si mala vjeverica eči, peči, peč.	Ätschi, pätschi, pätsch, Ich bin ein kleiner Hase. Du bist ein kleines Eichhörnchen, Ätschi, pätschi, pätsch.

* „Kendi düşen ağlamaz“ (wer aus eigener Schuld hinfällt, darf nicht klagen) ist ein Sprichwort, das türkische Erwachsene untereinander häufig verwenden (im übertragenen Sinn).

Iš, iš, iš	Geh, geh, geh
ja sam mali miš	Ich bin eine kleine Maus.
Ti si mala mica maca	Du bist eine kleine Miezi-Miez
bjež u rupu miš.	lauf ins Loch, Maus.
Išo medo u šumicu,	Ein Bär ist durch den Wald gegangen
izgubio papućicu.	und hat einen Hausschuh verloren.
Kakve li je boje,	Welche Farbe er hat,
To mi reci ti;	das mußt du mir sagen.
Ako znadeš brojati do tri:	Wenn Du bis drei zählen kannst:
jedan, dva, tri.	Eins, zwei, drei.

Beim zweiten „tri" (drei) muß die betreffende Person eine Farbe nennen. Anschließend werden die einzelnen Buchstaben der genannten Farbe zum weiteren Auszählen benutzt. Die Person, auf die der letzte Buchstabe fällt, ist frei.

Die Lehrerin kann einzelne jugoslawische Kinder fragen, ob sie eine Farbe in ihrer Sprache benennen und buchstabieren können.

Abzähllied — Jugoslawien (slowenisch)

Didl, didl, dajčka,
mi imamo zajčka,
noge ima štiri,
niso nič pri miri.
En, dva, tri,
en, dva, tri,
zajček si zdaj ti.
En, dva, tri,
en, dva, tri,
zajček si zdaj ti.

Didel, didel, dadschka,
wir haben ein Häschen,
es hat vier Füße,
die nie still sind.
Eins, zwei, drei,
eins, zwei, drei,
Häschen jetzt bist Du.
Eins, zwei, drei,
eins, zwei, drei,
Häschen jetzt bist Du.

Auszählreim — Griechenland

Abeboblom tu kithe blom
Abeboblom tu kithe blom
bi blom

Nonsensreim

Αμπεμπομπλόμ του κείθε μπλομ
Αμπεμπομπλόμ του κείθε μπλομ
μπι μπλομ

Auszählreim — Griechenland

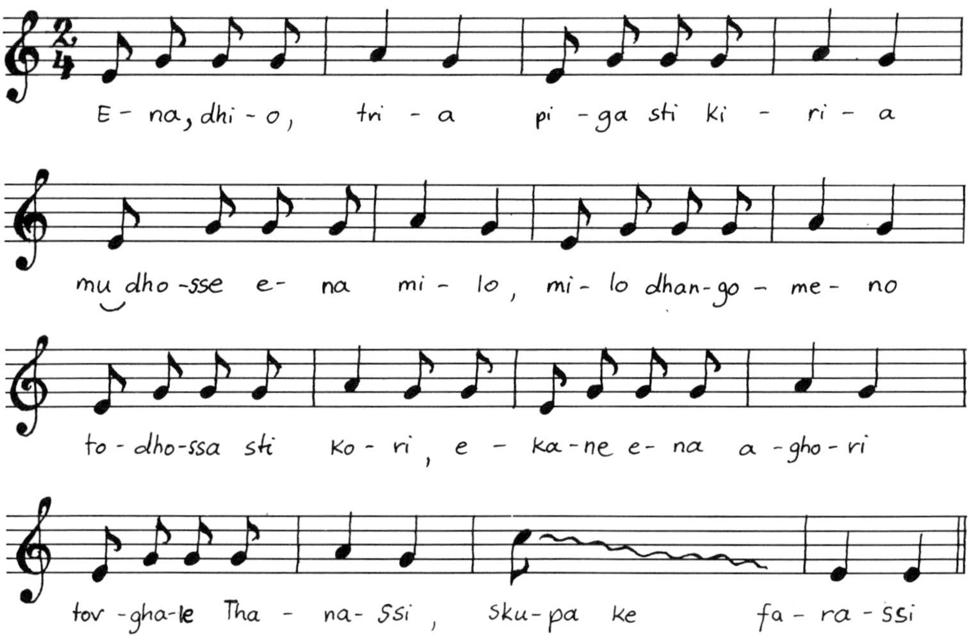

Ena, dhio, tria,
piga sti kiria,
mu dhoss ena milo,
milo dhangomeno,
todhossa sti kori,
ekane ena aghori,
tovghale Thanassi,
skupa ke farassi.

Ενα δύο τρία
πήγα στη κυρία
μού δωσε ένα μήλο,
μήλο δαγκωμένο,
τόδωσα στη κόρη
έκανε ένα αγόρι
τόβγαλε Θανάση
σκούπα και φαράση.

Eins, zwei, drei
ging ich mal zur Lehrerin,
sie gab mir einen Apfel,
einen angebissenen Apfel.
Ich gab ihn einem Mädchen,
sie bekam einen Sohn,
sie nannte ihn Thanassi,
Besen und Schaufel.

Quelle: Kassette: Marisa Koch: Mia ekdromi me ti Marisa Koch (Ein Ausflug mit Marisa Koch), CBS 40-83429, 1978

Auszählreime — Italien

Alla larga
alla stretta
Pinocchio
in bicicletta.

Motiv:
Pinocchio radelt
durch dick und dünn.

Ala lì
Ala lò
Pinocchio
se ne andò

} Nonsens
Pinocchio
fuhr weg.

Hai tu visto mio mari ... to?
Di che colore era vesti ... to?
Ce l'hai tu questo colo ... re?
Esci fuori per favo ... re.

Hast du meinen Mann gesehen?
Welche Farbe hatte er an?
Ob du diese Farbe hast?
Raus, bitte, du bist dran.

Ponze
polente
ponze
pi,
tappe
tappe
gri!

Motiv:
Nonsensreim um das Wort
„Polenta"

Chicchirichì
Che c'è per cena?
Chicchirichì
C'è l'insalata
Chicchirichì
Chi l'ha lavata?
Chicchirichì
La lavi tu.

Kikeriki
Was gibt's zum Abendessen?
Kikeriki
Salat gibt's
Kikeriki
Wer putzt ihn?
Kikeriki
Den putzt du.

Auszählreime — Spanien

Pito, pito, colorito
¿ Donde vas tú tan bonito?
A la acera verdadera ...
¡ pin, pon, fuera!

Nonsensreim
Motiv: Malen, Farben
letzte Zeile entspricht
dem deutschen „aus bist du"

Cuatro patas
tiene un gato
una, dos, tres, cuatro.

Vier Pfoten
hat eine Katze
eins, zwei, drei, vier.

Madre e hija	Mutter und Tocher
fueron a misa	gingen zur Messe
se encontraron	sie trafen
a un francés	einen Franzosen
perguntaron	sie fragten ihn:
que hora es?	Wie spät ist es?
la una, las dos	Eins, zwei,
las tres, las cuatro,	drei, vier,
las cinco, las seis,	fünf, sechs,
las siete, las ocho	sieben, acht
con pan y bizcocho	mit Brot und Biskuit.

Eine Variante des Auszählens:
Ein Kind versteckt einen Kieselstein in einer Hand, durch Auszählen der Hände (geschlossene Hände, als Faust) muß der Kieselstein gefunden werden – mit folgendem Reim:

China, china, capuchina,	(Motiv:
en esta mano está la china	Wo ist der Kieselstein?)

Auszählreime – Portugal

Um dó-li-tá	Nonsensreim
cara de amendoá	Motiv: Mandeln, Eis
Um sorveto	
coloreto	
Um dó-li-tá	

Anani	Anani
Ananão	Ananao
Ficas tu	du bleibst hier
e eu não	und ich nicht

Em cima do piano	Auf dem Klavier
está um copo	steht ein Glas
com veneno	mit Gift.
quem bebeu	Wer daraus trank,
morreu	der ist gestorben.

Entspricht dem deutschen Kinderreim:
Auf dem Klavier
steht ein Glas Bier.
Wer daraus trinkt,
der stinkt.

2. Kreisspiele

Illustration: Carmen Andrada

Ringelreihe – Deutschland

Ringel Ringel Reihe

Die Kinder bilden einen Kreis und fassen sich an. Zum Takt der Melodie gehen sie in Uhrzeigerrichtung. Bei „Husch" („plumps", „rums") gehen sie in die Hocke.

Ringelreihe – Jugoslawien (serbokroatisch)

Ringe, Ringe, Raja

Ringe, ringe, raja,
Došo striko paja
I pojeo jaja.
Jedno jaje muč
A mi djeco čuč.

Ringel, Ringel, Reihe,
Es kommt der Onkel Paja
Und ißt die ganzen Eier.
Ein Ei geht zu Bruch
Und wir Kinder ducken uns.

Ringe, ringe, raja,
Puna zdjela jaja.
Došo Nikolaja
Pa pojeo jaja.
Ringe, ringe, raja,
Došo čika Paja
Pa pojeo jaja.

Ringel, Ringel, Reihe,
Eine Schüssel voller Eier.
Es kommt der Nikolaja
Und ißt die ganzen Eier.
Ringel, Ringel, Reihe,
Es kommt der Onkel Paja
Und ißt die ganzen Eier.

Ringelreihe – Jugoslawien (slowenisch)

Ringa ringa raja

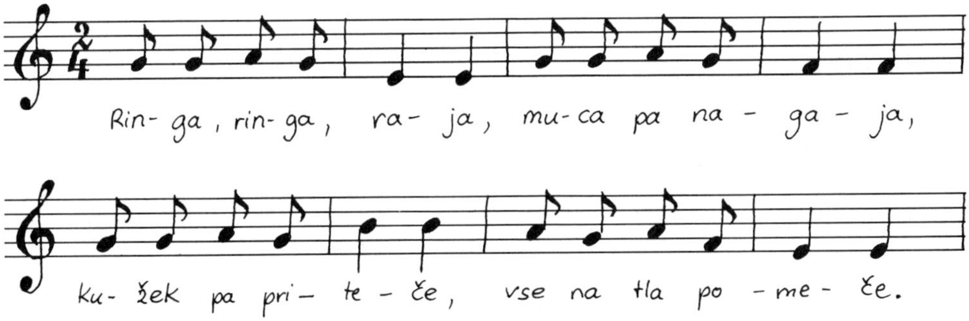

Ringa, ringa, raja,
muca pa nagaja,
kužek pa priteče,
vse na tla pomeče.

Kokot kikiriče,
čipke, čopke kliče.
Putka kokodajca,
ker je znesla jajca.

Ringel, Ringel, Rosenreih'
Das Kätzchen treibt seine Neckerei'.
Das Hündchen aber eilt herzu
und alle fallen um.

Der Hahn macht Kikeriki,
liebe Henne, komm doch hie.
Die Henne gackert froh,
ein Ei liegt auf dem Stroh.

Ringelreihe – Griechenland

Jiro, jiro oli (Alle ringsherum)

Gesprochen:

Jiro, jiro oli
sti messi o Manolis
cheria podhia stin awli
ki oli kathonde stin ji
ki o Manolis sto skamni.

Γύρω, γύρω όλοι
στη μέση ο Μανώλης
χέρια πόδια στην αυλή
κι' όλοι κάθονται στη γη
κι' ο Μανώλης στο σκαμνί.

Alle ringsherum
und Manolis in der Mitte,
Hände, Füße in dem Hof,
alle hocken auf dem Boden
und Manolis auf dem Hocker.

In diesem griechischen Ringelreihe sitzt ein Kind als Manolis (ein männlicher Vorname) in der Mitte des Kreises.
Bei „ki oli kathonde sti ji“ gehen alle Kinder in die Hocke.

Ringelreihe — Italien

Giro girotondo

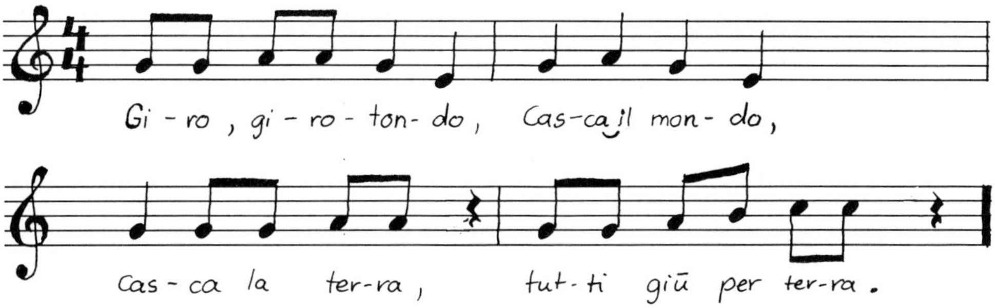

Giro girotondo
Casca il mondo
Casca la terra
Tutti giù per terra.

Ringel, Ringelreihe,
es fällt die Welt,
es fällt die Erde,
alle 'runter auf den Boden.

Ringelreihe – Spanien

A la rueda de la patata (Rund um die Kartoffel)

A la rueda de la patata*
comeremos ensalada,
lo que comen los señores
naranjitas y limones.

¡Alupé, alupé,
sentadita me quedé ...!

Rund um die Kartoffel
essen wir Salat.
Wir essen wie die Herrschaften
Orangen und Zitronen**.

In die Hocke, in die Hocke,
Ich bleib' sitzen.

Die letzten zwei Zeilen werden nicht mehr gesungen, sondern gesprochen – dazu folgende Bewegungen:

¡A ----- lu ----- pé
Schritt–Schritt–Hocke

A ----- lu ----- pé
Schritt–Schritt–Hocke

Sen ----- ta ----- di ----- ta me que --- dé!
Schritt- Schritt- Schritt- Schritt- Schritt- Schritt- Hocke.

* Eine ebenso geläufige Variante heißt: „*Al corro* de la patata"

** In früheren Zeiten aßen nur die „feinen Herrschaften" Obst und Gemüse oder auch Kartoffeln. Die anderen aßen meist einen Eintopf, nur ganz wenig Fleisch und viele Bohnen.

Der Fuchs geht um – Deutschland

Die Kinder bilden einen Kreis. Ein Kind (der Fuchs) geht mit einem verknoteten Taschentuch (Plumpsack) außen herum und spricht:

Seht euch nicht um,
der Fuchs geht rum.
Wer sich umdreht oder lacht,
dem wird die Hucke voll gemacht.
(der Buckel blau gemacht)

Dann läßt er das Tuch hinter einem Kind fallen. Bemerkt es dies, dreht es sich schnell um, hebt das Tuch auf und läuft dem Fuchs hinterher. Wird der Fuchs eingeholt, bevor er die Lücke im Kreis erreicht, macht das andere Kind nunmehr als Fuchs weiter. Bemerkt das Kind das Tuch nicht, tippt ihm der Fuchs beim nächsten Vorbeigehen auf den Rücken und sagt:

Eins, zwei, drei. Faules Ei!

Dieses Kind muß nun in die Kreismitte, bis es von einem anderen „faulen Ei" abgelöst wird.

Variante:
Besonders in Norddeutschland ist dieses Spiel mit folgender Formel bekannt:

Die Gans, die Gans, die legt ein Ei,
und wenn es fällt, es fällt entzwei.

* * *

„Der Fuchs geht um" – Türkei

Yağ satarım (Butter verkauf ich)

Die Grundform des Spiels entspricht der deutschen Fassung. Es geht jedoch nicht ein Fuchs, sondern ein *reisender Händler* um den Kreis.

Der Händler singt:

> *Yağ satarım, bal satarım*
> (Butter verkauf ich, Honig verkauf ich)
>
> *Ustam öldü, ben satarım*
> (Mein Meister ist tot, alles verkauf ich)
>
> *Ustam öldü, kürkü var*
> (Mein Meister ist tot, einen Pelz hatte er)
>
> *Satmam on beş liraya*
> (Um fünfzehn Lira geb ich ihn nicht her)
>
> *Yağ satarım, bal satarım*
> (Butter verkauf ich, Honig verkauf ich)
>
> *Yağlıca ballıca dayak atarım*
> (Ordentlich gesalzene Schläge verkauf ich)

„Der Fuchs geht um" – Jugoslawien (slowenisch)

Gnilo jajce (Das faule Ei)

Der Fuchs spricht:

> *Poglejte vodico, kako se blešči.*
> *Kdor se ozira, po hrbtu dobi.*
> (Schaut euch das Wasser an, wie es glänzt!
> Wer sich umdreht, der kriegt Prügel auf den Rücken.)

Und weiter:

> *En, dva, tri. Gnilo jajce.*
> (Eins, zwei, drei. Faules Ei.)

„Faules Ei" wird auch der Fuchs, wenn es ihm nicht gelingt, die Lücke zu schließen, d.h. wenn er vom verfolgenden Kind eingeholt bzw. überholt wird.

* * *

„Der Fuchs geht um" – Italien

Il „pungiglione"
oder
Fazzolettino avvelenato

(Der Messerstecher
oder
Das vergiftete Tuch)

In einer italienischen Version geht ein *pungiglione* herum. Er tippt dann einem Kind auf den Rücken und dieses läuft so schnell wie möglich in entgegengesetzter Richtung. Wenn der *pungiglione* den leerstehenden Platz als erster erreicht, behält er seine Rolle, sonst wird gewechselt.

* * *

„Der Fuchs geht um“ – Spanien

A la zapatilla por detrás (Pantoffel hinter dir!)

A la zapatilla por detrás
tris, tras,
que ni lo ves, ni lo verás,
tris, tras.
¡Mirar para arriba
que caen judias!
¡Mirar para abajo,
que caen garbanzos!

Pantoffel hinter dir
tris, tras,
du siehst es nicht und wirst es
nicht sehen, tris, tras.
Schau nach oben,
die Bohnen fallen!
Schau nach unten,
Kichererbsen fallen.

Dieses Spiel wird in Spanien meist mit einem Pantoffel, Schuh oder Taschentuch gespielt. Die Kinder sitzen im Kreis, der Spielführer geht außen herum. Bei „Mirar para arriba“ schauen alle Kinder zur Decke, bei „Mirar para abajo“ schauen alle Kinder zu Boden. Alles übrige wie in der deutschen Version.

Taler, Taler, du mußt wandern – Deutschland

Die Kinder sitzen mit flach aneinander gelegten Händen im Kreis oder in der Reihe. Ein Kind hält zwischen seinen ebenfalls aneinander gelegten Händen eine Münze (bzw. einen Ring). Es geht singend von Mitspieler zu Mitspieler und tut bei jedem so, als ob es die Münze zwischen die Hände gleiten ließe, aber nur ein Kind bekommt sie. Ist das Lied zu Ende, muß das letzte Kind raten, wer die Münze erhalten hat. Rät es richtig, wird es der Spielführer.

Eine Variante:
Das Kind, das nach der Münze gefragt wird, wird durch einen Auszählspruch bestimmt:

> *Nun sag mir rasch, du liebes Kind,*
> *wo sich der Taler jetzt befind'.*

* * *

„Taler, Taler, du mußt wandern“ – Türkei

Yüzük kimde? * (Bei wem ist der Ring?)

Auch in der Türkei ist dieses Spiel bekannt, allerdings, ohne daß dazu gesungen wird.

Nachdem der Spielführer den Ring zwischen die Hände eines Mitspielers gleiten ließ, läuft das Spiel mit folgender Regel weiter:

Der Spielführer nimmt ein Tuch, schlägt es leicht auf die immer noch gefalteten Hände irgendeines Kindes und fragt dabei: „Yüzük kimde?“ („Bei wem ist der Ring?“)

Das gefragte Kind nennt den Namen eines Kindes, bei dem es den Ring vermutet: „Yüzük Ayşe de“ (Er ist bei Ayşe). Der Spielführer geht zu Ayşe und fragt sie: „Yüzük kimde?“ Ayşe nennt einen Namen, und so wird der Spielführer von Kind zu Kind geschickt.

Entweder öffnet das genannte Kind, in diesem Fall Ayşe, beim ersten Nennen ihre Hand und zeigt, ob sie den Ring hat oder erst, wenn sie 3× aufgerufen wurde.

Hat das Kind den Ring, kommt es in die Mitte. Hat es ihn nicht, wird weitergesucht.

* Vgl.: Gaby Franger u. a. (Hrsg.): Ausländerkinder. Erziehungspraxis im Kindergarten. Ravensburg: Otto Maier 1980, S. 115.

„Taler, Taler, du mußt wandern“ – Griechenland

Punto, punto to dhachtilidhi (Wo ist der Ring?)

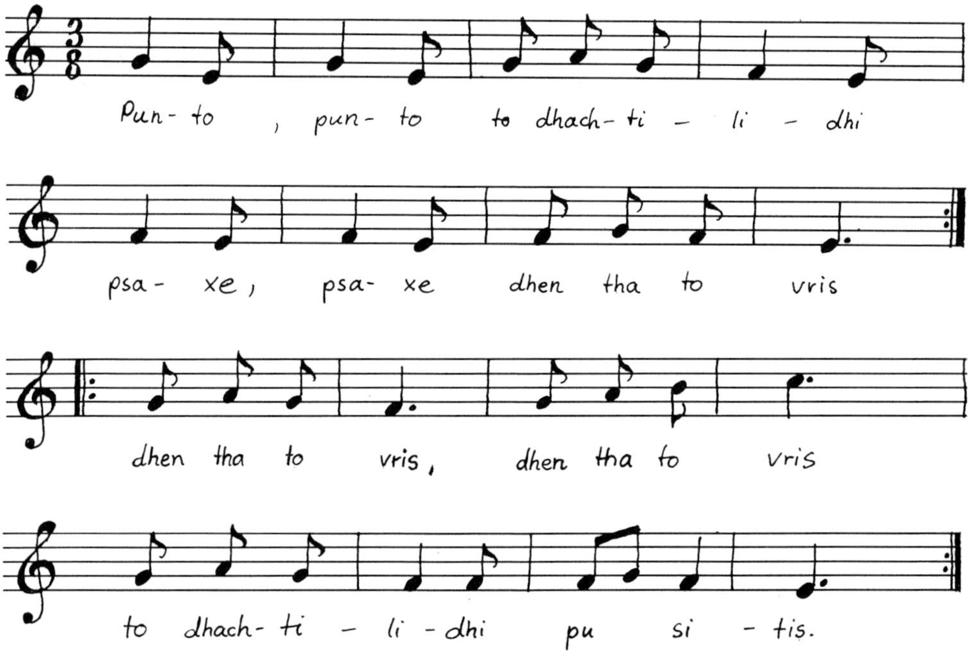

Punto, punto to dhachtilidhi
psaxe, psaxe dhen tha to vris
dhen tha to vris, dhen tha to vris
to dhachtilidhi pu sitis.

Πούντο πούντο το δαχτυλίδι
ψάξε, ψάξε δεν θα το βρεις
δεν θα το βρεις, δεν θα το βρεις
το δαχτυλίδι που ζητείς.

Wo ist der Ring
such, such ihn
du findest ihn nicht, du findest ihn nicht
den Ring, den du suchst.

Das Spiel zu diesem Lied entspricht genau der deutschen Version.

Quelle: Kassette: Marisa Koch: Mia ekdromi me ti Marisa Koch (Ein Ausflug mit Marisa Koch), CBS 40-83429, 1978

Kreisspiel — Türkei

Kutu, kutu pense (Dose, Dose, Zange)

Gesprochen: Bayan Sevgi* (Bay Serkan*)
arkasını dönse.

Kutu, kutu pense,	Dose, Dose, Zange.
elmayı yense.	Apfel gegessen.
Bayan (Bay) ...	Frau (Herr) ...
arkasını dönse	dreht sich um.

Alle Kinder gehen singend im Kreis und schauen dabei nach innen. Bei *Bayan* (Frau) ... oder *Bay* (Mann) ... wird ein Kind beim Namen genannt. Es dreht sich um und schaut nach außen. Das Spiel wird so lange wiederholt, bis alle Kinder nach außen schauen.

Dieses einfache Kreisspiel eignet sich gut als ein Spiel zum Kennenlernen, wenn neue türkische Kinder in die Gruppe gekommen sind. Text und Melodie dürften auch deutschen Kindern rasch ins Ohr gehen. Die Spielregel ist manchen Kindern vielleicht bereits von dem deutschen Lied „Auf der Donau will ich fahren" her vertraut.

* Sevgi ist ein türkischer Mädchenname.
Serkan ist ein türkischer Jungenname.

Kreisspiel – Türkei

Arabistan Buğdayları (Weizen aus Arabien)

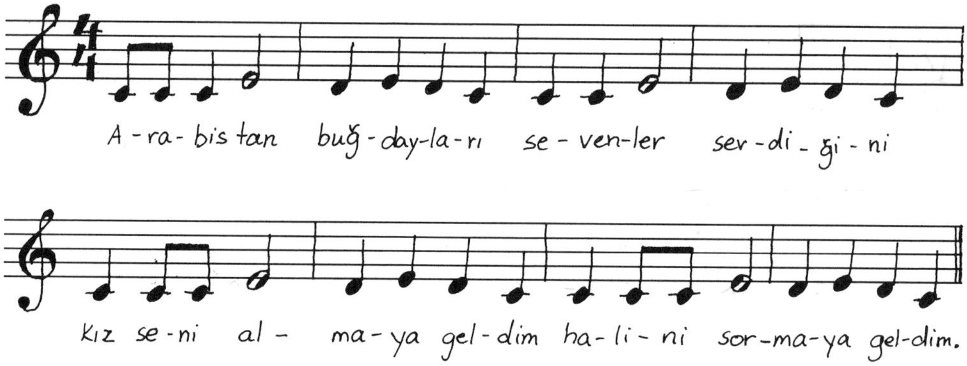

Arabistan buğdayları
sevenler sevdiğini
kız seni almaya geldim
halini sormaya geldim.

Söylenecek:

Çık aradan, çık aradan
Bundan böyle bir kızım oldu.
(Bundan böyle iki kızım oldu).
(Bundan böyle üç kızım oldu).

Weizen aus Arabien
Was ich lieb, das hab ich denn.
Mädel sag, wie geht es dir
Komm doch schon und geh mit mir.

Gesprochen:

Tritt heraus, tritt heraus
Jetzt habe ich eine Tochter.
(Jetzt habe ich zwei Töchter).
(Jetzt habe ich drei Töchter).

Die Kinder stellen sich mit dem Gesicht nach innen im Kreis auf, klatschen in die Hände und singen. Ein Kind hüpft außen um den Kreis herum, singt und klatscht ebenso.

Bei „çık aradan, çık aradan" (tritt heraus, tritt heraus) bleibt das Kind stehen, schlägt auf die Schulter des vor ihm stehenden Mitspielers und dieser schließt sich dem Vorspieler an.

Das Lied wird solange wiederholt – von Strophe zu Strophe ändert sich nur die Zahl der Töchter – bis nur noch ein Kind übrigbleibt. Dieses wird gejagt, gehänselt und darf beim nächsten Mal der Spielführer sein.

Diese Spielform entspricht dem traditionellen deutschen Spiellied: „Ist die schwarze Köchin da?"

(Zählen auf türkisch 1–12, siehe S. 60.)

Kreisspiel – Jugoslawien (serbokroatisch)

Čvorak, čvorak (Star, Star)

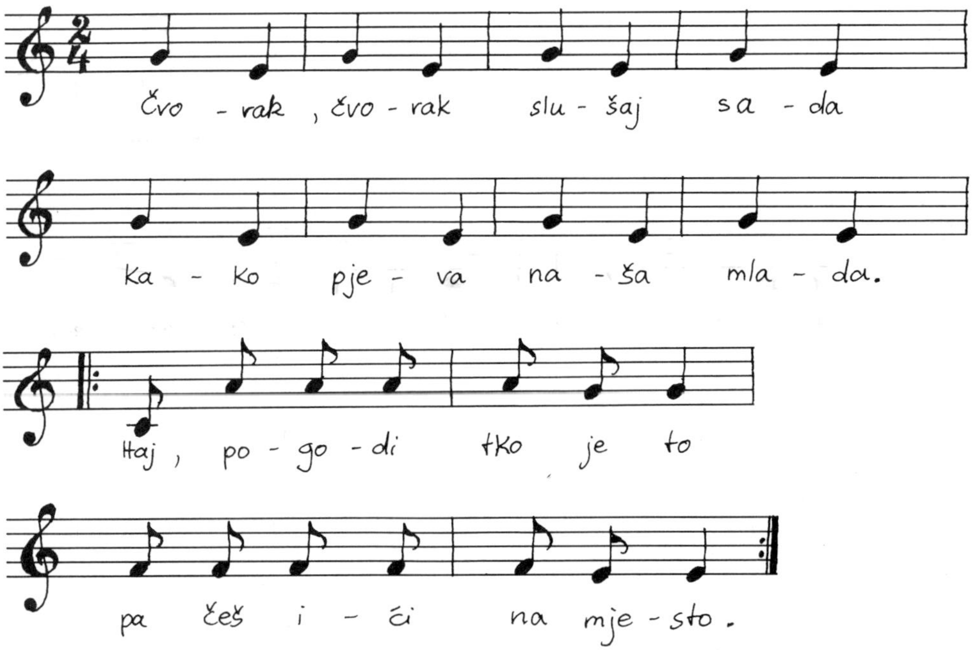

Čvorak, čvorak slušaj sada
kako pjeva naša mlada.
Haj, pogodi tko je to
pa češ ići na mjesto.
Haj, pogodi tko je to
pa češ ići na mjesto.

Star, Star, hör mal zu
wie es singt, unser Kleines.
Hei, rat' doch mal, wer das ist,
dann darfst du auf deinen Platz zurück.
Hei, rat' doch mal, wer das ist,
dann darfst du auf deinen Platz zurück.

Die Kinder bilden händehaltend einen Kreis, in dessen Mitte ein Kind hockt, das sich mit seinen Händen die Augen verdeckt. Während des Singens dreht sich der Kreis um das Kind in der Mitte. Etwa beim zweiten *Haj, pogodi ...* bleibt der Kreis stehen, und das Kind aus der Mitte geht mit verschlossenen Augen zu den Kreiskindern. Durch Abtasten versucht es, ein Kind beim richtigen Namen zu nennen. Gelingt ihm das, nimmt das erratene Kind den Platz in der Mitte ein, gelingt es ihm nicht, wiederholt es selbst das Spiel.

Übermittelt von Vlasta Bukvić Meichelböck

Kreisspiel – Italien

Foglia foglina (Blatt, Blättchen)

Foglia foglina,
l'inverno si avvicina.
Foglia foglietta,
l'inverno è lì che aspetta.

Povera foglia
l'inverno è sulla soglia,
ben presto arriverà,
e via la porterà.

Blatt, Blättchen,
der Winter kommt.
Blatt, kleines Blättchen,
der Winter wartet auf dich.

O du armes Blatt,
der Winter steht vor der Tür,
er kommt jetzt bald,
und nimmt dich mit.

Die Kinder (die Blätter) bilden einen Kreis und gehen in Uhrzeigerrichtung zu den Takten der Melodie. Ein Kind (der Winter) geht in entgegengesetzter Richtung außen um den Kreis herum. Bei den Worten *via la porterà* (... und nimmt dich mit) berührt es ein Kind (Blatt) am Rücken, das mit dem Winter weggeht. Das Spiel geht weiter, bis alle Blätter vom Winter weggetragen sind.

Kreisspiel – Spanien

El patio de mi casa (Der Hof meines Hauses)

El patio de mi casa
es particular,
cuando llueve se moja
come los demás.

Agáchate,
y vuélvete a agachar,
que las agachaditas
no saben bailar.

Hache, i, jota, ka,
ele, elle, eme, a,
que si tu no me quieres
otro mozo me querrá.

Der Hof meines Hauses
ist etwas ganz Besonderes,
wenn es regnet, wird er naß
wie alle anderen auch.

Bück' dich,
bück' dich noch einmal,
denn wer sich bückt,
der kann nicht tanzen.

Ha, i, jot, ka,
el, em, en, a,
wenn Ihr mich nicht liebt,
dann wird mich ein anderer lieben.

Die Kinder gehen im Kreis mit gefaßten Händen. Bei *Agáchate* gehen alle in die Hocke und wieder hoch. Beim letzten Wort jeder weiteren Zeile von Strophe 2 gehen sie wieder kurz in die Hocke.

3. Brücken- und Kettenspiele

Brückenspiel – Deutschland

Machet auf das Tor

Illustration: Carme Solé

Machet auf das Tor,
machet auf das Tor,
es kommt ein goldner Wagen.
Was will er, will er denn,
was will er, will er denn?
Er will die Letzte haben.
Die Erste nicht,
die Zweite nicht,
die Dritte will er haben.

Gesprochen: Hinter was willst?

Wieder gesungen:
Die Engele werden gehoben,
die Teufele werden geschoben,
hinaus zum Tor.

Zwei Kinder bilden mit erhobenen Händen ein Tor, die anderen ziehen hindurch. Wer sich bei den Worten „die Dritte will er haben“ gerade unter dem Tor befindet, wird festgehalten und kann nun wählen „hinter was er will“, z. B. hinter Birne oder Apfel (die beiden Kinder, die das Tor bilden, haben die Deckworte und ihre Bedeutung vorher miteinander ausgemacht) und hat sich damit selbst zum Teufel oder Engel bestimmt, denn eins der beiden Kinder ist Engel, das andere Teufel. Das wird jedoch erst verraten, wenn alle Kinder gewählt haben. Dann wird von den zweien das Urteil vollstreckt, d. h. die „Engel“ werden in die Höhe gehoben, die „Teufel“ aber unsanft hinausgeschleudert.

Brückenspiel – Türkei

Aç Kapıyı Bezirgân Başı (Wirt, mach auf das Tor)

Zwei Kinder („der Wirt") bilden ein Tor, das zu einer Karawanserei führt. Zunächst halten sie das Tor geschlossen. Die übrigen Mitspieler stellen sich in einer Reihe vor ihnen auf. Es wird im Wechsel gesungen:

Kinder: Aç kapıyı bezirgân başı,
bezirgân başı

Wirt, mach auf das Tor,
mach auf das Tor!

Wirt: Kapı hakkı ne verirsin,
ne verirsin?

Zahlst du mir auch was dafür,
auch was dafür?

Kinder: Arkamdaki yadigâr olsun,
yadigâr olsun.

Der hinter mir soll das Andenken
sein, soll das Andenken sein.

Die Kinder ziehen durch das Tor.

Söylenecek:

Gesprochen:

Wirt: Bir sıçan, iki sıçan,
üçüncüsü deliğe kaçan.

Die erste Maus, die zweite Maus,
die dritte Maus, die läuft ins Haus.

Der Wirt fragt das festgehaltene Kind:

Ne istersin?
(Was willst du haben?)

Altın kılıçmı altın bebekmi?
(Goldenes Schwert oder goldene Puppe?)

Das Kind stellt sich dann hinter dem Kind auf, dessen Decknamen es genannt hat. Es gewinnt derjenige, der zum Schluß die meisten Kinder hinter sich stehen hat.

Brückenspiel – Jugoslawien (slowenisch)

Ali je kaj trden most? (Wie fest ist die Brücke?)

In dieser slowenischen Version des Brückenspiellieds wird der Text nicht gesungen, sondern gesprochen. Zwei Kinder bilden eine Brücke, die anderen einen Zug; der erste ist die Lokomotive und die übrigen stellen die Wagen dar. Der Zug fährt im verfügbaren Raum herum. Wenn er an die Brücke kommt, findet folgender Dialog zwischen Lokomotive und Brücke statt.

Lokomotive: *Ali je kaj trden most?*
(Ist die Brücke fest gebaut?)

Brücke: *Kakor kamen, kost.*
(Fest wie Stein und Knochen.)

Lokomotive: *Ali lahko gre naša vojska skoz?*
(Darf unsere Armee hinüberfahren?)

Brücke: *Če nam zadnjega pustite.*
(Ja, wenn ich eueren Letzten bekomme.)

Lokomotive: *Če ga de ulovite.*
(Gut, aber nur, wenn du ihn fängst.)

Die „Brücke“ versucht, den letzten „Wagen“ beim Durchgehen zu fangen, indem sie die Arme um seinen Kopf hinunterlassen. Die Brücke fragt den Gefangenen:

Kaj imaš rajši: hruško ali jablano?
(Was hast du lieber, Birnbaum oder Apfelbaum?)

Das Spiel läuft wie in der deutschen Version bis zum Ende weiter.

Brückenspiel – Griechenland

Perna, perna i melissa (Die Biene fliegt vorbei)

Perna perna i melissa
me ta melissopula
ke me ta klossopula.

Περνά περνά η μέλισσα
με τα μελισσόπουλα
και με τα κλωσσόπουλα.

Die Biene fliegt vorbei
mit ihren Kindern
und mit den Küken.

Auch in der griechischen Version denken sich die zwei „Brückenkinder" Namen aus, z. B.

Pagoto – Glyko	*Achladhi – Milo*
Eis – Kuchen	Birne – Apfel

Während des Singens klatschen sie im Rhythmus des Liedes abwechselnd in die eigenen Hände und die Hände des Partners (einfache Version: die Brücke wird während des Liedes beibehalten). Die anderen Kinder bilden eine Reihe, fassen sich um die Hüften, laufen unter der Brücke durch und singen das Lied. Das letzte Kind wird festgehalten und heimlich gefragt:

Ti protimas?
Was hast du lieber?

Wählt es z. B. Kuchen, stellt es sich hinter das Kind, das sich den Namen Kuchen ausgedacht hat und faßt es an den Hüften. Das Spiel wird so lange durchgeführt, bis alle Kinder verteilt sind. Die zwei Gruppen, die sich so gebildet haben, versuchen, einander über einen auf dem Boden gezeichneten Mittelstrich zu ziehen. Die Gruppe, die die anderen Kinder zu sich ziehen konnte, hat gewonnen.

Quelle: Kassette: Marisa Koch: Mia ekdromi me ti Marisa Koch (Ein Ausflug mit Marisa Koch), CBS 40-83429, 1978)

Brückenspiel — Italien

La gallina bella bianca (Die schöne, weiße Henne)

In diesem Spiel will eine schöne, weiße Henne durch die geschlossene Tür durch. Der Dialog zwischen den zwei „Torwärtern" und den anderen wird gesungen.

Kinder:

A. La gallina bella bianca se ne andava per l'alto mare, se ne andava per l'alto mare.	Die schöne, weiße Henne will auf die hohe See, will auf die hohe See.

Torwärter:

B. I cancelli sono chiusi non si può passare, non si può passare.	Das Tor ist zu, niemand kann durch, niemand kann durch.

Kinder:

C. Figli siam della gallina
apriteci le porte,
apriteci le porte.

Der Henne ihre Kinder sind da.
Machet auf das Tor,
machet auf das Tor.

Torwärter:

D. Passa via, passa via
chi è l'ultima sarà mia,
chi è l'ultima sarà mia.

Geh' hindurch, geh' hindurch.
Die Letzte will ich haben,
die Letzte will ich haben.

Die Frage der Torwärter lautet:

Cosa preferisci?
(Was hast du lieber?)

paradiso o inferno?
(Himmel oder Hölle?)

giorno o notte?
(Tag oder Nacht?)

Brückenspiel – Spanien

Al alimoń, al alimón (Gemeinsam, gemeinsam)

In diesem spanischen Brückenspiellied sind es die „feinen Herren", die durch den Bogen ziehen und für den zerstörten Brunnen bezahlen sollen.

Brückenkinder:

– Al alimón, al alimón,
que se ha roto la fuente.

– Gemeinsam, gemeinsam,
der Brunnen ist zerstört.

Feine Herren:

– Al alimón, al alimón,
mandadla componer.

– Gemeinsam, gemeinsam,
wir bauen ihn wieder auf.

Brückenkinder:
– Al alimón, al alimón,
no tenemos dinero.

– Gemeinsam, gemeinsam,
wir haben kein Geld.

Feine Herren:
– Al alimón, al alimón,
nosotras lo tenemos.

– Gemeinsam, gemeinsam,
aber wir haben Geld.

Brückenkinder:
– Al alimón, al alimón,
de qué es ese dinero.

– Gemeinsam, gemeinsam,
woraus ist dieses Geld?

Feine Herren:
– Al alimón, al alimón,
de cascarón de huevo.

– Gemeinsam, gemeinsam,
aus Eierschalen.

Brückenkinder:
– Al alimón, al alimón,
pasen los caballeros.

– Gemeinsam, gemeinsam,
ziehen die feinen Herren vorbei.

Feine Herren:
– Al alimón, al alimón,
nosotras pasaremos.

– Gemeinsam, gemeinsam,
ziehen wir vorbei.

Brückenkinder:
Recitado
¿Con quién quieres ir,
con rosa o con jazmín?

Gesprochen
– Mit wem willst du gehen,
mit Rose oder mit Jasmin?

Brückenspiel – Portugal

Que linda falua (Welch schönes Boot)

In diesem portugiesischen Brückenspiellied geht es bezeichnenderweise nicht um eine Brücke, sondern um ein Boot und um den Preis, den eine arme Mutter mit ihren vielen Kindern dem Fährmann zahlen soll.

Wie üblich geben sich die zwei Kinder, die die „Brücke" sind, vor Spielbeginn zwei Namen (Apfel – Birne, Rose – Jasmin usw.).

Die „Brückenkinder" (Fährmann) und die Kinder, die durchgehen (Mutter und Kinder) singen abwechselnd:

Fährmann:
Que linda falua que lá vem, lá vem
É uma falua que vem de Belém

Welch schönes Boot kommt dort?
Das Boot kommt aus Belém.

Mutter und Kinder:
Eu peço ao barqueiro que deixe passar
Que eu tenho filhinhos, ai, p'ra sustentar!

Ich bitt' den Fährmann, er möge mich durchlassen
denn ich hab' Kindlein zu ernähren!

Fährmann:
Então passará, mas alguém ficará
Se não for a mãe, ai, um filho será

Na gut, ihr könnt durch, aber einer bleibt da.
Wenn nicht die Mutter, dann ein Kind.

Am Schluß der letzten Strophe wird ein Kind von den „Brückenkindern" festgehalten und gefragt, was es will:

Qual é que preferes
(Was magst du lieber?)

rosa ou jasmin?
(Rose oder Jasmin?)

maçã ou pera?
(Apfel oder Birne?)

Anjo ou Diabo?
(Engel oder Teufel?)

4. Fangspiele

Illustration: Marjan Mančeк

Fangspiel – Deutschland

Alle meine Entchen, kommt nach Haus!

Die Kinder wählen aus ihrer Gruppe eine Mutter und einen Wolf. Sie teilen das Spielfeld in drei Bereiche:

Entenkinder	Wolf	Entenmutter

Die Entenmutter ruft und die Kinder antworten:

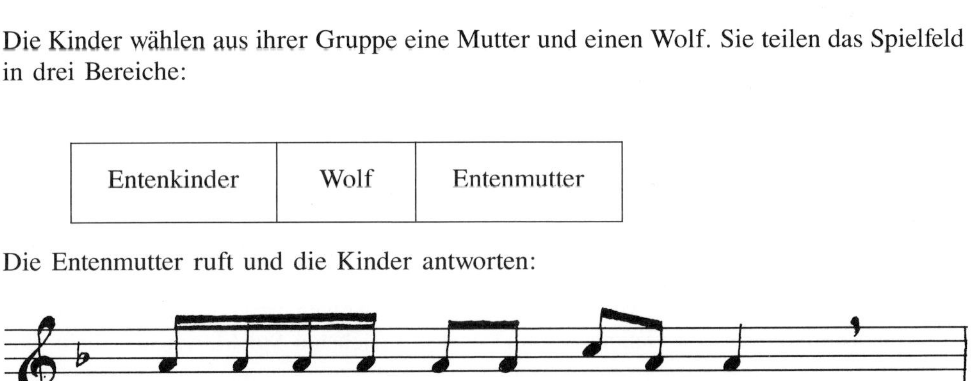

Nach dieser Aufforderung laufen die Kinder durch das Wolfsfeld zum Haus der Mutter. Der Wolf versucht zumindest ein Kind zu fangen. Dieses wird entweder auch ein Wolf – damit werden es von Spiel zu Spiel immer mehr Wölfe – oder es spielt ihn beim nächsten Mal allein.

* * *

Fangspiel – Türkei

Tilki tilki saatin kaç (Fuchs, Fuchs, wie spät ist es?)

Die Kinder stehen nebeneinander an einer markierten Linie. Der Fuchs steht ihnen gegenüber mit dem Gesicht zur Wand. Die Kinder fragen:

> *Tilki tilki saatin kaç*
> (Fuchs, Fuchs, wie spät ist es?)

Der Fuchs antwortet mit einer Zahl, und die Kinder machen entsprechend viele Schritte. Sobald sie in Reichweite des Fuchses angekommen sind, schlägt ein Kind auf den Rücken des Fuchses und alle laufen davon. Wer nicht über die Anfangslinie kommt und sich vom Fuchs fangen läßt, ist sein Gefangener und darf am nächsten Spieldurchgang nicht teilnehmen.

Nur wenn es beim zweiten Spieldurchgang einem Freund gelingt, ihn durch Abschlagen zu erlösen, darf er fliehen.

Zahlen bis zwölf auf türkisch:

bir	(eins)	dört	(vier)	yedi	(sieben)	on	(zehn)
iki	(zwei)	beş	(fünf)	sekiz	(acht)	onbir	(elf)
üç	(drei)	altı	(sechs)	dokuz	(neun)	oniki	(zwölf)

Fangspiel – Jugoslawien (serbokroatisch)

Berem Grožde (Traubenlese)

Berem, berem grožde
dok čika ne dode,
a kad čika dode
preseš će nam grožde.

Ernte, ernte die Traube
so lange der čika* (Winzer) nicht kommt.
Wenn der čika kommt,
nimmt er uns die Trauben.

Ein Kind ist der Winzer, der sich versteckt. Alle Kinder gehen frei im Raum herum, singen das Lied und ahmen Weintrauben-naschen nach. Sobald der Winzer kommt, laufen alle zu einem vorher (als sicheres Haus) bestimmten Platz. Konnte der Weinbauer ein Kind fangen, hilft es ihm beim nächsten Spiel, das nun so oft wiederholt wird, wie es den Kindern Spaß macht.

* čika ist im Serbokroatischen ein häufig gebrauchter Ausdruck für einen nicht näher benannten Mann. Eventuell vergleichbar mit unserem „Onkel", der jedoch nicht verwandt ist. Čika kann also in diesem Lied Winzer bedeuten oder Weinbergbewacher oder auch einfach Mann.

Fangspiel – Griechenland

Perpato is to dhasos (Ich gehe in den Wald)

Auch in Griechenland kennt man ein entsprechendes Fangspiel, das zunächst durch ein Lied und dann durch einen Dialog zwischen Wolf und Kindergruppe eingeleitet wird.

Der Wolf versteckt sich „im Wald“. Die Kinder nähern sich ihm singend:

> *Perpato is to dhasos*
> (Ich gehe in den Wald)
> *Ke fonaso to liko.*
> (und rufe den Wolf.)
> *Like, like ise edho?*
> (Wolf, Wolf, bist Du da?)

Dann spielt sich folgender Dialog ab:

Wolf: *Edho ime.*
(Ich bin da.)

Kinder: *Ti kanis?*
(Was machst Du?)

Wolf: *Vaso to pandeloni mu!*
(Ich ziehe meine Hose an!)

Die Kinder gehen wieder im Raum herum, singen den Refrain und fragen den Wolf wieder, was er macht.

Wolf: *Vaso to sakkaki mu!*
(Ich ziehe mein Sacco an!)

Fragen und Antworten können beliebig lange ausgedehnt werden, bis der Wolf schließlich ruft:

Wolf: *Perno ti maggura mu*
(Ich nehme meinen Knüppel)
Ke sas kinigho! Ooooooo
(und fange Euch! Ooooooo)

Alle Kinder laufen zu ihrem vorher vereinbarten sicheren Platz. Der Wolf versucht, so viele Kinder wie möglich zu fangen.

Das Spiel eignet sich sehr gut, auch wenn sich nur ein griechisches Kind in der Gruppe befinden sollte. Die Kinder singen auf griechisch den einfachen Text und stellen die Frage: *Ti kanis?* (Was machst Du?) Der Wolf (ein griechisches Kind) ruft seine Antworten und stellt dabei dar, was er gerade anzieht, bzw. wie er seinen Knüppel schwingt.

Gesungen:	Τραγουδιέται:
Perpato is to dhasos	Περπατώ εις το δάσος
ke fonaso to liko,	και φωνάζω το λύκο,
like, like ise edho?	λύκε, λύκε είσαι εδώ;
Gesprochen:	Λέγεται::
Edho ime.	Εδώ είμαι.
Ti kanis?	Τι κάνεις;
Vaso to pandeloni mu!	Βάζω το παντελόνι μου!
Gesungen:	Τραγουδιέται:
Perpato is to dhasos	Περπατώ εις το δάσος
ke fonaso to liko,	και φωνάζω το λύκο,
like, like ise edho?	λύκε, λύκε είσαι εδώ;
Gesprochen:	Λέγεται:
Edho ime.	Εδώ είμαι.
Ti kanis?	Τι κάνεις;
Vaso to sakkaki mu!	Βάζω το σακκάκι μου!
Gesungen:	Τραγουδιέται:
Perpato is to dhasos	Περπατώ εις το δάσος
ke fonaso to liko,	και φωνάζω το λύκο,
like, like ise edho?	λύκε, λύκε είσαι εδώ;
Gesprochen:	Λέγεται:
Edho ime.	Εδώ είμαι.
Ti kanis?	Τι κάνεις;
Perno ti maggura mu	Παίρνω τη μαγκούρα μου
ke sas kinigho	και σας κυνηγώ ....
Ooooooo	Ooooooo ....

Fangspiel – Italien

Lupo, lupo, cosa fai? (Wolf, Wolf, was machst du?)

Ein Kind wird als Wolf gewählt, die anderen sind die Schäfchen. Der Wolf sitzt in seiner Höhle und die neugierigen Schäfchen nähern sich ihm langsam. Es spielt sich folgender Dialog ab.

Schäfchen: *Lupo, lupo, cosa fai?*
(Wolf, Wolf, was machst du?)

Wolf: *Mi liscio il pelo ...*
(Ich glätte mein Fell ...)

Schäfchen: *Lupo, lupo, cosa fai?*
(Wolf, Wolf, was machst du?)

Wolf: *Affilo i miei denti ...*
(Ich wetze meine Zähne ...)

Schäfchen: *Lupo, lupo, cosa fai?*
(Wolf, Wolf, was machst du?)

Wolf: *Vengo a prendervi per mangiarvi!*
(Ich komme und fresse euch alle auf!)

In diesem Moment springt der Wolf aus seiner Höhle und versucht, soviel Schäfchen wie möglich zu fangen. Eine sichere Zone, wo die Schäfchen nicht mehr gefangen werden können, muß vor Spielbeginn vereinbart werden.

Die Rufformel *Lupo, lupo, cosa fai?* ist so einfach, daß sie schnell von deutschsprachigen Kindern nachgesprochen werden kann.

Das Spiel könnte aber auch zweisprachig ablaufen, indem ein italienisches Kind die Antworten des Wolfs übernimmt und die anderen Kinder *Wolf, Wolf, was machst du?* auf deutsch rufen.

Fangspiel – Spanien

Juego del lobo (Das Spiel vom Wolf)

Ein Kind ist der Wolf. Es sitzt allein mit dem Rücken zur Wand, mit gekreuzten Armen, Augen zu. Die übrigen Kinder bilden eine Kette. Sie stehen hintereinander, jeweils die Hände auf der Taille des vorderen Kindes. An der Spitze dieser Reihe steht der Schäfer, am Ende ist der Schäferhund.

Dialog:
Schäfer: *¿Periquillo?* (Mein Hündchen?)
Hund: *¿Que manda mi amo?* (Was gibt's mein Herr?)
Schäfer: *¿Como esta el lobo?* (Wie geht's dem Wolf?)
Hund: *Se durmiò sentado.* (Er ist im Sitzen eingeschlafen.)
Schäfer: *Tirale de la oreja.* (Zieh ihn an den Ohren.)

Bei „Tirale de la oreja" nähert sich der Hund vorsichtig dem Wolf, berührt ihn (oder zieht an einem Ohr). Der Wolf wacht auf und versucht nun den Hund zu fangen. Der Schäfer an der Spitze breitet die Arme aus und versucht den Wolf nicht durchzulassen. Die Kette darf nicht abreißen.

Fangspiel – Spanien

La luna y los luceros (Der Mond und die Sterne)

Dieses Spiel wird traditionellerweise bei Mondlicht gespielt, es läßt sich aber auch im Halbdunkel spielen. Ein Kind ist der Mond, die übrigen Kinder sind die Sterne. Der Mond hält sich versteckt, die übrigen Kinder necken ihn im Chor mit dem Spruch:

A la luna y al lucero:	Mond und Stern:
si me pillas, yo me quedo!	fang mich, bleib ich!

Der Mond kommt aus dem Versteck, jagt die Sterne und das erste Kind, das gefangen wird, ist beim nächsten Mal der Mond.

Das Spiel könnte auch im Dunkeln mit Lichtern gespielt werden, z. B. mit kleinen Taschenlampen für die Sterne und einer größeren Taschenlampe für den Mond.

5. Ochs am Berg, Huckepack, Himmel und Hölle … und weitere traditionelle Kinderspiele

Illustration: Marcella Fusi

Ochs am Berg – Deutschland

Der Ochs (ein Kind) steht am Berg, d. h. mit dem Gesicht zur Mauer. Die anderen Kinder stehen in einer Reihe an einer markierten Linie, etwa zehn bis fünfzehn Meter hinter ihm. Der Ochs ruft *Ochs am Berg – eins, zwei, drei*. Er kann jedes Wort in der Schnelligkeit beliebig variieren. Solange der Ochs spricht, schleichen sich die Kinder an ihn heran. Plötzlich dreht sich der Ochs um. Wer sich in diesem Augenblick noch bewegt, muß zur Anfangslinie zurück. Wem es gelingt, bis zur Mauer vorzudringen, ohne erwischt zu werden, hat gewonnen.

Variante:

Mutter, Mutter, darf ich reisen?

Ein Kind ist die Mutter und stellt sich in einigen Metern Entfernung den anderen Kindern gegenüber. Ein Kind fragt:

Mutter, Mutter, darf ich reisen?

Antwortet die Mutter mit *Nein,* fragt das nächste Kind.
Antwortet sie mit *Ja,* fragt das Kind weiter:

Wohin?

Die Mutter gibt den Namen einer Stadt (in einer national gemischten Gruppe evtl. den Namen eines Landes) an, z. B.

Nach Berlin.

Je nach Silbenzahl des Zielortes macht das reisende Kind entsprechend viele Schritte zur Mutter hin. Wer zuerst bei der Mutter ankommt, löst diese ab.

Variante:

Mutter, wie weit darf ich?

Die Mutter steht mit dem Rücken zu den Kindern, die Augen zu. Statt „Wohin?" fragt das erste Kind:

Wieviele Schritte denn?

Die Mutter nennt eine Zahl und ob *Mäuseschritte* oder *Elefantenschritte* erlaubt sind.

„Ochs am Berg" – Italien

Uno due tre – stella! (Eins zwei drei – Stern!)

Der Spruch des Ochsen ist:

Uno due tre – stella!

Beim Wort *stella* dreht er sich dann um.
Für jüngere Kinder kann folgende Formel eingesetzt werden, die ein langsameres Vorwärtsschreiten erlaubt:

Stella stellina,
il bambino so avvicina.
(Stern, Sternchen,
die Kinder nähern sich.)

Eine Variante:

Regina Reginella (Königin, kleine Königin)

Die Königin sitzt auf einem improvisierten Thron. Die anderen Kinder stehen nebeneinander in einigen Metern Entfernung ihr gegenüber.

Der Reihe nach fragen sie:

Regina, reginella	(Königin, kleine Königin,
quanti passi mi fai fare	wieviele Schritte soll ich tun.
per arrivare al tuo castello	Bis zu deinem Schlosse hin,
con la pioggia e con l'ombrello?	mit dem Regen, mit dem Schirm?
Così bello,	Wie schön es ist,
con la fede e con l'anello?	mit der Kette, mit dem Ring.)

Die Königin antwortet nach Lust und Laune, etwa: *vier Ameisenschritte* (quattro passi da formica) oder *drei Löwenschritte* (tre passi da leone). Wer als Erster an den Thron ankommt, löst die Königin ab. In der national gemischten Gruppe kann man den Text verkürzen und bei *castello* aufhören.

Illustration: Marcella Fusi

Versteinerungsspiel — Türkei

Güzellik mi çirkinlik mi? (Schön oder häßlich?)

Ein Kind wird gewählt und dreht sich mit geschlossenen Augen zur Wand. Die anderen Kinder stehen im Raum verteilt und fragen *Güzellik mi çirkinlik mi?* (schön oder häßlich?).

Das Kind mit den verschlossenen Augen antwortet eins von beiden z. B. *çirkinlik* (häßlich) und die Kinder gehen in die entsprechende Position, um das ausgerufene Wort darzustellen.

Das Kind dreht sich um und wählt das Kind aus, dessen Darstellung ihm am besten gefällt.

Dieses Kind darf als nächstes Spielführer sein. Die beiden „Losungsworte" können von allen Kindern auf Türkisch gesprochen werden.

Die Gruppe fragt im Chor *Güzellik mi çirkinlik mi?* wobei *Çirkinlik* wie „tschirkinlik" ausgesprochen wird.

Der Spielführer antwortet nur *Güzellik* oder *Çirkinlik*, denn *mi* ist jeweils die Frageform.

Imitationsspiel — Türkei

Sar Makara (Spule aufwickeln)

Sar, sar, sar makara.	Wickle auf, wickle auf die Spule.
Çöz, çöz, çöz makara.	Wickle zurück, wickle zurück die Spule.
Bir şöyle, bir böyle,	Einmal so, einmal so.
şap, şap, şap.	Schap, schap, schap.
Komşuuuu!	Nachbarrrrr!
Şap, şap.	Schap, schap.
Aslan geliyor, kaplan geliyor.	Der Löwe kommt, der Tiger kommt.
TIP!	TIP!

Die Kinder stehen sich in einem größeren Abstand gegenüber (mehrere Kinder bilden zwei Reihen) und sprechen den Text gemeinsam. Zu jedem Satz führen sie folgende Bewegungen aus:

Sar, sar ...	: Mit Unterarmen und Händen langsam — von innen nach außen — kreisende Bewegungen, wie beim Umwickeln einer Spule.
Çöz, çöz ...	: Die gleiche Wickelbewegung in umgekehrter Richtung.
Bir, şöyle ...	: Die Hände auf die Hüften stemmen, den Oberkörper einmal nach rechts, einmal nach links beugen.
Şap, şap ...	: Bei jedem Schap in die Hände klatschen.

Komşuuuu!	:	Leicht nach vorne beugen und mit den Händen mehrmals rasch auf die Knie klopfen.
Şap, şap	:	Wieder in die Hände klatschen.
Aslan geliyor ...	:	Im Sprechrhythmus mit kurzen Schritten nach vorne gehen.
TIP!	:	Alle Kinder erstarren in der Bewegung. Wer sich bewegt, lacht oder spricht, scheidet aus. Das Spiel beginnt von neuem.

Wer fällt um? – Türkei

Çürük yumurta (Das brüchige Ei)

Die Kinder bilden einen Kreis und gehen in die Hocke. Die Hände falten sie vor den Knien. Ein Kind hockt sich als Spielführer in derselben Stellung vor ein Kind seiner Wahl.

Der Spielführer fragt: *Bu yumurta çürük mü, sağlam mı?* (Ist dieses Ei brüchig oder fest?). Daraufhin versucht er, das Kind – ohne seine Hände zu gebrauchen – umzuschubsen. Fällt das geschubste Kind um, scheidet es aus, und der Spielführer geht zum nächsten Kind.

Das wiederholt sich, bis ein Kind als festes Ei nicht umfällt, und dieses ist dann der Spielführer.

Huckepackspiel – Türkei

Al beni arkana (Nimm mich huckepack)

Ein Partnerspiel für Kinder ab 6 Jahren.

Zwei Kinder stellen sich Rücken an Rücken, umschlingen einander von hinten mit den Armen. Der eine beugt sich nach vorn, nimmt dabei den anderen auf seinen Rücken. In dieser Haltung beginnt das Frage- und Antwortspiel:

Das untere Kind: Gökte ne var?	Was gibt es am Himmel?
Das obere Kind: Gök boncuk.	Die Himmelskugel.
Yerde ne var?	Was gibt es auf der Erde?
Das untere Kind: Yer boncuk.	Die Erdkugel.
Anan ne pişirdi?	Was hat deine Mutter gekocht?
Das obere Kind: Tarhana.	Tarhana*
Das untere Kind: Al beni arkana...	Nimm mich huckepack...

Danach beugt sich der Obere rasch nach vorn, der Untere kommt obenauf auf dessen Rücken. Es werden wiederum die gleichen Fragen gestellt. So geht das Spiel immer weiter.

* „Tarhana“ ist eine Suppe aus getrocknetem Mehl-Joghurt-Teig, der oft auf Vorrat zubereitet wird.

Versteckspiel — Italien

Cane e lepri (Hund und Hasen)

Ein Kind wird zum Hund *(cane)* gewählt und steht an der Mauer *(bomba)*, die Augen zu. Die anderen Kinder (Hasen) verstecken sich. Der Hund zählt bis 31*, dann ruft er

> *vengo, vengo e vengo!*
> (Ich komme, ich komme, ich komme!)

und sucht die versteckten Kinder. Sobald er ein Kind sieht, muß er den Namen nennen, die Mauer abschlagen und

> *bomba!*

rufen. Der Hase ist damit gefangen und muß aus seinem Versteck herauskommen. Er kann sich jedoch erlösen, indem er vor dem Hund an die Mauer kommt und *bomba* ruft. Wenn es dem letzten Hasen gelingt, die Mauer vor dem Hund zu erreichen, kann er durch den Spruch

> *liberti tutti!*
> (alle frei!)

alle Hasen wieder erlösen.

* *Zählen bis 31 auf italienisch*

uno	(1)	diciasette	(17)
due	(2)	diciotto	(18)
tre	(3)	diciannove	(19)
quattro	(4)	venti	(20)
cinque	(5)	ventuno	(21)
sei	(6)	ventidue	(22)
sette	(7)	ventitre	(23)
otto	(8)	ventiquattro	(24)
nove	(9)	venticinque	(25)
dieci	(10)	ventisei	(26)
undici	(11)	ventisette	(27)
dodici	(12)	ventotto	(28)
tredici	(13)	ventinove	(29)
quattordici	(14)	trenta	(30)
quindici	(15)	trentuno	(31)
sedici	(16)		

Kästchenhüpfen – Italien

Il gioco del mondo (Das Spiel der Welt)

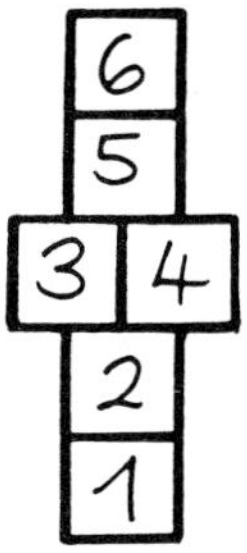

Der Hüpfkasten, wie hier abgebildet, wird auf den Boden gezeichnet, – groß genug, daß 1 Kind mit beiden Füßen in jedem Quadrat stehen kann, ohne die Linien zu berühren. Jedes Kind bekommt ein Steinchen.

Der erste Spieler wirft seinen Stein in das 1. Spielfeld hinein und fragt:

An?

Wenn der Stein richtig fällt, d.h. in das Kästchen ohne eine Linie zu berühren, antworten die Kinder:

Salam!

Wenn der Stein auf die Linie oder in ein anderes Spielfeld fällt, antworten sie:

Codega de can! (Hundeschwanz!)

und der nächste Spieler darf anfangen. Fällt der Stein richtig, muß der Spieler auf einem Fuß in das Feld hüpfen. Er muß dann den Stein auf seinen Fuß legen und rückwärts aus dem Spielfeld hüpfen, ohne die Grenzlinie zu berühren.

Er wirft dann seinen Stein in das 2. Spielfeld und der Vorgang wiederholt sich. Wer es als erster bis in das 6. Spielfeld und zurück schafft, ist Sieger.

Variante:

Das Spiel kann je nach Alter und Geschicklichkeit der Kinder mit verschiedenen Schwierigkeitsgraden gespielt werden:

Das Steinchen wird
– auf der Handfläche,
– auf dem Handrücken,
– auf dem Fuß oder
– auf dem Kopf getragen.

Für die Zahlen bis sechs auf italienisch, vgl. S. 71

Deutsche Varianten des Kästchenhüpfens: Himmel und Hölle, die Wochentage u.a.

Strohpuppenspiel – Spanien

Pelele (Name einer Strohpuppe)

Illustration: Francisco Goya

In dem alten spanischen Gesellschaftsspiel *Pelele* (Betonung auf der zweiten Silbe) wird eine lebensgroße Strohpuppe mit Hilfe einer gespannten Decke in die Luft geprellt. Ursprünglich symbolisierte die Puppe eine unbeliebte Person, die bestraft werden sollte. Das Gemälde von Goya zeigt junge Frauen beim Pelele-Spiel: für sie war es eine sozial akzeptierte Möglichkeit, ihren Ärger über die Überheblichkeit der Männer auszulassen. Heute sieht man Pelele vor allem in der Karnevalszeit in Spanien. Es wird meist von jungen Männern oder von Schulkindern gespielt.

Spielhinweis:

Das Tuch wird auf dem Boden ausgelegt und die Strohpuppe in die Mitte gesetzt. Jeder Spieler (3 oder mehr) nimmt den Tuchrand mit beiden Händen und auf Kommando wird die Puppe in die Luft geschleudert. Dabei werden alte Reimformen im rhythmischen Takt gesprochen bzw. gesungen. Ein Beispiel:

Pelele, Pelele,	Pelele, Pelele,
Tu madre te quiere,	Deine Mutter mag dich,
Tu padre tambien,	Dein Vater auch
Todos te queremos.	Und wir alle.
Arriba con él!	Hinauf mit ihm!

Pelele selbermachen

Alte Kleider (Jacke, Hosen, Hemd, Socken) werden mit Stroh bzw. Stoffresten ausgestopft und aneinander genäht (man fängt bei den Füßen an). Für das Gesicht wird ein alter Mehlsack ausgestopft und bemalt.

Drehspiel – Spanien

El Molino (Die Mühle)

2 Kinder fassen sich an den Händen, Füße eng zusammen. Köpfe und Oberkörper weit auseinander: Sie beginnen sich zu drehen, mit folgendem Dialog:

– ¿Quién es tu padre?	– Wer ist dein Vater?
– Vinagre.	– Essig.
– ¿Y tu madre?	– Und deine Mutter?
– Canela.	– Zimt.
– Titirinela.	– Titirinela.
– Canela.	– Zimt.
– ¡Canela!	– Zimt!

Bei jeder Drehung werden die Kinder schneller.

Zu diesem Spiel gibt es eine deutsche Entsprechung:

Es dreht sich die Mühle

Ich zähle bis zehn,
Die Mühle bleibt steh'n.

(Die zwei Kinder drehen sich langsam und bleiben kurz stehen.)

Ich zähle bis hundert,
Die Mühle taucht unter.

(Die Kinder drehen sich schneller und gehen dann in die Hocke.)

Ich zähle bis tausend,
Die Mühle geht sausend.

(Die Kinder drehen sich so schnell und so lange sie können.)

Marktspiel – Portugal

Jogo dos Potes (Spiel der Töpfe)

Ein Kind ist der Kunde, eines der Händler (bzw. Verkäufer), alle anderen Kinder sind die Töpfe (Kinder in der Hocke, Hände unter den Knien untergefaßt – als Henkel).

Die Töpfe stehen aufgereiht, (Kinder nebeneinander in der Hocke). Zwischen Kunde und Händler läuft nun folgendes Zwischenspiel:

Der Kunde nähert sich den Töpfen und fragt den Händler

Kunde – Tem potes?	Haben Sie Töpfe?
Händler – Tenho, sim senhor.	Die habe ich, mein Herr.

Der Kunde schaut sich die Töpfe an, wählt einen aus und fragt:

Kunde – Quanto custa?	Was kostet der?
Händler – Cem* escudos	100 Escudos

Der Kunde klopft dem Topf vorsichtig auf den Kopf und sagt dabei:

Kunde – vamos a ver se soa bem	Schauen wir mal, ob er gut klingt

Der Topf „antwortet" mit einem entsprechenden Geräusch auf das Klopfen (dlim, dlim oder ähnliches)

Dann heben Kunde und Händler jeder auf einer Seite den Topf hoch (jeder an einem Henkel) und tragen den Topf zum Haus des Kunden. Wenn das Kind, das getragen wird (der Topf), die untergefaßten Hände losläßt, dann ist der Henkel ab und der Topf zerbricht – und das Kind muß ausscheiden.

* für *cem* (hundert) können die Kinder z. B. auch *mil* (tausend) einsetzen.

C. Kinder- und Volkslieder

Illustration: Teresa Buongiorno

Einführung

Mit Blick auf die Einbeziehung ausländischer Familien haben wir versucht, möglichst bekannte Lieder auszuwählen. Weitgehend ausgeklammert haben wir jedoch jene mitteleuropäisch geprägten „internationalen“ Lieder – z. B. „Bruder Jakob“ in allen Sprachen –, die gerade in multinationalen Kindergruppen häufig eingesetzt werden.

Die Auswahl umfaßt sowohl modernere, speziell für Kinder verfaßte Liedtexte und Melodien, als auch traditionelle, mehr volkstümliche Lieder. Insbesondere bei den Volksliedern gibt es – wie bei allen mündlich überlieferten Spielformen – zu einem Lied häufig viele verschiedene Varianten. So werden ausländische Eltern bei einzelnen Liedern vielleicht eine andere Version als die hier abgedruckte kennen, und Erzieher und Lehrer sollten dann entsprechend flexibel sein (vgl. Exkurs über Merkmale und Möglichkeiten traditioneller Spielarten, S. 20).

Die Liedtexte sollten – mit Hilfe ausländischer Kinder und Eltern – in der Originalsprache gesungen werden (vgl. Memo zum Einsatz fremdsprachiger Texte, S. 337). Für einen ersten Einstieg in die „andere“ Sprache sind die Lieder zum Mitmachen besonders geeignet. Denn hier können alle Kinder (auch ohne den Liedtext zu beherrschen) mitmachen: Bewegungen nachahmen, im Kreis mitgehen usw.

Insbesondere die griechische und türkische Volksmusik klingt für unsere Ohren oft fremd – vor allem aufgrund der orientalischen Melodik. Um ein Gefühl für die Melodieführung und für den Rhythmus fremdwirkender Musik zu entwickeln, hilft es, wenn Erzieher oder Lehrer so oft wie möglich Musik aus diesem Land hören – auch wenn diese Musik nur „nebenbei“ mitläuft – z. B. beim Autofahren. Hört man ein einzelnes Musikstück öfters, beginnt man die spezifischen Merkmale dieser Musikkultur und die entsprechenden Differenzierungen herauszuhören.

Ein Hauptmerkmal der traditionellen türkischen Musik liegt in ihrer Einstimmigkeit und dem „flächigen“ Klang. Mit akustischen Reizen wird sparsam umgegangen, eine volle oder üppige (symphonische) Klanglichkeit kennt man in dieser Musiktradition nicht. So kommt es, daß manche Mitteleuropäer diese Musik zunächst als eintönig empfinden. Dazu *H. Kolland* (In *T. Incirci*, o. J., S. 3): „Der Schein der Einfachheit trügt, denn diese Musikkultur hat eine reich ausdifferenzierte einstimmige Musikkunst entwickelt, wie sie unsere Lieder und Melodien kaum aufweisen“.

Viele türkische Kinderlieder sind in der Moll-Tonart geschrieben, während deutsche Kinderlieder vorwiegend in Dur geschrieben sind. Jüngeren deutschen Kindern fällt das Singen dieser Lieder häufig leichter als deutschen Erwachsenen, da sie in ihren Hörgewohnheiten (und Singgewohnheiten) noch nicht so festgelegt sind.

Für die Sichtung und Aufbereitung einzelner Lieder bedanken wir uns bei Nora Berzheim.

1. Lieder zum Mitmachen

Lied zum Mitmachen – Türkei

Küçük kurbağa (Der kleine Frosch)

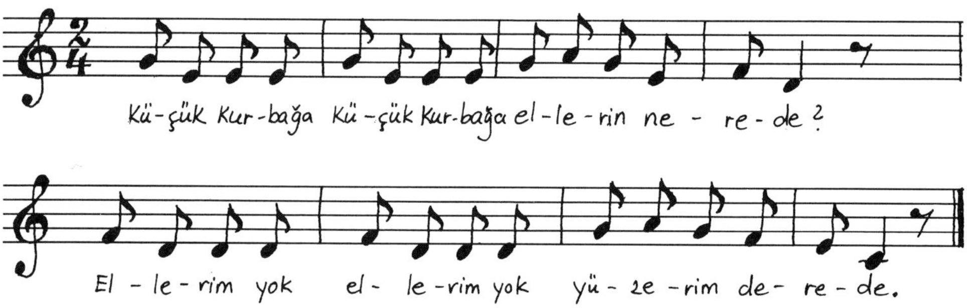

Küçük kurbağa, küçük kurbağa,
ellerin nerede?

Ellerim yok, ellerim yok,
yüzerim derede.
Ku vak vak vak, ku vak vak vak.

Küçük kurbağa, küçük kurbağa,
gözlerin nerede?

Gözlerim yok, gözlerim yok,
yüzerim derede.
Ku vak vak vak, ku vak vak vak.

Küçük kurbağa, küçük kurbağa,
kulağın nerede?

Kulağım yok, kulağım yok,
yüzerim derede.
Ku vak vak vak, ku vak vak vak.

Küçük kurbağa, küçük kurbağa,
kuyruğun nerede?

Kleiner Frosch, kleiner Frosch,
wo sind deine Hände?

Hab' keine Hände, hab' keine Hände,
schwimme in dem Bach.
Quak quak ...

Kleiner Frosch, kleiner Frosch,
wo sind deine Augen?

Hab' keine Augen, hab' keine Augen,
schwimme in dem Bach.
Quak quak ...

Kleiner Frosch, kleiner Frosch,
wo sind deine Ohren?

Hab' keine Ohren, hab' keine Ohren,
schwimme in dem Bach.
Quak quak ...

Kleiner Frosch, kleiner Frosch,
wo ist dein Schwanz?

Kuyruğum yok, kuyruğum yok,
kaldı şu derede.
Ku vak vak vak, ku vak vak vak.

Hab' keinen Schwanz, hab' keinen
Schwanz,
er ist in diesem Bach geblieben.
Quak quak ...

Ein Kind sitzt als Frosch in der Kreismitte. Er und alle anderen Kinder singen abwechselnd. Wenn die Kinder singen: *Küçük kurbağa, küçük kurbağa,* hüpft er herum. Bei *ellerin nerede* steht er auf und zeigt seine Hände. Er antwortet singend und macht dabei Schwimmbewegungen mit seinen Armen, bei *Ku vak vak vak* hüpft er wieder umher. Das wiederholt sich von Strophe zu Strophe, wobei je nach Text auf Augen, Ohren und (fehlendem) Schwanz gedeutet wird. Bei dem Satz *Kaldı şu derede* deutet der Frosch in die Richtung des Baches.

Es können jedoch auch alle Kinder Frösche sein und die Erzieherin (oder eine türkische Mutter) stellt die Fragen. Alle Kinder singen die Antworten und führen die Bewegungen gemeinsam aus.

In Melodie und Inhalt gleicht dieses Lied dem deutschen Spiellied: „Die Fröschelein, die Fröschelein, die sind ein lustig Chore".

Lied zum Mitmachen – Türkei

Çalğıcılar (Die Musikanten)

Zurnaryı nasıl çalarlar, çarlarlar
düt düt dürüdüt, düt düt düt, düt düt düt.
Davuluda nasıl çalarlar, çalarlar
güm güm gümügüm güm güm güm, güm güm güm.

Bağlamayı nasıl çalarlar, çalarlar
dım dım dımıdım, dım dım dım, dım dım dım.
Kemençeyi nasıl çalarlar, çalarlar
gıy gıy gıyıgıy, gıy gıy gıy, gıy gıy gıy.

Wie spielen sie, spielen sie mit der Zurna?
Düt düt dürüdüt, düt düt düt, düt düt düt.
Wie spielen sie, spielen sie mit der Davul?
Güm güm gümügüm, güm güm güm, güm güm güm.

Wie spielen sie, spielen sie mit der Bağlama?
Dim dim dimidim, dim dim dim, dim dim dim.
Wie spielen sie, spielen sie mit der Kemençe?
Giy giy giyigiy, giy giy giy, giy giy giy.

Die hier genannten Instrumente gehören mit zu den typischen Volksmusikinstrumenten der Türkei.

Die *Zurna* ist ein Blasinstrument, eine Art Oboe.
Die *Davul* ist auch als „große türkische Trommel" bekannt.
Die *Bağlama* ist ein dreisaitiges Zupfinstrument, eine Langhalslaute.
Die *Kemençe* ist ein Streichinstrument, einer mittelalterlichen Fiedel ähnlich.

Wenn die Kinder die Lautmalereien wie *düt, düt* oder *güm güm* singen, können sie jedesmal das Spielen des Instruments pantomimisch nachvollziehen (vgl. das deutsche Lied „Ich bin ein Musikante").

Lied zum Mitmachen – Jugoslawien (serbokroatisch)

Muzikaš (Die Musikanten)

Solo:	Ja sam muzikaš, baš na volju vaš.	Ich bin ein Musikant, Ganz nach eurer Laune.
Alle:	Mi smo muzikaši, Al' pri masnoj kaši.	Wir sind die Musikanten, Beim dicken Eintopf.
Solo:	Ja znam svirat.	Ich kann spielen.
Alle:	Mi znamo svirat.	Wir können spielen.
Solo:	Na tamburici.	Auf dem Tamburin.
Alle:	Na tamburici.	Auf dem Tamburin.
Solo:	Cina, cina, cinana. Cina, cina, cinana.	Ci-na, ci-na, ci-na-na, Ci-na, ci-na, ci-na-na.
Alle:	Cina, cina, cinana, Cina, cina, cinana. Cina, cina, cinana, Cina, cina, cinana.	Ci-na, ci-na, ci-na-na, Ci-na, ci-na, ci-na-na. Ci-na, ci-na, ci-na-na, Ci-na, ci-na, ci-na-na.

Die ersten 6 Zeilen werden immer wiederholt, aber Instrument und Refrain ausgewechselt – statt Tamburin, Violine usw.

Na violini – Cili, cili, cilili ...	Auf der Violine – Ci-li, ci-li, ci-li-li ...
Na frulici – Frulu, frulu, frululu ...	Auf der Flöte – Fru-lu, fru-lu, fru-lu-lu ...
Na glasoviru – Tim-tam, tim-tam, tim-tam-tam ...	Auf dem Klavier – Tim-tam, tim-tam, tim-tam-tam ...
Na bubnjiću – Bum-bum, bum-bum, bum-burum ...	Auf der Trommel – Bum-bum, bum-bum, bum-burum ...

Deutsche Entsprechung: „Ich bin ein Musikante und komm aus Schwabenland“.

Lied zum Mitmachen – Jugoslawien (serbokroatisch)

Ovako se ... (Das geht so ...)

Ovako se ruke miju,
ovako, ovako;
Ovako se ruke miju,
ovako, ovako.

Ich wasche meine Hände so,
das geht so, das geht so;
Ich wasche meine Hände so,
das geht so, das geht so.

Ovako se kapa skida,
ovako, ovako;
Ovako se kapa skida,
ovako, ovako.

Ich nehme meine Mütze ab,
Das geht so, das geht so;
Ich nehme meine Mütze ab,
Das geht so, das geht so.

Ovako se knjiga čita,
ovako, ovako;
Ovako se knjiga čita,
ovako, ovako.

Ich lese in meinem Buch so gern,
Das geht so, das geht so;
Ich lese in meinem Buch so gern,
Das geht so, das geht so.

Ovako se lijepo piše,
ovako, ovako;
Ovako se lijepo piše,
ovako, ovako.

Ich schreibe meinen Namen so,
Das geht so, das geht so;
Ich schreibe meinen Namen so,
Das geht so, das geht so.

Ovako se ravno stoji,
ovako, ovako;
Ovako se ravno stoji,
ovako, ovako.

Ich stehe kerzengerade so,
Das geht so, das geht so;
Ich stehe kerzengerade so,
Das geht so, das geht so.

Ein Bewegungsspiel, das beliebig erweitert werden kann. Beim Singen ahmen die Kinder die verschiedenen Tätigkeiten nach.

Lied zum Mitmachen – Griechenland

Psila-psila (Hoch oben)

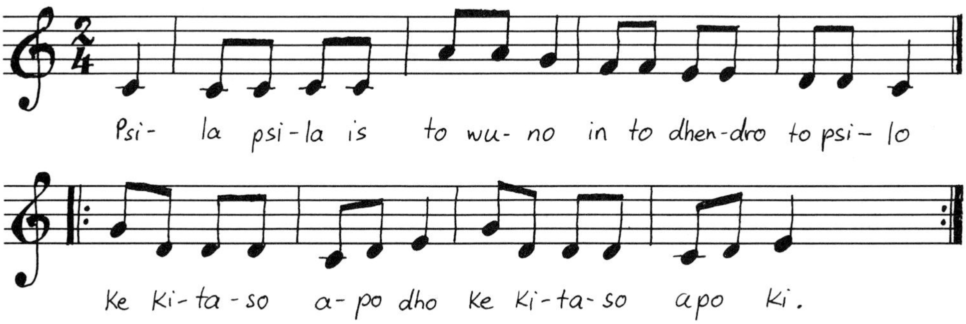

Psila psila is to wuno	Ψηλά ψηλά εις το βουνό	Hoch oben auf dem Berg
in to dhendro to psilo	ειν'το δέντρο το ψηλό	steht ein hoher Baum
ke kitaso apo dho	και κυττάζω από δω	und ich schaue dahin
ke kitaso apo ki.	και κυττάζω από κει.	und ich schaue dorthin.
Plai sto dhendro to psilo	Πλάϊ στο δέντρο το ψηλό	Neben dem hohen Baum
in to spiti to mikro	ειν'το σπίτι το μικρό	steht ein kleines Haus
ke kitaso apo dho	και κυττάζω από δω	und ich schaue dahin
ke kitaso apo ki.	και κυττάζω από κει.	und ich schaue dorthin.
Ke to spiti to mikro	Και το σπίτι το μικρό	Und das kleine Haus
echi kokini skepi	έχει κόκκινη σκεπή	hat ein rotes Dach
ke kitaso apo dho	και κυττάζω από δω	und ich schaue dahin
ke kitaso apo ki.	και κυττάζω από κει.	und ich schaue dorthin.
Ki'ap tin kokini skepi	Κι'απ'την κόκκινη σκεπή	Aus dem roten Dach
wgeni grisopos kapnos	βγαίνει γκριζωπός καπνός	steigt ein grauer Rauch
ke kitaso apo dho	και κυττάζω από δω	und ich schaue dahin
ke kitaso apo ki.	και κυττάζω από κει.	und ich schaue dorthin.
Ki'osi kathonde eki	Κι'όσοι κάθονται εκεί	Und der, der das Haus bewohnt
ine chamojelasti	είναι χαμογελαστοί	ist an das Lachen gewöhnt
ke kitaso apo dho	και κυττάζω από δω	und ich schaue dahin
ke kitaso apo ki.	και κυττάζω από κει.	und ich schaue dorthin.

Dieses Lied kann mit Bewegungen untermalt werden, zum Beispiel so:

Psila psila is to wuno
(Hoch oben auf dem Berg): Arme und Kopf hochrecken.

ke kitaso apo dho
(ich schaue dahin): Kopf nach links

ke kitaso apo ki (ich schaue dorthin):	und rechts neigen.
in to spiti to mikro (steht ein kleines Haus):	Mit beiden Händen die Wände eines Hauses andeuten,
echi kokini skepi (hat ein rotes Dach):	Mit beiden Händen ein Dach andeuten.
wgeni grisopos kapnos (steigt ein grauer Rauch):	Rauchkringel „nachzeichnen“.
ine chamojelasti (ist an das Lachen gewöhnt):	Lachgeräusche.

Lied zum Mitmachen – Italien

Io sono un uccello (Ich bin ein Vogel)

Io sono un uccello
piccino, piccino,
Io sono un uccello
e volo così.

Io sono un cavallo,
galoppo, galoppo.
Io sono un cavallo,
galoppo così.

Io sono un soldato,
in fila cammino,
Io sono un soldato
e marcio così.

Io sono un marinaio
e vado sul mare.
Io sono un marinaio
e remo così.

E quando sono stanco,
pianino pianino,
a letto sereno
m'addormento così.

Ich bin ein Vogel,
so klein, so klein.
Ich bin ein Vogel,
und fliege so.

Ich bin ein Pferd
und mach Galopp, Galopp.
Ich bin ein Pferd
und galoppiere so.

Ich bin ein Soldat
und geh in einer Reihe.
Ich bin ein Soldat
und marschiere so.

Ich bin ein Matrose
und geh' zur See.
Ich bin ein Matrose
und rudere so.

Und nun bin ich müde,
sei leise, sei leise.
Ich geh' ins Bett
und schlafe so.

Die Kinder ahmen den einzelnen Strophen entsprechend nach: einen Vogel, der fliegt; ein Pferd, das galoppiert; einen Soldaten, der marschiert; einen Matrosen, der rudert; und zum Schluß ein müdes Kind, das sich schlafen legt.

Lied zum Mitmachen — Italien

Il lavoro del contadino (Die Arbeit des Bauern)

Il contadino si alza al mattino
e con la vanga
lavora così.
Il contadino si alza al mattino
e con la vanga
lavora così.

Il contadino si alza al mattino
e con la zappa
lavora così.
Il contadino si alza al mattino
e con la zappa
lavora così.

Il contadino si alza al mattino
e col rastrello
lavora così.
Il contadino si alza al mattino
e col rastrello
lavora così.

Il contadino si alza al mattino
prende dei semi
e va a seminar.
Il contadino si alza al mattino
prende dei semi
e va a seminar.

Der Bauer steht früh morgens auf
und mit dem Spaten
macht er dann so.
Der Bauer steht früh morgens auf
und mit dem Spaten
macht er dann so.

Der Bauer steht früh morgens auf
und mit der Hacke
macht er dann so.
Der Bauer steht früh morgens auf
und mit der Hacke
macht er dann so.

Der Bauer steht früh morgens auf
und mit dem Rechen
macht er dann so.
Der Bauer steht früh morgens auf
und mit dem Rechen
macht er dann so.

Der Bauer steht früh morgens auf
nimmt die Saat
und sät sie ein.
Der Bauer steht früh morgens auf
nimmt die Saat
und sät sie ein.

Il contadino passa nel prato
e con la falce
lavora così.
Il contadino passa nel prato
e con la falce
lavora così.

Il contadino ha finito il lavoro
prende gli attrezzi
e va a riposar.
Il contadino ha finito il lavoro
prende gli attrezzi
e va a riposar.

Der Bauer geht auf die grüne Wiese
und mit der Sichel
macht er dann so.
Der Bauer geht auf die grüne Wiese
und mit der Sichel
macht er dann so.

Der Bauer hat seine Arbeit beendet
nimmt seine Sachen
und geht dann nach Haus.
Der Bauer hat seine Arbeit beendet
nimmt seine Sachen
und geht dann nach Haus.

Zu jeder Strophe ahmen die Kinder zur gleichen Melodie die Bewegungen des Bauern nach.

Lied zum Mitmachen — Italien

Le belle statuine (Die schönen kleinen Statuen)

Le belle statuine
d'oro e d'argento
che costan cinquecento ...
Uno-due-tre!

Le brutte statuine
d'oro e d'argento
che costan cinquecento ...
Uno-due-tre!

Le allegre statuine
d'oro e d'argento
che costan cinquecento ...
Uno-due-tre!

Le tristi statuine
d'oro e d'argento
che costan cinquecento ...
Uno-due-tre!

Le stanche statuine
d'oro e d'argento
che costan cinquecento ...
Uno-due-tre!

Die schönen kleinen Statuen
aus Gold und aus Silber.
Sie kosten fünfhundert ...
Eins-zwei-drei!

Die häßlichen kleinen Statuen
aus Gold und aus Silber.
Sie kosten fünfhundert ...
Eins-zwei-drei!

Die lustigen kleinen Statuen
aus Gold und aus Silber.
Sie kosten fünfhundert ...
Eins-zwei-drei!

Die traurigen kleinen Statuen
aus Gold und aus Silber.
Sie kosten fünfhundert ...
Eins-zwei-drei!

Die müden kleinen Statuen
aus Gold und aus Silber.
Sie kosten fünfhundert ...
Eins-zwei-drei!

Die Kinder bilden einen Kreis und singen. Bei *Uno-due-tre* halten sie an und mimen die entsprechende Ausdrucksweise (lustig, traurig, müde usw.) nach.

Lied zum Mitmachen – Spanien

San Serení de la buena, buena vida
(San Sereni vom guten, guten Leben)

San Serení
de la buena, buena vida,
así, así,
hacen los zapateros,
así, así, así,
así me gusta a mí.

San Serení
de la buena, buena vida,
así, así,
hacen las costureras,
así, así, así,
así me gusta a mí.

San Serení
de la buena, buena vida,
así, así,
hacen las planchadoras,
así, así, así,
así me gusta a mí.

San Sereni
vom guten, guten Leben
so, so,
machen es die Schuster
so, so, so,
mir gefällt es so.

San Sereni
vom guten, guten Leben,
so, so,
machen es die Näherinnen
so, so, so,
mir gefällt es so.

San Sereni
vom guten, guten Leben,
so, so,
machen es die Büglerinnen,
so, so, so,
mir gefällt es so.

San Serení
de la buena, buena vida,
así, así,
hacen las peinadoras,
así, así, así,
así me gusta a mí.

San Sereni
vom guten, guten Leben,
so, so,
machen es die Friseusinnen
so, so, so
mir gefällt es so.

Das Lied kann auf andere Berufsgruppen beliebig erweitert werden:

los carpinteros (die Schreiner)
las profesoras (die Lehrerinnen)
los vagneros (die Cowboys)
los marineros (die Matrosen)
los médicos (die Ärzte)
los chóferos (die Chauffeure)

Die Kinder bilden einen Kreis und nehmen sich an der Hand. Ein Kind steht in der Kreismitte. Zum Rhythmus der Melodie hüpfen die Kinder nach links. Bei der jeweiligen Berufsbezeichnung (*zapateros, costureras* usw.) macht das Kind in der Mitte eine entsprechende Bewegung (hämmern, nähen usw.). Bis Ende der Strophe halten die anderen Kinder an und ahmen seine Gesten nach. Beim Anfang der neuen Strophe wählt das Kind in der Mitte ein anderes Kind, das seinen Platz einnimmt.

2. Volkslieder

Volkslied – Türkei

Şenkaya Türküsü (Volkslied aus Şenkaya)

Şenkaya'ya vardım saat
bir idi bir idi.
Benim yarım bu yerlerde
bir idi bir idi*.

Ich bin in Şenkaya angekommen,
es war ein Uhr, ein Uhr.
Meine Ersehnte in diesem Ort
war die Einzige, die Einzige.

Volkslied – Türkei

Süt içtim (Ich habe Milch getrunken)

Süt içtim dilim yandı
amanın amanın.
Döküldü kilim yandı
ben sana kurbanım.

Ich habe Milch getrunken,
mir die Zunge verbrannt,
o jeh, o jeh.
Sie ist übergelaufen,
der Kelim ist verbrannt,
für dich tu ich alles.

* Im Türkischen kann „bir idi" sowohl die Uhrzeit „ein Uhr" als auch „die Einzige" bedeuten.

Volkslied — Türkei

Dertli Çoban (Trauriger Hirte)

Ey çoban nedir kederin?
Yalnızlık, buymuş kaderin.
Senden ırakmı, senden ırakmı
Sürülerin.

Derdini dökte ey çoban,
Bu akşam biraz oyalan.
Yine gezersin sürülerinle
Dertli çoban.

Sag' mir, Hirte, was ist denn dein Schmerz?
Die Einsamkeit ist wohl dein Los:
Ist deine Herde, ist deine Herde
So fern von dir?

Erzähle mir, Hirte, dein Leid!
Heute abend sollst ein wenig dich erfreun,
denn du wirst wieder mit deiner Herde
zusammensein, trauriger Hirte.

Heimatlied – Türkei

Ilgaz (Der Berg Ilgaz)

Ilgaz Anadolunun
Sen yüce bir dağısın
Ilgaz Anadolunun
Sen yüce bir dağısın

Baharlar yeryüzünde
Güzellerin bağısın
Baharlar yeryüzünde
Güzellerin bağısın

Ilgaz, du hoher Berg
in Anatolien,
Ilgaz, du hoher Berg
in Anatolien,

du bist der Frühling unserer Erde,
du bist die Zauberin der Schönheit,
du bist der Frühling unserer Erde,
du bist die Zauberin der Schönheit.

Yalcın kayalıkların
Göklere yükseliyor
Yalçın kayalıkların
Göklere yükseliyor

Senin dumanlı başın
bulutları deliyor
Senin dumanlı başın
bulutları deliyor

Yükseklerden akıyor ne güzel
berrak sular
Yükseklerden akıyor ne güzel
berrak sular

Eteklerinde oynar
sürülerle kuzular
Eteklerinde oynar
sürülerle kuzular

Deine steilen und kahlen Felsenriffe
steigen in den Himmel.
Deine steilen und kahlen Felsenriffe
steigen in den Himmel.

Dein umwölkter Gipfel
zerteilt die Wolken.
Dein umwölkter Gipfel
zerteilt die Wolken.

Von oben fließt — wie schön —
kristallklares Wasser.
Von oben fließt — wie schön —
kristallklares Wasser.

Auf deinem Schoß spielen
Herden von Schäfchen.
Auf deinem Schoß spielen
Herden von Schäfchen.

Volkslied — Türkei

Uç uç böceğim (Flieg, flieg, mein Käfer)

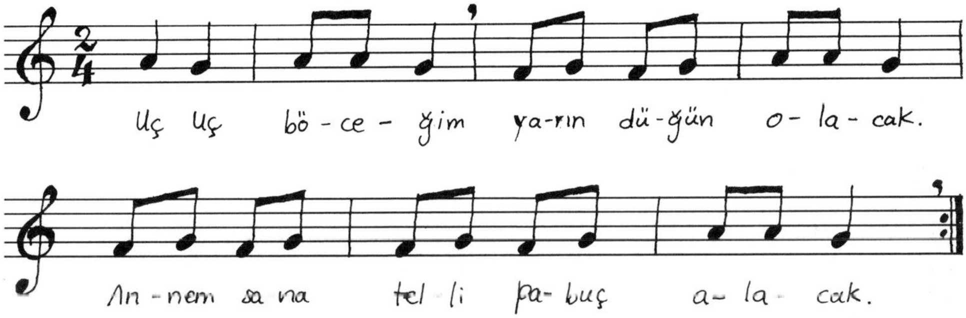

Uç uç böceğim
yarın düğün olacak
Annem sana telli
pabuç alacak.

Flieg, flieg, mein Käfer,
morgen gibt es Hochzeit.
Meine Mutter wird dir
geschmückte Schuhe kaufen.

Volkslied – Jugoslawien (slowenisch)

Čukova ženitev (Des Käuzchens Hochzeit)

Čuk se je oženil,
tralala, tralala,
sova ga je vzela,
hopsasa!
sova ga je vzela,
hopsasa!

Čuk sedi na veji,
tralala, tralala,
sova na vereji,
hopsasa!
sova na vereji,
hopsasa!

Sova čuku miga,
tralala, tralala,
češ, pa se vzemiva,
hopsasa!
češ, pa se vzemiva,
hopsasa!

Čuk pa sovo vpraša,
tralala, tralala,
kol'ko dota znaša,
hopsasa!
kol'ko dota znaša,
hopsasa!

Das Käuzchen wollte heiraten
Tra-la-la, tra-la-la.
Die Eule wollte auch.
Hop-sa-sa.
Die Eule wollte auch.
Hop-sa-sa.

Das Käuzchen sitzt auf einem Ast
Tra-la-la, tra-la-la.
Die Eule sitzt am anderen.
Hop-sa-sa.
Die Eule sitzt am anderen.
Hop-sa-sa.

Die Eule winkt dem Käuzchen zu
Tra-la-la, tra-la-la.
Laßt uns zwei doch heiraten.
Hop-sa-sa.
Laßt uns zwei doch heiraten.
Hop-sa-sa.

Das Käuzchen fragt die Eule:
Tra-la-la, tra-la-la.
Was bringst du in die Ehe?
Hop-sa-sa.
Was bringst du in die Ehe?
Hop-sa-sa.

En'ga petelina,
tralala, tralala,
eno bučo vina,
hopsasa!
eno bučo vina,
hopsasa!

Vino bova spila,
tralala, tralala,
bučo pa razbila,
hopsasa!
bučo pa razbila,
hopsasa!

Ich bringe einen Hahn.
Tra-la-la, tra-la-la.
Und ein Faß Wein.
Hop-sa-sa.
Und ein Faß Wein.
Hop-sa-sa.

Den Wein werden wir zusammen trinken
Tra-la-la, tra-la-la.
Und das Faß* werden wir zerbrechen
Hop-sa-sa.
Und das Faß werden wir zerbrechen
Hop-sa-sa.

(* wörtlich Kürbis)

Wiegenlied – Griechenland

Nani-Nani

Nani, nani, nani to pedaki.
Nani, nani, nani to moro.
To kuklaki mu kimate,
sigana min to ksipnate.
Nani, nani, nani to moro.

Νάνι, νάνι, νάνι το παιδάκι.
Νάνι, νάνι, νάνι το μωρό.
Το κουκλάκι μου κοιμάται,
σιγανά μην το ξυπνάτε.
Νάνι, νάνι, νάνι το μωρό.

Eia, eia, eia das Kindchen.
Eia, eia, eia das Kind.
Mein Püppchen schläft,
leise, daß ihr es nicht aufweckt.
Eia, eia, eia das Kind.

Quelle: Polyxene Mathey: Donia Chelidonia. Athen: Musikos Ikos Georgios Nakas, o.J., S. 10

Kinderlied – Griechenland

Salingari (Die Schnecke)

Salingari ewga sto chortari,
vgal' ta keratakia su,
pun' ta podharakia su?
„Dhen echo podharakia,
mon'echo keratakia
ke spitaki kuvalao,
opu steko ki'opu pao
ke spitaki kuvalao,
opu steko ki'opu pao. A!"

Σαλιγγάρι έβγα στο χορτάρι,
βγάλ' τα κερατάκια σου,
πούν' τα ποδαράκια σου;
„Δεν έχω ποδαράκια,
μον' έχω κερατάκια
και σπιτάκι κουβαλάω,
όπου στέκω κι όπου πάω
και σπιτάκι κουβαλάω,
όπου στέκω κι όπου πάω. A!"

Schnecke, Schnecke, komm heraus ins Gras,
streck deine Hörnchen aus, wo sind deine Beinchen?
„Ich habe keine Beinchen, ich habe aber Hörnchen!
Und ein Häuschen trage ich, wo ich geh' und steh'.
Und ein Häuschen trage ich, wo ich geh' und steh'. A!"

Quelle: Polyxene Mathey: Donia Chelidonia. Athen: Musikos Ikos Georgios Nakas, o.J., S. 7–8.

Wiegenlied – Italien

Ninna-Nanna

Dormi bambino,
la tua mammin ognor,
al tuo letto veglierà,
sempre veglierà.

Dormi, se un giorno,
il babbo ti vedrà,
al suo cuor ti stringèra,
se ritornerà ...

Schlaf', Kindchen,
deine Mutter ist bei dir,
ist bei dir und hält Wacht
in der langen Nacht.

Schlaf', eines Tages
wird dein Vater dich sehen,
er wird dich in seine Arme nehmen,
wenn er wiederkommt ...

Volkslied – Spanien

Al pasar la barca (Da kam ein Boot)

Al pasar la barca
me dijo el barquero:
– Las niñas bonitas
no pagan diñero.

Al volver la barca
me volvió a decir:
– Las niñas bonitas
no pagan aqui.

– Yo no soy bonita
ni lo quiero ser.
Yo pago diñero
como otra mujer.

¡Arriba la barca
una, dos y tres!

Da kam das Boot
und der Fährmann sprach zu mir:
„Hübsche Mädchen
zahlen kein Geld.“

Da kam das Boot noch einmal
und wieder sprach er zu mir:
„Hübsche Mädchen
zahlen hier nicht.“

„Ich bin nicht hübsch
und will es auch nicht sein.
Ich zahle Geld
wie jede andere Frau.“

Hoch das Boot,
eins, zwei und drei!

Ein traditionelles Lied zum Seilhüpfen.
Zwei Kinder halten ein Seil, das sie langsam am Boden hin und her pendeln lassen. Ein Kind in der Mitte hüpft über das am Boden pendelnde Seil. Bei den letzten beiden Zeilen (beginnend mit *arriba*) wird das Seil durch die Luft geschwungen, und das Kind in der Mitte hüpft solange, bis es einen Fehler macht und ausscheiden muß. Das Lied beginnt von neuem.

Volkslied und Tanz – Portugal

Ó Rosa, arredonda a saia ... (Rosa, schwing den Rock)

Ó Rosa, arredonda a saia,
Ó Rosa, arredonda-a bem!
Ó Rosa, arredonda a saia,
Olha a roda que ela tem!

Olha a roda qu' ela tem,
Olha a roda qu' ela tinha!
Ó Rosa, arredonda a saia
Que fique bem redondinha.

Ó Rosa schwing den Rock
Ó Rosa schwing ihn rund herum
Ó Rosa schwing den Rock
schau wie schön er fliegt.

Schau wie schön er fliegt
schau wie schön er flog
O' Rosa schwing den Rock
der wird schön rund.

D. Kinder- und Volkstänze

Illustration: Teresa Buongiorno

Einführung

Die meisten sogenannten „Kindertänze“ waren ursprünglich Volkstänze, zumindest sind die Grenzen zwischen beiden Gattungen fließend. Dies gilt insbesondere für „gewachsene“, mündlich überlieferte Tanzformen – im Unterschied zu modernen, ausdrücklich für Kinder komponierten Tanzliedern. In vielen Regionen von Süd- und Osteuropa tanzen schon jüngere Kinder bei großen Festen die Volkstänze auf ihre Weise mit. Auch hier geht es nicht in erster Linie um die korrekte Durchführung eines Tanzes, sondern um das Gemeinschaftserlebnis. Dabei gibt es gerade beim Volkstanz ganz unterschiedliche Formen des „Mitmachens“, denn im Rhythmus „mitgehen“ ist auch eine Form des Dabeiseins. Beim Volkstanz gehört der „Vortänzer“ ebenso zum Tanz wie jene, die am Rande mitklatschen oder mithüpfen.

Erfahrungsgemäß machen einfache Tänze oder Tanzspiele Kindern verschiedener Altersstufen und auch Erwachsenen Spaß. Die hier angedeuteten Möglichkeiten zur Integration verschiedener Altersstufen sollten auch bei der Gestaltung von Festen ausgenutzt werden.

Für die Übermittlung einzelner Tänze möchten wir uns bei Nora Berzheim, Gerlinde Daugs, Ismet Korkmaz, Maria Helena Santos Dittmann und Lâtife Summerer bedanken.

Kindertanz – Türkei

Şap şap (klatsch – klatsch)

Eller şap şap
Ayaklar rap, rap.
Bir sağa, bir sola.
Dans edelim kol kola.

Mit den Händen schap, schap.
Mit den Füßen rap, rap.
Einmal rechts, einmal links.
Tanzen wir Arm in Arm.

Bei diesem einfachen Tanz können 3-Jährige oder auch noch jüngere Kinder mitmachen.
Zwei oder mehr Kinder stehen sich gegenüber. Alle Mitspieler sprechen den Reim und führen dazu folgende Bewegungen aus:

Eller şap ...	:	In die Hände klatschen.
Ayaklar ...	:	Arme schwenken, mit den Füßen auf den Boden stampfen.
Bir sağa ...	:	Hände auf die Hüften stemmen, den Oberkörper nach rechts und nach links beugen.
Dans ...	:	Je zwei Kinder gehen aufeinander zu, hängen Arm in Arm und hüpfen im Sprechrhythmus.

Tanz – Türkei

Oyun (Spiel)

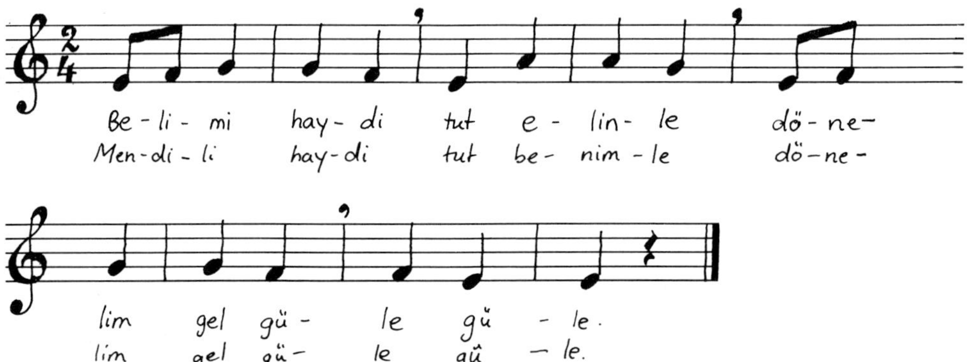

Belimi haydi tut elinle
dönelim gel güle güle.
Mendili haydi tut benimle
dönelim gel güle güle

Faß mich um die Taille,
drehen wir uns lachend.
Faß das Tuch mit mir zusammen,
drehen wir uns lachend.

Tanz — Türkei

Gel yanıma (Komm zu mir)

Gel ya-nı-ma gir ko-lu-ma
Gel ya-nı-ma gir ko-luma-hey
Ver e-li-ni al men-di-li
Çek ha-la-yı hey - hey

Komm zu mir und hak' dich ein,
komm zu mir und hak' dich ein, hey,
gib mir deine Hand und nimm das Taschentuch,
und mache den Halay, hey, hey.

Dön bir sa-ğa bir de so-la
Dön bir sa-ğa bir de so-la hey
Ver e-li-ni al men-di-li
Çek ha-la-yı hey - hey

Dreh dich nach rechts und dreh dich nach links,
dreh dich nach rechts und dreh dich nach links, hey,
gib mir deine Hand und nimm das Taschentuch,
und mach den Halay, hey, hey.

Koy be-li-ne sağ e-li-ni
Koy be-li-ne sol e-li-ni hey
Ver e-li-ni al men-di-li
Çek ha-la-yı hey - hey

Stütze deine rechte Hand in die Taille,
stütze deine linke Hand in die Taille, hey,
gib mir deine Hand und nimm das Taschentuch,
und mach den Halay, hey, hey.

Tanzbeschreibung*

Die Kinder bilden Paare und stehen sich in zwei Reihen gegenüber. Jedes Kind stützt eine Hand in die Taille und hält in der anderen ein buntes Tuch.

Der Grundschritt ist ein einfacher Wiegeschritt. Die eine Hand bleibt dabei in die Taille gestützt, während mit der anderen Hand das Tuch in kreisende Bewegungen versetzt werden kann.

Innerhalb jeder Strophe wird zwischen zwei Grundbewegungsarten gewechselt: einmal gehen die Reihen aufeinander zu, bzw. voneinander weg, zum anderen drehen sich die Paare eingehakt um sich selbst.

Illustration: Marcella Fusi

Text der ersten Strophe:	*Bewegungen dazu:*
Gel yanıma, gir koluma. Gel yanıma, gir koluma. Gel yanıma, hey!	Aufeinander zugehen, wieder zurückgehen. Aufeinander zugehen, wieder zurückgehen. Aufeinander zugehen, im Stand ein Knie beugen (tiefer Knicks), wieder aufstehen. Beim Partner einhaken.
Ver elini al mendili çek halayı hey ey ey ver elini al mendili Çek halayı	Das Paar dreht sich rechts herum, links herum, rechts herum, links herum, rechts herum, links herum. Voneinander lösen und in die Ausgangsstellung zurückgehen.
hey!	Das Tuch mit einem Ruck hoch über den Kopf schwingen.

* Übermittelt von Lâtife Summerer und Gerlinde Daugs

Volkstanz – Türkei

Çayda Çıra (Kerzentanz)

Çayda Çıra ist ein Volkstanz aus der Gegend um Elazığ (Ostanatolien). Er wird häufig auf Festen getanzt, z. B. auf Hochzeiten. *Çayda Çıra* ist ein Reihentanz, in den ein Glückwunsch in Lied- oder Versform eingefügt wird. Erwachsene tanzen ihn mit komplizierteren Formen als die hier beschriebene. Diese Version wurde von 9jährigen Kindern getanzt. Dazu ist z. B. folgende Kassette in türkischen Musikläden in der Bundesrepublik erhältlich:

Elazığ Ve Artvin Oyun Havalari,
Halk Kültür Merkezi Ve Bavyera Türk Kadınlar Birliği.

Die Melodie gibt den Eindruck eines musikalischen Rankenwerks ohne deutliche Einschnitte. Eine Klarinette (ohne Klappen) umspielt mit vielfältigen Phrasierungsformen eine Tonreihe mit folgenden Haupttönen:

Der Grundrhythmus des Trommelschlags bestimmt den Rhythmus der wiegenden *Schritte*:

Schema

Ein leichtes Mitfedern in den Knien schwingt im selben Rhythmus mit. Jeder Tänzer trägt auf seinen Handtellern Schalen mit brennenden Kerzen. Nach dem Grundrhythmus schwingen beide Arme parallel nach rechts und links.

In diesem ständig gleich bleibenden Schritt- und Schwingrhythmus werden *verschiedene Bewegungsformen* aneinander gereiht. Jede neue Bewegung wird von einem Tanzleiter durch den Ruf „Hoppa" angekündigt.

Eine einheitliche Länge der Bewegungsformen ist dabei nicht von Bedeutung. Der Tanzleiter, der sich in die Musik eingehört hat, wird die Längen in etwa einheitlich halten und dabei den Ablauf der Form im Auge behalten.

Abfolge möglicher Bewegungsformen:

Vorspiel der Musik abwarten. Nach vier Takten Trommelschlägen beginnt der Einzug. Die Tänzer(innen) tanzen hintereinandergereiht.

1. Hoppa! – Sie bilden tanzend einen Kreis. Nach einer Kreisrunde
2. Hoppa! – wenden sie sich mit dem Gesicht den Gästen zu.
3. Hoppa! – Jeder zweite Tänzer tanzt vier Schritte vor, während die anderen am Platz bleiben und die Kerzen weiter hin- und herschwingen.
4. Hoppa! – Die vorne stehenden Tänzer wenden sich und tanzen wieder zu ihrem Platz zurück.
5. Hoppa! – Die andere Gruppe tanzt (wie oben beschrieben) auf die Gäste zu
6. Hoppa! – und wieder zurück.
7. Hoppa! – Alle Tänzer tanzen in einer geschlossenen Reihe vier Schritte nach vorne.
8. Hoppa! – Hier gehen sie vorsichtig immer tiefer in die Knie, ohne den Oberkörper zu beugen. Die Armbewegungen werden dabei nicht unterbrochen. Die Kerzen stellen sie vor sich auf den Boden.
9. Hoppa! – Im Rhythmus klatschend richten sich alle wieder auf.
   Die Kerzen bleiben auf dem Boden stehen.
10. Hoppa! – Die Musik setzt aus.
    Alle singen ein Glückwunschlied oder einer spricht die Segenswünsche.
11. Hoppa! – Die Musik setzt wieder ein.
    Die Tänzer(innen) neigen sich – die Arme nach rechts und links schwingend – zu den Kerzen.
12. Hoppa! – Sie richten sich mit den Kerzen auf.
13. Hoppa! – Sie wenden sich zu einer Reihe, die hintereinander steht.
14. Hoppa! – Der erste Tänzer führt die Gruppe – wie zu Beginn eine Runde drehend – von der Tanzfläche, während die Musik ausklingt oder ausgeblendet wird.

Die Formen des Tanzes können abgewandelt, verkürzt oder verlängert werden. Zum Beispiel: Bei kleineren Kindern können statt Kerzen Blumenschalen genommen und die Folgen 3 bis 6 ausgelassen werden.

Ältere Kinder können die Folgen 4 und 5 versetzt statt hintereinander tanzen, d. h. die zweite Gruppe setzt bereits mit dem Vorwärtsgehen ein, wenn die erste Gruppe zurücktanzt.

Übermittelt von
Ismet Korkmaz

Kindertanz — Jugoslawien (serbokroatisch)

Zeko pleše (Der Hase tanzt)

Šapice mi, zeko, daj, Sa mnom malo poigraj.	Häschen, gib mir Dein Pfötchen und spiel mit mir.

Refrain:

Jednom amo, zatim tamo, Naokolo to mi znamo. Jednom amo, zatim tamo, Naokolo to mi znamo.	Einmal hin, einmal her, Rundherum, das können wir. Einmal hin, einmal her, Rundherum, das können wir.
Šapicama klap, klap, klap, Nožicama tap, tap, tap. Jednom amo ...	Mit den Pfötchen klapp, klapp, klapp mit den Füßchen tapp, tapp, tapp Einmal hin ...
Neka vide deca sva, Kako seko plesat zna. Jednom amo ...	Es sollen alle Kinder sehen, Wie das Häschen tanzen kann. Einmal hin ...
Prstićima puc, puc, puc. Glavicama tuc, tuc, tuc. Jednom amo ...	Mit den Fingern putz, putz, putz Mit dem Köpfchen tutz, tutz, tutz. Einmal hin ...

Die Erzieherin singt die 4 Strophen, die Kinder den Refrain. Ein Kind spielt das Kind, ein anderes das Häschen. Die zwei bewegen sich im Tempo des Liedes und verhalten sich nach dem Text. Beim „Einmal hin, einmal her ...“ streckt das Häschen dem Kind die Hände entgegen und beide tanzen so:

Einmal hin (einhaken mit rechtem Arm),
Einmal her (einhaken mit linkem Arm),
Rundherum, das können wir (beide fassen sich an die Hände und drehen sich).

Dieses Bewegungslied erinnert an das deutsche Kinderlied: „Brüderchen, komm tanz mit mir.“

Kindertanz – Griechenland

Tsikoleleta

Ena frago i violeta
tsikoleleta tsikoleleta.
Ena frago i violeta,
tsikoleleta, ke prassina kufeta.

Ενα φράγκο η βιολέτα
τσίκολελέτα τσίκολελέτα.
Ενα φράγκο η βιολέτα,
τσίκολελέτα, και πράσινα κουφέτα.

Eine Drachme kostet das Veilchen,
tsikoleleta tsikoleleta.
Eine Drachme kostet das Veilchen,
tsikoleleta und grüne Bonbons.

Tanzbeschreibung:

Zwei Kinder fassen sich über Kreuz an den Händen und hüpfen singend nebeneinander im Rhythmus des Liedes. Spielen mehrere Kinder mit, stellen sie sich als Paar hintereinander auf und bilden so eine Reihe.

Jeweils vor der Silbe *tsiko* bleibt jedes Paar kurz stehen, und die beiden Kinder schauen sich ins Gesicht (drehen Kopf und Oberkörper zueinander). Beim gleich darauf folgenden *leleta* drehen sie sich in die Ausgangsposition zurück und hüpfen weiter.

Quelle: Kassette: Marisa Koch: Mia ekdromi me ti Marisa Koch (Ein Ausflug mit Marisa Koch), CBS 40-83429, 1978

Kindertanz — Griechenland

Dhen pernas kira Maria (Kommst Du nicht vorbei, Maria?)*

Dhen pernas kira Maria,
dhen pernas, dhen pernas,
dhen pernas kira Maria,
dhen pernas, pernas.

The na pao is tus kipus,
dhen perno, dhen perno,
the na pao is tus kipus,
dhen perno, perno.

Ti tha kanis is tus kipus,
dhen pernas, dhen pernas,
ti tha kanis is tus kipus,
dhen pernas, pernas.

The na kopso dhio violetes,
dhen perno, dhen perno,
the na kopso dhio violetes,
dhen perno, perno.

Ti tha kanis tis violetes,
dhen pernas, dhen pernas,
ti tha kanis tis violetes,
dhen pernas, pernas.

Tha tis dhosso stin kali mu,
dhen perno, dhen perno,
tha tis dhosso stin kali mu,
dhen perno, perno.

Δεν περνάς κυρά Μαρία,
δεν περνάς, δεν περνάς,
δεν περνάς κυρά Μαρία,
δεν περνάς, περνάς.

Θε να πάω εις τους κήπους
δεν περνώ, δεν περνώ,
θε να πάω εις τους κήπους,
δεν περνώ, περνώ

Τι θα κάνεις εις τους κήπους,
δεν περνάς, δεν περνάς,
τι θα κάνεις εις τους κήπους,
δεν περνάς, περνάς.

Θε να κόψω δυό βιολέτες,
δεν περνώ, δεν περνώ,
θε να κόψω δυό βιολέτες,
δεν περνώ, περνώ.

Τι θα κάνεις τις βιολέτες,
δεν περνάς, δεν περνάς,
Τι θα κάνεις τις βιολέτες,
δεν περνάς, περνάς.

Θα της δώσω στη καλή μου,
δεν περνώ, δεν περνώ,
θα της δώσω στη καλή μου,
δεν περνώ, περνώ.

* Kira ist eine Dialektform von Kiria (Frau).

Quelle: Kassette: Marisa Koch: Mia ekdromi me ti Marisa Koch (Ein Ausflug mit Marisa Koch), CBS 40-83429, 1978

Ke pja ine i kali ssu,
dhen pernas, dhen pernas,
ke pja ine i kali ssu,
dhen pernas, pernas.

Και ποιά είναι η καλή σου,
δεν περνάς, δεν περνάς,
και ποιά είναι η καλή σου,
δεν περνάς, περνάς.

I kali mu ine i Eleni,
dhen perno, dhen perno,
i kali mu ine i Eleni,
dhen perno, perno.

Η καλή μου είναι η Ελένη,
δεν περνώ, δεν περνώ,
η καλή μου είναι η Ελένη,
δεν περνώ, περνώ.

Kommst Du nicht vorbei, Maria,
kommst Du nicht, kommst Du nicht,
kommst Du nicht vorbei, Maria,
kommst Du nicht, kommst Du.

In die Gärten will ich gehen,
komm ich nicht, komm ich nicht,
in die Gärten will ich gehen,
komm ich nicht, komm ich.

Was willst Du denn in den Gärten,
kommst Du nicht, kommst Du nicht,
was willst Du denn in den Gärten,
kommst Du nicht, kommst Du.

Zwei Veilchen will ich pflücken,
komm ich nicht, komm ich nicht,
zwei Veilchen will ich pflücken,
komm ich nicht, komm ich.

Was machst Du denn mit den Veilchen,
kommst Du nicht, kommst Du nicht,
was machst Du denn mit den Veilchen,
kommst Du nicht, kommst Du.

Meiner Freundin will ich sie geben,
komm ich nicht, komm ich nicht,
meiner Freundin will ich sie geben,
komm ich nicht, komm ich.

Und wer ist sie, Deine Freundin,
kommst Du nicht, kommst Du nicht,
und wer ist sie Deine Freundin,
kommst Du nicht kommst Du.

Meine Freundin ist Eleni,
komm ich nicht, komm ich nicht,
meine Freundin ist Eleni,
komm ich nicht, komm ich.

Die gängige Spielform zu diesem Lied ist ein Kreisspiel. In Griechenland wird das Spiel in der Regel nur unter Mädchen gespielt.

Maria steht in der Kreismitte und wählt sich am Schluß des Liedes aus der Runde eine Freundin. Mit dieser wechselt sie den Platz, und das Spiel kann von neuem beginnen. *Dhen pernas kira Maria* bietet sich jedoch auch zu einem Tanz an.

Tanzbeschreibung:

Die Kinder stellen sich in zwei Reihen gegenüber auf. Die Hände stützen sie auf die Hüften. Eine der beiden Reihen (B) wird von der „Maria" angeführt.

Die beiden Reihen wechseln sich ab: je nach Strophe bleibt eine Reihe ruhig stehen, während die andere im wiegenden Schritt vor- und zurückgeht. Es beginnt die Reihe, die nicht von „Maria" angeführt wird (A).

Illustration: Marcella Fusi

Text der ersten Strophe:	*Bewegungen dazu:*
Dhen pernas kira Maria,	Hände auf die Hüften, im wiegenden Schritt nach vorne gehen.
Dhen pernas, dhen pernas.	Im Stand „gehen" und in die Hände klatschen.
Dhen pernas kira Maria,	Hände auf die Hüften und zurück gehen.
Dhen pernas, pernas.	Im Stand „gehen" und in die Hände klatschen.

Jetzt bleibt Reihe A stehen und Reihe B tanzt zur zweiten Strophe in diesen Schritten vor und zurück. Der Wechsel wiederholt sich bis zum Ende der vorletzten Strophe.

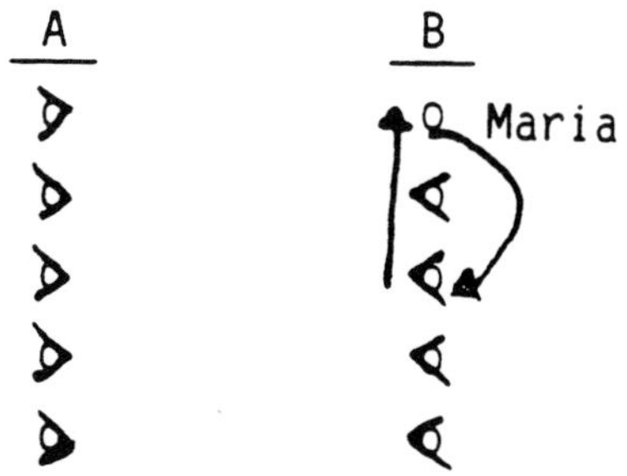

Vor Beginn der letzten Strophe wählt das erste Kind der Reihe B (Maria) ein anderes Kind aus der Reihe A als Freundin. Bei *I kali mu ine* ... (Meine Freundin heißt ...) stellt sich Maria diesem gewählten Kind (Eleni) gegenüber. Die Kinder, die von dem Platzwechsel der Maria betroffen sind, rutschen um einen Platz weiter.

Damit kann das Spiel mit einer neuen „Maria"an der Spitze von vorn beginnen.

Volkstanz – Griechenland

Militza (Der Apfelbaum)

Mili wei mili, militza pou'ssä sto gremo.
Militza pou'ssä sto gremo me mila fortomeni meni.

Ta mi wei ta mi, ta mila ssu limbistika.
Ta mila ssu limbistika ma to gremo fowamä, wa mä.

Min to, wei min to min to fowassä to gremo.
Min to fowassä to gremo kä ssyre kopse mila.

Μηλί βάϊ μηλί μηλίτσα πού'σαι στο γκρεμό.
Μηλίτσα πού'σαι στο γκρεμό με μήλα φορτομένη.

Τα μη βάϊ τα μη τα μήλα σου λιμπίστηκα.
Τα μήλα σου λιμπίστηκα μα το γκρεμό φοβάμαι, βα μαι.

Μην το βάϊ μην το μην το φοβάσαι το γκρεμό.
Μην το φοβάσαι το γκρεμό και σύρε κόψε μήλα.

Apfelbäumchen, wei, Apfelbäumchen,
Du wächst am Abgrund beladen mit Äpfeln.

Deine Äpfel, wei, deine Äpfel,
Deine Äpfel möchte ich haben, doch fürchte ich mich vorm Abgrund.

Fürchte dich, wei, fürchte dich nicht,
fürchte dich nicht vorm Abgrund und komm, pflück' Äpfel.

Quelle: Polyxene Mathey: Orff-Schulwerk: Griechische Lieder und Tänze. Mainz: Schott o.J. S. 9, 10 und Anhang.

Tanzbeschreibung:

Der Tanz zu dem Lied „Militza“ ist ein Kalamatianós.*
Die Tänzer(innen) stellen sich im Halbkreis auf und fassen die Hände. Die Bewegungsart ist ein wiegender Gehschritt, unterbrochen durch Tippen eines Fußes.

Zu Beginn tanzen die Kinder seitwärts auf der Halbkreislinie und wenden sich dann zur Mitte und wieder zurück.

Das folgende Beispiel zeigt, wie die Tanzschritte und dieses Lied übereinstimmen:

Seitwärts auf der Halbkreislinie

Schritte **Schritte**

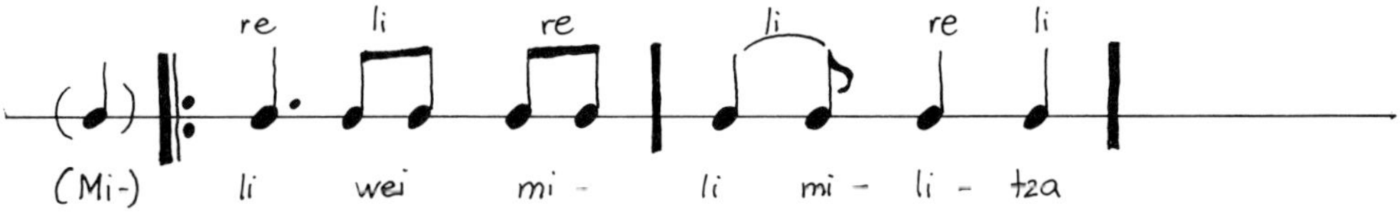

Am Platz zur Mitte gekehrt

Schritt vor **Tipp** **Tipp** **Schritt zurück** **Tipp** **Tipp**

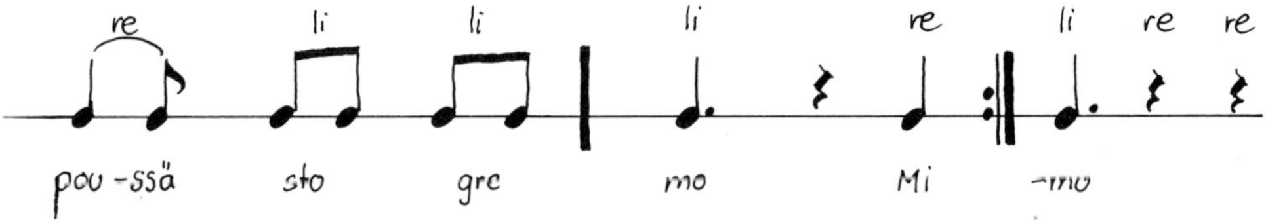

Seitwärts auf der Halbkreislinie

Schritte

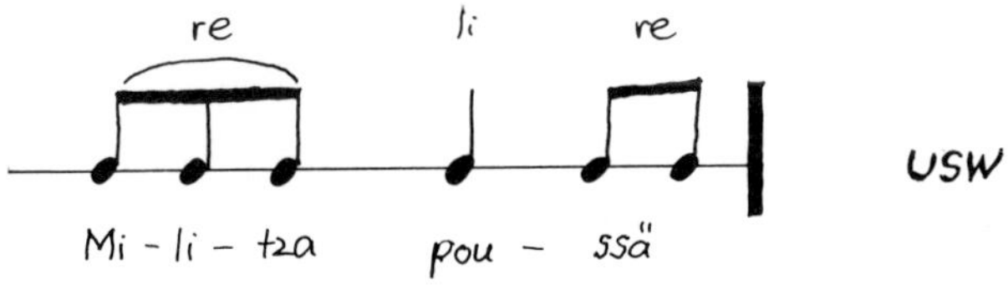

* Der Kalamatianós gehört neben anderen Tänzen, wie Tsakónikos, Tsámikos, Syrtos zu den Volkstänzen Griechenlands.

Tanz – Italien

Oh, come balli bene bella bimba
(Oh, wie schön es tanzt, das schöne Mädchen)

Oh, come balli bene bella bimba,
bella bimba, bella bimba!
Oh, come balli bene bella bimba,
bella bimba, balli ben!

Oh, wie schön es tanzt, das schöne Mädchen,
Schönes Mädchen, schönes Mädchen.
Oh, wie schön es tanzt, das schöne Mädchen,
Schönes Mädchen, tanzt so schön.

Ein traditioneller und populärer Tanz mit einfachen Zungenbrechern für Kinder aller Nationalitäten.

Tanz – Italien

Tarantella di Pulcinella (Tarantella des Pulcinella)

Tarantì, tarantè, tarantà,
tarantì, tarantè, tarantà,
tarantì, tarantè, tarantà,
tarantì, tarantè, tarantà.

Pulcinella saltimbanco
a Sorrento se ne va,
Pulcinella saltimbanco
a Sorrento se ne va.

Tarantì, tarantè, tarantà,
tarantì, tarantè, tarantà,
tarantì, tarantè, tarantà,
tarantì, tarantè, tarantà.

Taranti, tarante, taranta,
taranti, tarante, taranta,
taranti, tarante, taranta,
taranti, tarante, taranta.

Pulcinella, der Gaukler,
geht nach Sorrento.
Pulcinella, der Gaukler,
geht nach Sorrento.

Taranti, tarante, taranta,
taranti, tarante, taranta,
taranti, tarante, taranta,
taranti, tarante, taranta.

Pulcinella in aeroplano
sul Vesuvio se ne va,
Pulcinella in aeroplano
sul Vesuvio se ne va.

Tarantì, tarantè, tarantà,
tarantì, tarantè, tarantà,
tarantì, tarantè, tarantà,
tarantì, tarantè, tarantà.

Pulcinella im Flugzeug,
fliegt zum Vesuv.
Pulcinella im Flugzeug,
fliegt zum Vesuv.

Taranti, tarante, taranta,
taranti, tarante, taranta,
taranti, tarante, taranta,
taranti, tarante, taranta.

Beim Refrain tanzen die Kinder die Tarantella paarweise. Bei den zwei Strophen lösen sie sich und machen die dem Text entsprechenden Bewegungen. Die Ortsnamen können beliebig ausgetauscht werden (entsprechend den Silben: Sor-ren-to usw.).

Kindertanz – Italien

Ho scelto la più bella (Ich habe die Schönste gewählt)

Illustration: Marcella Fusi

A

Ho scelto la più bella per danzar, per danzar per danzar con me. Ho scelto la più bella per danzar, per danzare con me.	Ich habe die Schönste gewählt zum Tanzen, zum Tanzen zum Tanzen mit mir. Ich habe die Schönste gewählt zum Tanzen, zum Tanzen mit mir.

B

Su danziamo Rosì su danziamo Rosà su danziamo Rosetta su danziamo Rosà. Rosì, Rosà, su danziamo, su danziamo, Rosì, Rosà, su danziamo Rosà.	Komm, wir tanzen Rosi komm, wir tanzen Rosa komm, wir tanzen Rosetta komm, wir tanzen Rosa. Rosi, Rosa komm, wir tanzen, komm wir tanzen, Rosi, Rosa, komm, wir tanzen Rosa.

Tanzbeschreibung:

Die Kinder gehen im Kreis herum und singen die Strophe A. Ein Kind geht im Kreis in entgegengesetzter Richtung. Am Ende der Strophe sucht es sich ein Kind zum Tanzen aus. Bei der Strophe B hält der Kreis an und während alle Kinder in die Hände klatschen, tanzt das Paar in der Mitte des Kreises an den Händen gefaßt rundherum zu den ersten vier Zeilen der Strophe B. Bei *Rosì, Rosà* stellt sich das Paar in der Mitte mit Gesicht zueinander auf und klatscht viermal gegeneinander in die Hände. Bei den Worten *su danziamo* hüpfen die beiden Partner Scherensprünge.

Beim *Rosì, Rosà* klatschen sie nochmals gegeneinander in die Hände.

Volkstanz – Spanien

La Tarara (Tarara tanzt)

Tiene la Tarara un vestido blanco
que sólo se pone en el jueves Santo.
La Tarara si, la Tarara no,
la Tarara madre que la bailo yo.

Tiene la Tarara un dedito malo
que no se lo cura ningún cirujano.
La Tarara si, la Tarara no,
la Tarara madre que la bailo yo.

Tiene la Tarara unos pantalones
que de arriba abajo todo son botones.
La Tarara si, la Tarara no,
la Tarara madre que la bailo yo.

Die Tarara hat ein weißes Kleid
sie nimmt es nur am Gründonnerstag.
Die Tarara ja, die Tarara nein,
die Tarara, Mutter, tanz ich so!

Die Tarara hat einen wehen Finger
und kein Chirurg kann sie heilen.
Die Tarara ja, die Tarara nein,
die Tarara, Mutter, tanz ich so!

Die Tarara hat eine Hose
von oben bis unten lauter Knöpfe.
Die Tarara ja, die Tarara nein,
die Tarara, Mutter, tanz ich so!

Ein bekanntes Volks- und Tanzlied mit vielen weiteren Textvarianten. Einmal hat die Tarara einen Korb voll Blumen, dann einen Korb voll Früchte, ein anderes Mal hat sie einen Umhang, den sie sich mit Sticken verdient hat, usw. All diese Tätigkeiten werden (in Reimform) aneinandergereiht – mit dem Refrain nach jeder Strophe.

Volkstanz – Portugal

A caminho de Viseu (Auf dem Weg nach Viseu)

Indo eu, indo eu
A caminho de Viseu*,
Indo eu, indo eu
A caminho de Viseu.

Encontrei o meu amor
Ai, Jesus**, que lá vou eu!
Encontrei o meu amor
Ai, Jesus, que lá vou eu!

Ora zus, truz, truz
Ora zás, trás, trás
Ora zus, truz, truz
Ora zás, trás, trás

Als ich ging, als ich ging,
auf dem Weg nach Viseu.
Als ich ging, als ich ging,
auf dem Weg nach Viseu.

Da kam mein Schatz daher
O je! Was wird aus mir!
Da kam mein Schatz daher
O je! Was wird aus mir!

Wir machen zus, truz, truz
Und zas, tras, tras!
Wir machen zus, truz, truz
Und zas, tras, tras!

* Viseu = Stadt im Norden Portugals
** „Ai, Jesus" ist im Portugiesischen ein sehr geläufiger Ausdruck, mit unserem „Oh jeh!" vergleichbar.

Ora chega, chega, chega!	Alle vor, vor, vor!
Ora arreda lá p'ra trás!	Und rück, rück, rück!
Ora chega, chega, chega!	Alle vor, vor, vor!
Ora arreda lá p'ra trás!	Und rück, rück, rück!

Tanzbeschreibung:

1. Strophe:

Im Kreis gehen, Hände gefaßt, jeweils auf dem dritten Schritt ein Hüpfer, entsprechend den Silben, so:

In	– do	eu
Schritt	Schritt	Hüpf

Bei der 6. und 8. Zeile *(Ai, Jesus que lá vou eu)* nur kleine Laufschritte, beim letzten Wort *eu* (ich) jeweils in die Hocke.

2. Strophe:

Mit Gesicht zur Kreismitte stehen,

1. und 3. Zeile:	zum rechten Partner klatschen
2. und 4. Zeile:	zum linken Partner klatschen
5. und 7. Zeile:	mit gefaßten Händen läuft der ganze Kreis nach innen zur Mitte (mit kleinen schnellen Schritten)
6. und 8. Zeile:	wieder rückwärts laufen zum „großen Kreis" zurück (mit kleinen schnellen Schritten).

Volkstanz – Portugal

Ó Malhão

Ó malhão, malhão,
Que vida é a tua?
Ó malhão, malhão,
Que vida é a tua?

Comer e beber,
Ó tirim-tim-tim,
Passear na rua.
Comer e beber,
Ó tirim-tim-tim,
Passear na rua.

Ó malhão, malhão,
Malhão de Lisboa,
Ó malhão, malhão,
Malhão de Lisboa.

Sempre a passear,
Ó tirim-tim-tim,
A vida é boa.
Sempre a passear,
Ó tirim-tim-tim,
A vida é boa.

Ó malhão, malhão,
Ó malhão do Porto,
Ó malhão, malhão,
Ó malhão do Porto.

Oh malhão, malhão
welch ein Leben hast du?
Oh malhão, malhão
welch ein Leben hast du?

Essen und trinken
oh tirim-tim-tim
und spazierengehen.
Essen und trinken
oh tirim-tim-tim
und spazierengehen.

Oh malhão, malhão
malhão aus Lissabon
Oh malhão, malhão
malhão aus Lissabon.

Nur spazierengehen
oh tirim-tim-tim
macht das Leben schön.
Nur spazierengehen
oh tirim-tim-tim
macht das Leben schön.

Oh malhão, malhão
oh malhão aus Porto
Oh malhão, malhão
Oh malhão aus Porto.

Andaste a beber,	Du hast getrunken
Ó tirim-tim-tim,	oh tirim-tim-tim
E ficaste torto.	und jetzt bist du schief.
Andaste a beber,	Du hast getrunken
Ó tirim-tim-tim,	oh tirim-tim-tim
E ficaste torto.	und jetzt bist du schief.

Malhão gehört zu den bekanntesten portugiesischen Volkstänzen. Je nach Region gibt es unzählige Varianten des Malhão (mit unterschiedlichen Melodien, Texten und Schrittfolgen). Wir beschreiben hier lediglich die einfachste Grundform. *Malhão* ist ein Handwerksgerät; in diesem Lied ist damit eine männliche Figur gemeint.

Tanzbeschreibung:

Die Kinder stehen sich in zwei Reihen gegenüber, das Gegenüber ist jeweils der Partner. Reihe A stützt die Hände auf die Hüften, mit Daumen nach hinten (das ist die Reihe der „Damen").
Reihe B hakt die Daumen etwa auf Brusthöhe im Hosenträger ein – wenn keine Hosenträger da sind, muß man sie sich denken (das ist die Reihe der „Männer").

Zeile 1–4:

Die zwei Reihen gehen aufeinander zu und wieder zurück mit einfachem, schnellem Schritt-Schritt-Hüpf (= rechts, links, rechts):

vorwärts:

O	ma –	lhão,	ma –	lhã –	o
Schritt	Schritt	Hüpf	Schritt	Schritt	Hüpf
rechts	links	rechts	links	rechts	links

und zurück:

Que	vi –	da	é	tu –	a
Schritt	Schritt	Hüpf	Schritt	Schritt	Hüpf
rechts	links	rechts	links	rechts	links

Zeile 5–10:

Einfacher Laufschritt. Die Paare haken sich ein und drehen sich abwechselnd rechts und links herum.

Am geläufigsten ist dieser Tanz im Norden Portugals, vor allem in der Provinz Minho – aus der viele Migranten in der Bundesrepublik Deutschland stammen. Für ein Fest können die Kinder (unter Einbeziehung portugiesischer Eltern) zumindest andeutungsweise Elemente der portugiesischen Trachten anziehen, die „Frauen" z. B. mit bunten Röcken, weißen Blusen und Tüchern mit Fransen um die Schulter oder um den Kopf (das Tuch um den Kopf wird meist hinten, nicht vorne unterm Kinn, festgebunden). Die „Männer" mit schwarzem Hut oder mit einer langen Wollmütze (mit rotem Rand und grünem Wollstoff) und einem breiten glänzenden Stoffstreifen um die Taille.

E. Theater spielen – Theater machen

Illustration: Viví Escrivá

Einführung

Szenisches Spiel oder Theater mit Kindern kann viel heißen: Kinder verkleiden sich, zwei Handpuppen sprechen miteinander, eine Schattenspielfigur wird gebastelt und dann bewegt, eine kurze Szene wird gespielt (mit oder ohne Requisiten), ein kleines Stück wird geprobt und vor Publikum aufgeführt.

Wir haben versucht, eine möglichst breite Skala von dramatischen Spielformen vorzuschlagen, von

- Textvorlagen für kleine Theaterstücke und Bastelanleitungen

bis hin zu

- relativ offenen Spielideen: Marktspiel, Stierkampf, italienische Masken, Verkleidungsmaterial.

In einer national gemischten Kindergruppe eröffnet das Theaterspielen besondere Möglichkeiten. Es können sich anhand der kulturspezifischen Spielideen und Texte neue Gruppen bilden und neue Formen der Kooperation ergeben.

Es können auch kleine Szenen gespielt werden, bei denen der Gruppe entsprechend verschiedene Sprachen zur Geltung kommen, – z. B. eine Markt- und Bazarszene, bei der die Verkäufer ihre „Marktschreie" in verschiedenen Sprachen ausrufen und kulturspezifische Waren anbieten. Mit Kindern im Grundschulalter können auch mit Hilfe ausländischer Kollegen oder Eltern kleine Theaterstücke in zwei Sprachen inszeniert werden (vergleiche Theaterstücke, Seite 151).

Die Idee eines zweisprachigen Theaterstücks verdanken wir *Erman Okay,* Leiter einer türkischen Theatergruppe in München. In seinen Stücken für Kinder und Jugendliche – z. B. in *Babür und Şabür* wird abwechselnd deutsch und türkisch gesprochen und es entsteht ein bewußtes Spiel mit zwei Sprachen – und phantasievolles Theater, das deutschen und ausländischen Kindern Spaß macht.

Bei mehrsprachigen oder zweisprachigen Stücken haben nicht nur die Kinder, sondern auch die Eltern besonderen Spaß. Zu einer Aufführung kommen erfahrungsgemäß fast alle Eltern und so entstehen neue Kontaktmöglichkeiten. Eltern sind das dankbarste Publikum, das man sich vorstellen kann, die Aufführung muß auf keinen Fall besonders „gut" sein. Viel wichtiger für Eltern und Kinder ist, daß viele Kinder – entsprechend ihren Fähigkeiten und Interessen – an den Vorbereitungen und an der Aufführung beteiligt sind. Ein Chor im Hintergrund, Musiker, Bühnenbau, Beleuchtung usw. bieten viele Möglichkeiten des „Mitspielens" jenseits der Hauptrollen.

Im Medium Theater können kulturspezifische Motive und auch verschiedene Sprachen in spielerisch-stilisierter Form, fast wie ein Ritual präsentiert werden. So wird auf der Bühne vieles sichtbar, das in der alltäglichen Kommunikation untergehen oder zu gewollt oder gar folkloristisch wirken würde.

1. Schattenspiel als kulturspezifisches Theater

Das Schattenspiel entwickelte sich im türkischen Raum – und später auch in Griechenland – zu einer eigenen, weit verbreiteten Kunstform. Die meisten türkischen und griechischen Kinder in der Bundesrepublik Deutschland kennen auch heute noch das Schattenspiel aus ihrem Land – vor allem über die Medienangebote aus den Herkunftsländern. Besonders auffallend sind im Vergleich zu den hier bekannten schwarzen Schattenspielfiguren die buntbemalten, durchsichtigen Figuren.

In der multinationalen Kindergruppe bietet das türkische (und auch das griechische) Schattenspiel besondere Möglichkeiten. Es ist für Kinder und Erwachsene aller Nationalitäten ein besonderes, ästhetisch ansprechendes Theatererlebnis, und für türkische Fami-

Figuren: Metin Özlen

lien ist es ein Stück Volkskultur, auf das sie stolz sind. Schattenspiele sind im allgemeinen erst mit Kindern im Grundschulalter durchführbar – siehe entsprechende Anregungen, S. 142 f. Kindergartenkinder sind mit diesem Medium meist überfordert, aber sie könnten über die Puppen einen ersten Zugang zum türkischen Schattenspiel bekommen. Vielleicht haben einige türkische Eltern zuhause sogar ein paar Figuren, die sie im Kindergarten zeigen könnten, und die Kinder können der Erzieherin helfen, eine Schattenspielfigur herzustellen – siehe Anleitung, S. 142 „Schattenspielfiguren – zum Selbermachen", das ist auch einmal eine Anregung für den Elternabend. Erfahrungsgemäß haben türkische sowie deutsche Kinder und Erwachsene an den buntbemalten, sehr stilisierten Figuren viel Spaß. Sie können im Kindergarten als Fensterschmuck, oder bei einer kleinen Ausstellung von kulturspezifischen Materialien gezeigt werden.

In jedem Fall bietet das türkische Schattenspiel die Möglichkeit, eine traditionelle Kunstform mit einem lebendigen Spiel zu verknüpfen – einem Spiel mit *sichtbaren* kulturspezifischen Elementen, die für Erwachsene und Kinder gleichermaßen ansprechend sind.

Türkisches Schattentheater: Karagöz gestern und heute

Zum türkischen Schattentheater schreibt *Meral Alpay* 1983: „Karagöz ist ein Schattenspiel – nach der Hauptfigur ‚Karagöz' benannt. Die aus Leder geschnittenen Figuren und Formen (Mensch, Tier, Pflanze, Gegenstände usf.) werfen ihre Schatten auf eine weiße Leinwand, hinter der eine Lichtquelle brennt. Der Vorhang, der aus einem sehr feinen und dicht gewebten Stoff (im allgemeinen Musselin) gemacht wird, heißt *Ayna* (Spiegel). Am kostbarsten sind die Figuren aus Kamelleder. Aber es werden auch Figuren aus dem Leder von Kälbern, Rindern, Pferden und Eseln hergestellt. Das Leder wird mit einem besonderen Material durchsichtig gemacht, zugeschnitten und angemalt. Da die Figuren durchsichtig sind, lassen sie das von hinten auffallende Licht durch, so daß die Farben zu sehen sind. Sie werden mit Hilfe von Stäbchen senkrecht vor der Leinwand bewegt.

Die Philosophen der islamischen Welt setzten die Scheinbühne der Welt, die Menschen und alle anderen Wesen den flüchtigen Schatten auf der Leinwand gleich; sie dachten, wie die Scheinfiguren von einem Künstler hinter dem Vorhang geführt werden, würden auch die Geschöpfe des Universums von einem unsichtbaren Schöpfer gelenkt. Die Frage, ob das Schattenspiel aus China oder aus Indien stammt, ist nach wie vor offen. Es ist auch noch nicht eindeutig festgestellt worden, ab wann das Schattenspiel in der türkischen Gesellschaft bekannt war. Aus schriftlichen Quellen geht hervor, daß die Türken in Mittelasien Puppenspiele aufführten. Zu welchem Zeitpunkt speziell das Schattenspiel Karagöz nach Anatolien gekommen ist, bleibt ungewiß. Fest steht, daß es Mitte des 14. Jahrhunderts in Anatolien jedermann bekannt war. Im 18. und 19. Jahrhundert wurde es dann, vor allem in Istanbul, sowohl am Hof als auch bei Volksversammlungen, zu einer der beliebtesten Unterhaltungen. Das Karagöz-Spiel war auch zu Beginn des 20. Jahrhunderts noch populär, wurde aber nach der Gründung der Republik vom Theater und Kino usw. verdrängt. In den Nächten des Fastenmonats Ramadan wird unter anderen traditionellen Schauspielen dem Volk, vor allem den Kindern, in Parks, Häusern und Gärten auch das

Karagöz-Spiel vorgeführt, seine klassischen Themen und Helden unterliegen jedoch einer allmählichen Veränderung.

Die Hauptthelden des Karagöz-Spieles sind Karagöz und Hacivat. Karagöz ist ein des Lesens und Schreibens unkundiger Mann aus dem Volk. Er spricht die Sprache des Volkes. Die mit Fremdwörtern und fremdartigen Satzkonstruktionen überladene Sprache der Gebildeten (Hacivat, Tiryaki, u. a.) versteht er nicht oder gibt vor, sie nicht zu verstehen. Er gleicht die Fremdwörter ähnlich klingenden türkischen Wörtern an und verwendet sie in entgegengesetzter Bedeutung. Die durch diese Verdrehungen der Wörter entstehenden Mißverständnisse führen zu komischen Situationen. Hacivat ist der genau entgegengesetzte Typ. Er hat eine Schulbildung genossen, spricht in der Sprache der Medressen (islamischen Hochschulen), kennt sich in der Wissenschaft und Literatur aus, versteht sich auf gutes Benehmen und ist immer auf seinen Vorteil bedacht."

Zur Geschichte dieser beiden Figuren gibt es verschiedene Legenden, die bekannteste lautet so (*H. Paerl* 1981, S. 35):

> Der Sultan Orchan (1326–1359) hatte einen Maurer und einen Schmied in seinen Diensten. Die beiden hießen Karagöz und Hacivat und waren beim Bau der Moschee in Bursa beschäftigt. Diese beiden nun geboten über ein solches Maß von Witzen und Zoten, daß sie damit ihre Kollegen von der Arbeit abhielten. Deswegen ließ der Sultan beide Männer hinrichten. Bald darauf tat es ihm aber leid, denn die beiden Spaßvögel fehlten ihm eigentlich sehr. Nun gab es aber einen persischen Derwisch, Scheich Küshteri genannt, welcher flache Figuren aus Kamelleder schnitt, die Karagöz und Hacivat ähnelten. Bemalt und hinter einem bunten Spielschirm agierend, vollführten sie so ihre komischen Streiche vor den Augen des Sultans.

In Bursa befindet sich ein Denkmal, das dem Andenken des Scheich Küshteri, dem Meister des Schattenspiels, gewidmet ist.

Karagöz heißt wörtlich „Schwarzauge" und dies deutet auf seine Herkunft als Zigeuner hin.

Neben diesen beiden Hauptfiguren Karagöz und Hacivat gibt es noch weitere Figuren, die als Typen erkennbar sind aufgrund ihrer Sprache, Kleidung und Beruf (der Bauer aus dem Hinterland, der persische Teppichhändler usw.). Obgleich Karagöz-Stücke auch in der Provinz aufgeführt wurden, so waren sie doch eng mit dem Istanbuler Stadtleben verbunden. Istanbul war der Schmelztiegel für die unterschiedlichsten Rassen und Nationalitäten, und diese ethnische Vielfalt ist ein Grundthema der Stücke – mit den entsprechenden Stereotypen, Karikaturen und ethnischen Witzen. Nicht Individuen, sondern feststehende Typen gehören zum Inventar der Karagöz-Stücke: der Perser ist meist ein reicher Kaufmann mit vielen Dienstboten, der Albanier ist Gemüsezüchter oder Hausierer, und es gelingt ihm nicht, korrektes Türkisch zu sprechen, der Jude ist Geldverleiher und Altwarenhändler, Baba Himet kommt aus dem Dorf in Nordanatolien, mißversteht alles und spricht eine grobe Sprache. So werden Dialekte und sprachliche Eigenheiten der unterschiedlichen Volksgruppen karikiert (vgl. *Metin And* 1979, S. 67 ff., *H.-L. Bobber* 1983, S. 34 ff.).

Karagöz-Stücke waren stets voller zweideutiger Anspielungen oder auch obszöner Witze. Ein weiteres Element war die politische Satire, bei der auch die Osmanischen Herrscher nicht verschont blieben. Dieses politisch-satirische Moment wurde gegen Ende des 19. Jahrhunderts immer mehr unterdrückt und schließlich zurückgedrängt zugunsten einer satirisch-witzigen Darstellung des Alltagslebens – wobei aber nach wie vor Konventionen und Autoritätspersonen, ähnlich wie bei unserem Kasperl-Theater, aufs Korn genommen werden.

Obgleich in der Türkei die Bedeutung des Karagöz-Spiels als eine allgemein verbreitete Volkskunst zurückgegangen ist, so lebt es doch fort (z. B. in den Nächten des Fastenmonats Ramadan oder beim Beschneidungsfest in der Familie). Aber auch in den Massenmedien lebt diese ursprünglich mündliche Tradition in veränderter Form weiter. Im türkischen Fernsehen und Rundfunk werden laufend Karagöz-Stücke gesendet, in Grundschulbüchern werden kurze Karagöz-Stücke abgedruckt, und die Zeitschrift „Milliyet" hat Ende der sechziger Jahre ein Preisausschreiben für Karagöz-Stücke veranstaltet. Das türkische Fernsehen bietet speziell für Migranten immer wieder Karagöz-Sendungen an.

Gegenwärtig gibt es einige Migrantengruppen in der Bundesrepublik Deutschland, die sich um eine Wiederbelebung dieser Kunst bemühen – zum Teil versuchen sie dabei den Stücken ihre ursprüngliche tagespolitische Brisanz zu geben.

Karagöz für türkische und deutsche Kinder

Karagöz ist eigentlich ein Ein-Mann-Theater. Ein Spieler hinter dem Vorhang führt die Puppen und spricht die verschiedenen Rollen. Einige Spieler haben noch Musikbegleitung (Saz, Trommel usw.) und einen Gehilfen, der ihnen die Figuren reicht. Für pädagogische Zwecke ist es sinnvoll, diese hohe Kunst des Karagöz-Spiels so abzuwandeln, daß eine Gruppe (oder mehrere kleine Gruppen) Puppen und Bühne herstellt, das Spiel vorbereitet und durchführt.

Für die pädagogische Arbeit mit türkischen Kindern und national gemischten Kindergruppen bietet sich der Bau von Schattenspielfiguren und die Aufführung eines Karagöz-Stückes als eine besonders anregende und vielseitige Aktivität an. Dafür sprechen viele Gründe.

- Mit Karagöz knüpft man an eine ganz spezifische türkische Tradition an. Türkische Familien kennen Karagöz als eine eigene türkische Kunstform, und deutsche Eltern und Kinder sehen und erleben etwas Neues, das ihnen Spaß macht und das sie als kulturelle Bereicherung betrachten können.
- Karagöz-Stücke sind Volkskunst, mit der für mündlich überlieferte Volkskunst typischen Mischung aus Tradition und Erneuerung. So haben die Stücke einerseits viele traditionelle Elemente, die über Jahrhunderte hinweg relativ unverändert überliefert werden – die Puppen, die Bühne, die Grundstruktur der Stücke. Andererseits wurde der Dialog stets improvisiert und auf die jeweilige Situation und auf das Publikum abgestimmt, so daß Improvisation und Gegenwartsbezug schon immer ein Bestandteil der Karagöz-Stücke war. So ist ein Stück, in dem Karagöz nach Deutschland reist, durchaus kein Bruch mit der traditionellen Struktur des Schattenspiels.

  Diese Mischung aus geschlossener und offener Form ist für die pädagogische Arbeit besonders anregend. Einerseits gibt es viele traditionelle, konstante Elemente (Bühne, Puppen, Wortspiele, die Figuren Karagöz und Hacivat usw.). Diese Elemente werden von türkischen Familien sogleich erkannt, sie machen den Reiz des Vertrauten aus.

Andererseits erstarrt die überlieferte Form nicht zur Schablone und zum folkloristischen Relikt, sie kann stets mit neuen Inhalten gefüllt werden, mit Inhalten, die für die jeweilige Kindergruppe relevant sind.

- Besonders reizvoll ist, mit Blick auf die bundesrepublikanische Situation, ein Spiel in türkischer *und* deutscher Sprache. So werden Sprachbarrieren zumindest im Spiel durchbrochen, und es entstehen viele Mehrdeutigkeiten und komische Situationen, die für jüngere Kinder lustig sind und für ältere Kinder und erwachsene Zuschauer lustig und bedeutungsvoll zugleich sind. Das Spiel mit zwei Sprachen setzt die für Karagöz typische Tradition des Sprach- und Wortspiels fort – unter veränderten Vorzeichen.
- Beim Bau der Puppen und bei einer Aufführung können sich Kinder mit ganz unterschiedlichen Fähigkeiten und Sprachkenntnissen (in deutscher und/oder türkischer Sprache) entfalten, denn für dieses Spiel benötigt man: Bastler, Zeichenkünstler, Sprecher (türkisch und deutsch), Musiker, Puppenspieler.
- Die Vorbereitungen auf die große Aufführung gliedern sich in unterschiedliche, klar abgegrenzte Arbeitsschritte, die für sich genommen bereits sichtbare Ergebnisse bringen: Fertigstellung der Bühne, Fertigstellung der Puppen, mit den Puppen hantieren lernen (mit Stäbchenführung), Zusammenstellung der Musik.
- Karagöz bietet etwas für unterschiedliche Entwicklungs- und Altersstufen. Denn die Wortspiele führen oft zu Mißverständnissen, die dann in Zank und Prügelei ausarten. Jüngere Kinder können sich am Slapstick (Klamauk) – Brüllen, Purzelbäume, Weglaufen usw. – freuen, ältere Kinder können darüber hinaus auch die Nuancen der Wortspiele verfolgen.

In jedem Fall wird mit der Herstellung der Puppen und der Aufführung das Zusammenarbeiten auf ein gemeinsames Ziel hin gefördert. Es geht um eine Gruppenleistung, die von den Kindern selbst getragen wird und bei der ganz unterschiedliche Kompetenzen und Arbeitsschritte erforderlich sind. Und am Ende steht etwas da, das man „sieht“: farbenprächtige Puppen, die ausgestellt werden können, und eine Aufführung vor Zuschauern.

Karaghiozis in Griechenland

H. Paerl schreibt über das griechische Schattenspiel (1981, S. 40):

Das Karagözspiel hat sich auch innerhalb der Länder des türkischen Wirkungsbereiches ausgedehnt. Nach Ägypten kam es unter der Bezeichnung Karagyooz, nach Nordafrika als Karakush und nach Algerien als Caragueuse. Man kannte es in Damaskus, Rumänien und Sarajewo. Aber seinen bedeutendsten Nachahmer fand Karagöz in Griechenland, wo man ihn fortan „Karaghiozis“ nannte und er sich größter Beliebtheit erfreute. Sein Gegenspieler heißt „Khatziavatis“.

Zu einer bestimmten Zeit in der ersten Hälfte des neunzehnten Jahrhunderts soll es in Griechenland bis zu fünfzig Schattenspieltheater gegeben haben. Sehr bekannt war Antonios Mollas, Direktor des Athener Karaghiozistheaters. Er schrieb etwa dreihundertfünfzig Stücke, die in schön illustrierter Buchform erschienen. Seine Figuren stellte er selbst her. Die Hauptfiguren wurden nach türkischer Art aus beidseitig bemaltem Leder gefertigt. Die unwichtigeren Figuren waren aus Pappe. Die Figuren haben Gelenkverbindungen in den Hüften, Knien, Schultern und Armen und werden, wie auch die türkischen Pup-

Karaghiozis

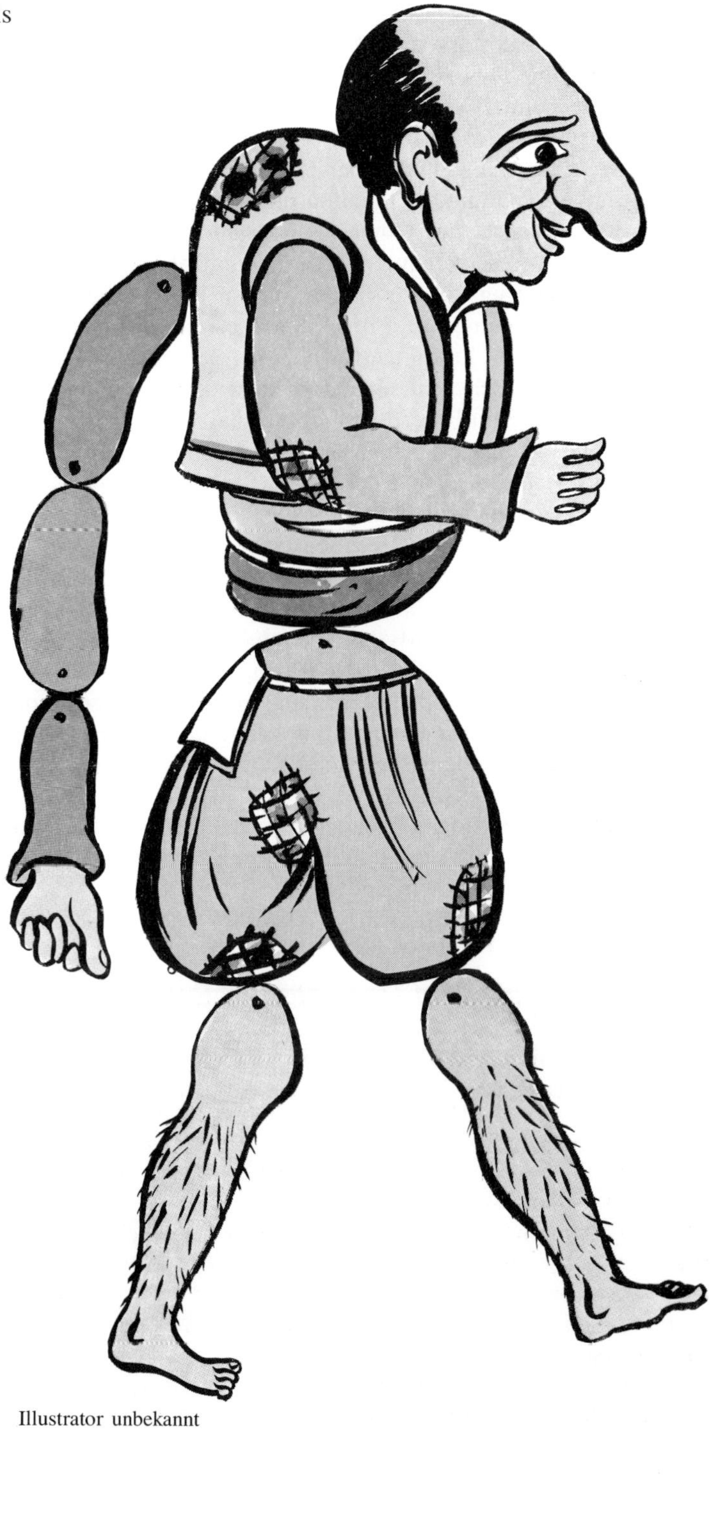

Illustrator unbekannt

pen, mit Hilfe von Stäben senkrecht vor dem Spielschirm bewegt. Die Stäbe sind mit Lederschlaufen an den Figuren befestigt, so daß man sie auch umdrehen kann. Hinter dem Spielschirm befindet sich eine Rampenbeleuchtung, die aus elektrischen Lämpchen besteht, die auf einer Latte montiert sind.

In Griechenland ist der Spielschirm sehr breit – ca. 6 Meter – und eignet sich so gut für große Aufzüge. So wandern anläßlich einer Hochzeit ganze Menschenscharen über den Bildschirm. Die klassische Bühnendekoration bilden links ein prunkvoller orientalischer Palast, rechts die eher armselige Hütte des Karaghiozis.

Das griechische Karaghiozisspiel kennt eine Menge von Dekorationen: Bäume, Segelschiffe, Motorräder und Flugzeuge. Sogar ein Fallschirm ist vorhanden.

Karaghiozis ist ein Mann aus dem Volk. Er ist klein, von unförmiger Gestalt, mit einem großen Buckel und einer riesigen, krummen Nase. Seine Stimme ist tief und kräftig und voller Spott. Er ist sehr arm und sehr faul, aber stets auf seinen Vorteil und auf die Überlistung seines Gegners bedacht. Sein Freund und Gegenspieler „Khatziavatis" ist überhöflich und gebildet und erntet oft Prügel. Neben vielen anderen Typen tritt auch häufig der Sohn des Karaghiozis auf, ein Abziehbild des Vaters.

Wie im türkischen Schattenspiel wandelten sich die Themen und Dialoge des griechischen Schattenspiels entsprechend den zeitgenössischen Trends und dem Publikum. So wurde diese ursprünglich türkische Kunst zu einer griechischen Volkskunst, mit kulturspezifischen Themen und Motiven – Unterdrückung und Widerstand bei der türkischen Besatzung, griechische Geschichte und Mythologie oder Heiligengeschichten. Zur musikalischen Begleitung wurden häufig Volkslieder gesungen.

Ursprünglich war das Schattenspiel in Griechenland nicht für Kinder bestimmt, wurde aber dann auch zu einem Theater für Kinder (mit z. T. didaktischen Absichten). Auch heute werden an Kiosken bunte Blätter (Bögen) mit Karaghiozis-Figuren und Bücher mit Spielanleitungen für Kinder angeboten.

Bei allem Wandel: Karaghiozis bleibt Theater zum Lachen, und das Motto für den guten Karaghiozis-Spieler lautet: mit dem Publikum Kontakt halten und stets das anbieten, was es „vom Lachen zum Platzen bringt".

Bau der Puppen: Karagöz und Hacivat zum Selbermachen

Die bunten Schattenspielfiguren sind sehr dekorativ. Neben ihrer Funktion als Theaterpuppen können sie auch als Fenster- oder Raumschmuck verwendet werden.

Material:

- Figurenvorlage: siehe Seite 143/144
- Ultraphan-Folie ∅ 0,5 mm – 2 DIN A 4-Blätter oder eine andere relativ feste transparente Folie
- Folienschreiber, schwarz
- Glasfarben, transparent; Farbauswahl nach Farbangaben der Vorlage
- Konturenstift für Hinterglasmalerei, schwarz
- Pinselreiniger
- Schuhcreme, schwarz

Figurenvorlage
Karagöz

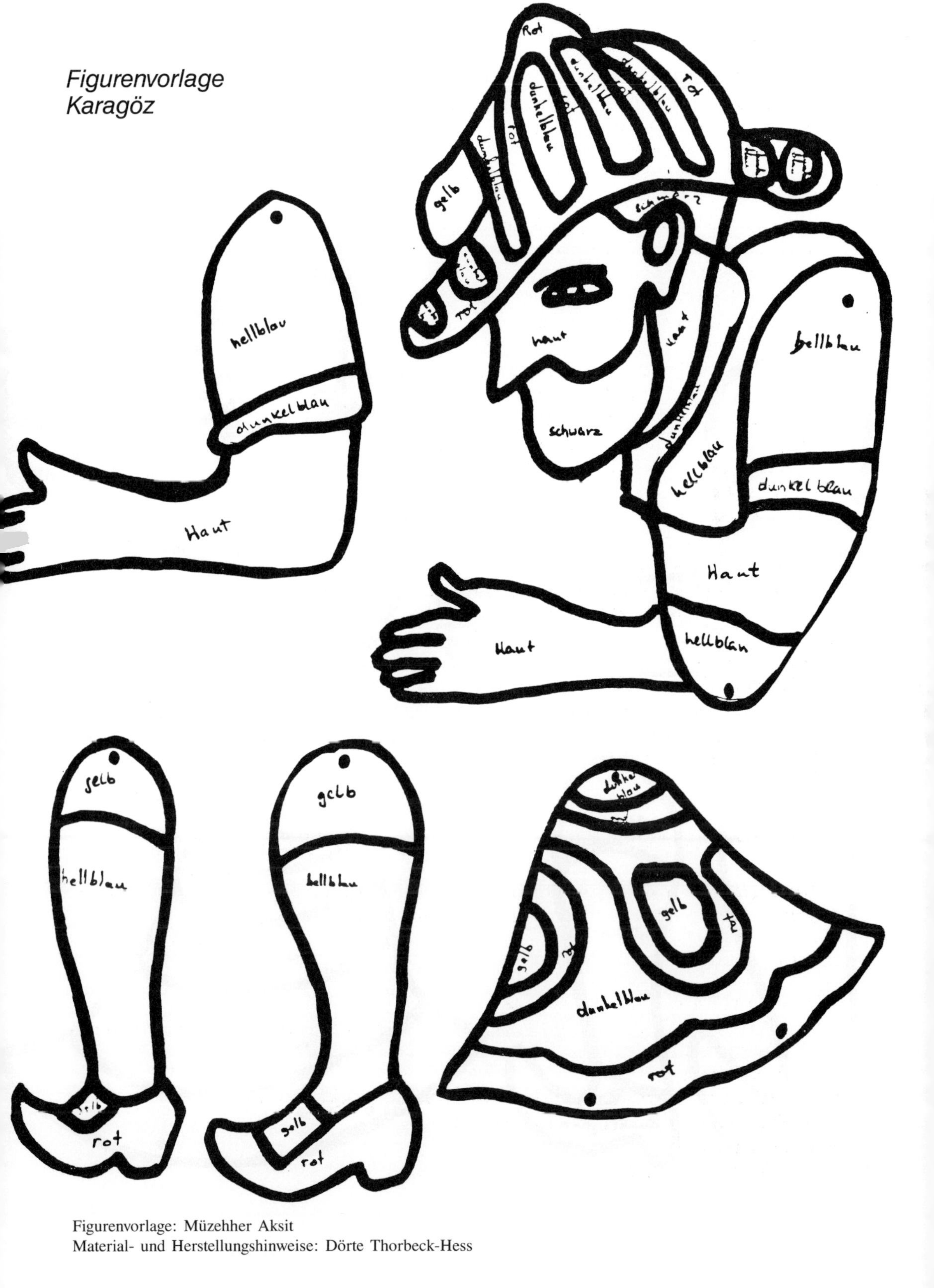

Figurenvorlage: Müzehher Aksit
Material- und Herstellungshinweise: Dörte Thorbeck-Hess

Figurenvorlage
Hacivat

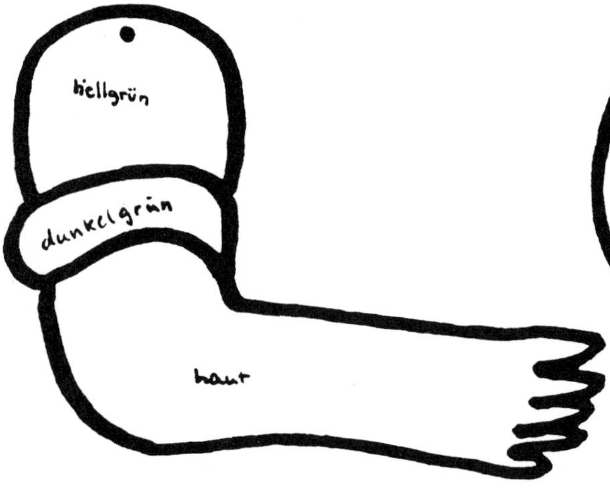

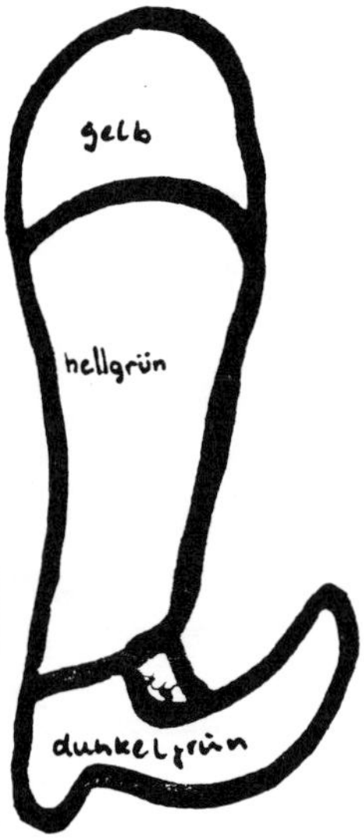

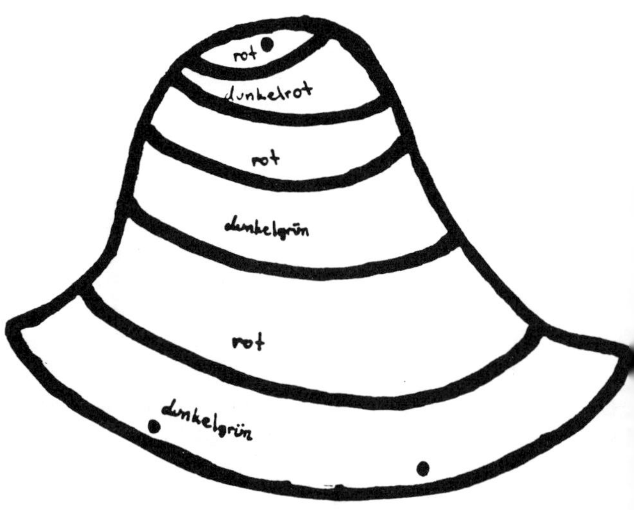

- Schmirgelpapier, Körnung 100–150
- Musterbeutelklammern, Flachkopf
- Büro-Hefter
- Büro-Locher
- Messer
- Schere

Anleitung:

1. Die Ultraphan-Folie auf die Vorlage legen und alle Linien mit dem Folienschreiber nachzeichnen.
2. Die einzelnen Teile der Figuren ausschneiden. Vorsicht, die Folie bricht leicht!
3. Figurteile auf der Rückseite mit dem Schmirgelpapier aufrauhen. Kreisförmige Schleifspuren geben der Folie ein ähnliches Aussehen wie das der Originalfiguren aus Kamelleder.
4. Figurteile auf der aufgerauhten Seite bemalen. Günstig ist es, jeweils alle Flächen einer Farbe hintereinanderweg zu bemalen.
5. Nachdem die Farben getrocknet sind, alle Linien mit dem Konturenstift nachzeichnen.
6. Teile an gekennzeichneten Stellen (Gelenke) lochen, mit Musterbeutelklammern zusammensetzen.
7. Figur leicht mit schwarzer Schuhcreme einreiben, bewirkt ein etwas antikes Aussehen.

Um die Figuren zu halten und zu bewegen, können entweder Rundholzstäbe benutzt werden (die eventuell mit einem Hohlraumstopfen an der Figur befestigt werden), oder aber man nimmt anstelle der Stäbchen Drähte, die an der Figur befestigt werden und – wie die Stäbchen – senkrecht zur Figur wegstehen.

Die „echten" Schattenspielfiguren werden mit Stäbchen geführt und da es nach muslimischer Tradition untersagt war, den Menschen realistisch darzustellen, haben türkische Schattenfiguren ein Loch in der Schulter – sie gelten so als irreal.

Bau eines Schattentheaters

Karagöz ist – wie schon gesagt – ein Ein-Mann-Theater. Spielen jedoch Kinder ein Theaterstück, ist es durchaus denkbar, daß zwei Spieler die Figuren halten und bewegen. Eventuell brauchen sie Helfer, die ihnen aus dem Hintergrund die Figuren zureichen, oder die für die musikalische Begleitung zuständig sind (zur Musik vgl. Seite 150). Das bedeutet, das Theater selbst und der Raum dahinter müssen relativ groß sein.

Die Spieler sitzen oder stehen hinter der Leinwand, die von einer Lampe angestrahlt wird. Sie sollen vom Publikum aus nicht gesehen werden können, d. h. seitlich der Leinwand ist ein Sichtschutz notwendig.

Die Größe der Figuren bestimmt die Höhe der Leinwand. Zu unserem Figurenvorschlag, siehe Seite 143 (Höhe der Figuren ca. 35 cm), passen die unten angegebenen Maße zum Bau eines Theaters. Die Breite des Bühnenausschnittes richtet sich ebenfalls nach der Größe der Figuren. Auf jeden Fall muß genügend Bewegungsfreiraum für mindestens

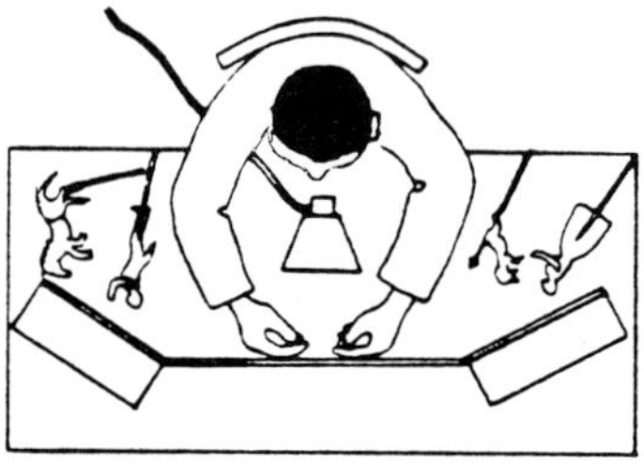

Aus: H. Paerl 1981, S. 101

zwei Figuren sein und eventuell noch für seitlich angebrachte Dekorationen, z. B. links eine Hütte und rechts ein orientalischer Palast.

Wir bringen hier verschiedene Vorschläge zum Bau einer Bühne. Pädagogen können dann einfache, improvisierte oder aber stabilere, aufwendigere Bühnenformen wählen, je nach Alter der Kinder und je nachdem, wie häufig sie das Schattenspiel einsetzen wollen.

Kasperltheater

Ein in der Größe passendes Kasperltheatergestell kann mit einem weißen Tuch bespannt (mit Reißzwecken oder doppelseitigem Klebeband) und somit kurzfristig zur Schattenspielbühne werden.

Pack-Karton

Aus einem großen Packkarton (Spülmaschine, Fernsehapparat o. a.) trennt man Rückwand, Boden und Deckel ab, so daß nur noch die Frontseite und die Seitenteile stehen bleiben.

Auf die Frontseite zeichnet man den Bühnenausschnitt, schneidet ihn aus und beklebt ihn mit weißer Leinwand.

Theater aus fester Pappe

Dieses zusammenklappbare Theater kann selbst hergestellt werden.

Material und Werkzeug:
Zwei große Bogen starke Pappe (je 1,0 m × 70 cm)
Ein kleiner Bogen starke Pappe (ca. 50 cm × 50 cm)
Ein Stück weißen Nesselstoff
Leinenklebeband oder Buchbinderleinen, ca. 4 cm breit
Ein scharfes Messer, z. B. ein Teppichbodenmesser
Ein Metall-Lineal
Bleistift, Schere, Klebstoff (Pattex)

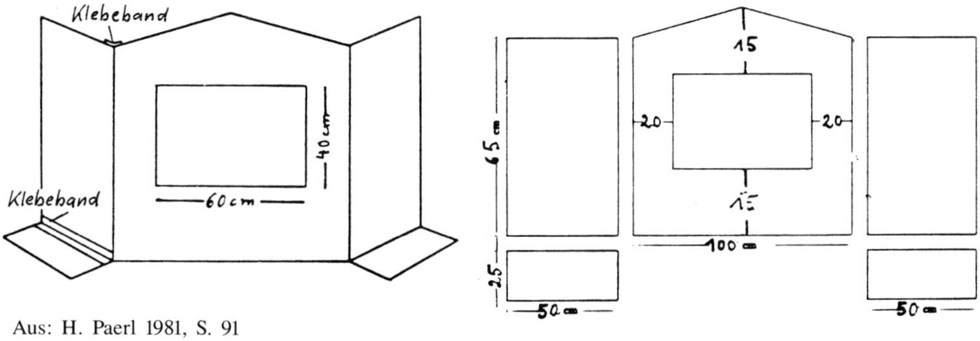

Aus: H. Paerl 1981, S. 91

Aus der Pappe werden mit Hilfe des angelegten Lineals und des Messers die Teile nach den oben angegebenen Maßen geschnitten. Das Leintuch mit 2 cm Überstand (über den Bühnenausschnitt hinaus) zurechtschneiden, erst mit Klebstoff und dann noch mit dem Leinenklebeband hinter den Bühnenausschnitt kleben.

Laut Zeichnung die Seitenteile – und an diesen die beiden Auflagesockel – mit dem Buchbinderleinenband an das Hauptgestell kleben.

Dieses Theater kann auf einen Tisch gestellt werden, der mit einer bodenlangen Decke behängt wurde, so daß auch die Beine des Spielers nicht zu sehen sind.

Theater aus Holzleisten

Material und Werkzeug:
1 Span- oder Tischlerplatte (19 mm dick)
4 Holzleisten, je ca. 19 mm dick, für den Rahmen
1 genutete Holzschiene
2 Zwingen
1 Leiste für den Anschlag
1 Stück weißen Nesselstoff für die Leinwand
2 Leisten für die Vorhangaufhängung
2 Ringschrauben
1 Rundholz
Stoff für den Vorhang
Heftzwecken oder Polsterernägel
Holzleim
Holzschrauben
Bohrer, Schraubenzieher, Maßstab, Schere und Bleistift

Auch dieses Theater wird auf einen Tisch gestellt. Alle Holzteile können vom Schreiner in den angegebenen Maßen zurechtgesägt werden. Das Zusammenbauen des Theaters ist nicht schwierig, es muß nur die Reihenfolge beachtet werden:

- Zuerst wird der Rahmen des Spielschirms zusammengefügt: Auf die untere breite Leiste (10 × 90 cm) werden die beiden abgeschrägten Seitenteile geklebt und von unten her verschraubt. (Die Abschrägung zum Spieler hin ist wichtig, damit die Figuren gut aufliegen.) Dann befestigt man die obere schmale Leiste.

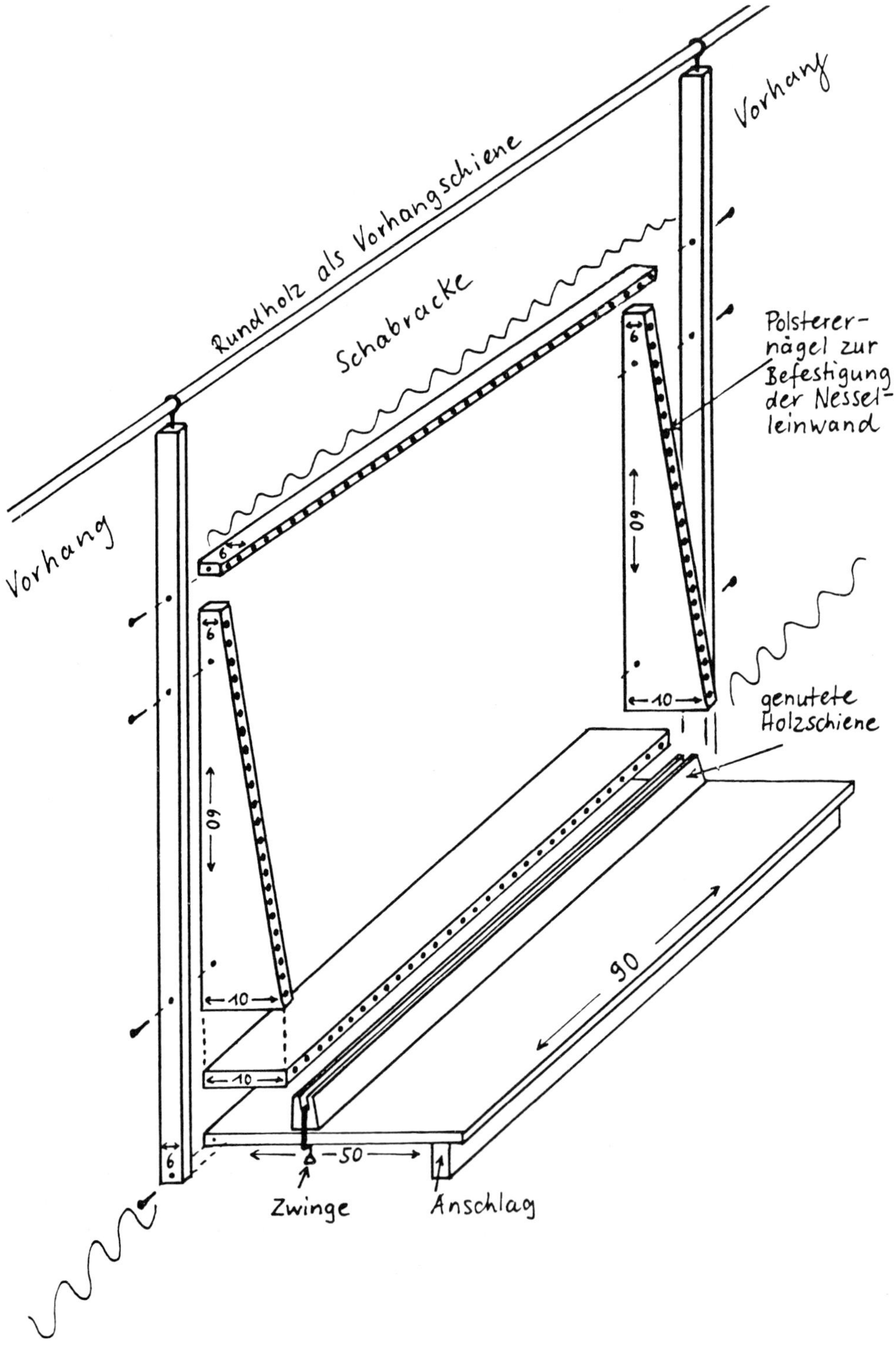
Rundholz als Vorhangschiene
Schabracke
Vorhang
Vorhang
Polsterernägel zur Befestigung der Nesselleinwand
genutete Holzschiene
6
6
6
6
60
60
10
10
10
90
50
Zwinge
Anschlag

- Der nun fertige Rahmen wird auf das Auflagebrett (50 × 90 cm) geklebt und von unten her an mehreren Stellen verschraubt.
- Jetzt kann der Nesselstoff zurechtgeschnitten, gut umsäumt (damit er nicht ausreißt) und mit Polsternägeln oder Heftzwecken stramm an den Rahmen angespannt werden.
- Die untere, schmale Anschlagleiste wird von oben her angeschraubt. Sie verhindert das Nach-vorne-rutschen während des Spiels. Damit ist das Schattentheater im Grunde fertig.
- Als zweiter Arbeitsschritt folgt nun das Anbringen der beiden langen Seitenleisten. Sie dienen zum einen der Vorhangaufhängung, zum anderen der Stabilisierung des Rahmens. Wie in der Skizze dargestellt, wird jede Leiste an vier Stellen an die Seitenwände angeschraubt. Ganz oben werden die Ringschrauben eingesetzt.
- Der Vorhang links und rechts von der Bühne verdeckt die Spieler. Dekorativ ist es, wenn auch über der Leinwand ein schmaler Vorhangstreifen die beiden Seitenflügel verbindet (er bedeckt den Raum zwischen der Vorhangschiene und der oberen Leiste des Spielschirms als eine Art Schabracke).

  Der Vorhang wird oben mit einem breiten Umschlag versehen (als Schlaufe, durch die das Rundholz geschoben wird). Man braucht drei Vorhangteile: Einen schmalen für das Mittelstück und zwei Seitenteile, die links und rechts bis zum Boden hängen können. Auch der Tisch, auf dem das fertige Theater steht, wird mit einer bodenlangen Decke verhängt.
- In die genutete Schiene können Kulissen und Figuren abgestellt werden, d. h. der ausgefräste Nut richtet sich nach der Dicke der Figuren. Diese Schiene wird – ebenso wie die beiden Seitenteile – zum Spieler hin abgeschrägt (entsprechend der Leinwandabschrägung), damit sich die Kulissen bzw. Figuren flächig am Spielschirm anschmiegen können.

Wir schlagen vor, die Schiene nicht fest zu verschrauben. Sie kann mit zwei einfachen Zwingen direkt hinter der Leinwand festgeklemmt und bei Bedarf wieder abgenommen werden.

Vgl. für den Bau einer Bühne und für Anregungen zum Schattenspiel: Bobber, Hans-Leo u. a.: Türkische Schattentheater KARAGÖZ. Eine Handreichung für lustvolles Lernen. Frankfurt a. M.: Puppen und Masken 1983.

Zur Beleuchtung

Die Lichtquelle befindet sich zwischen dem Spielschirm und dem Spieler (vgl. Abb. Seite 146). Mit einer Kerze bekommt man Schattenbilder, die durch das Flackern der Flamme eine besondere Lebendigkeit erhalten. Für das Spiel der Kinder ist das jedoch nicht ungefährlich. Daher ist es zweckmäßig, eine Schirmlampe, z. B. mit einer 25-Watt-Birne aufzustellen bzw. oben oder seitlich anzubringen. Die Figuren werden mit Hilfe des Führungsstabes vorsichtig an die Leinwand gedrückt. Nicht nur der Schatten der Figur ist von vorne zu sehen, sondern auch der Schatten des Stabes. Wenn das Licht jedoch nicht direkt von hinten, sondern von oben oder der Seite auf die Figuren fällt, werfen die Haltestäbe keinen so scharfen Schatten.

Man kann die Figuren verschwinden lassen, indem sie seitlich abtreten oder indem man sie nach hinten wegnimmt.

Musik

Zur musikalischen Begleitung des Schattenspiels ist Live-Musik am reizvollsten, z. B. Saz- und Trommelspieler (türkische Eltern, Kollegen, Kinder); oder türkische Lieder, von einer Kindergruppe gesungen.

Man kann auch eine Tonkassette mit türkischer Musik einsetzen (Auswahl in Absprache mit türkischen Kindern oder Erwachsenen). Bei einer anspruchsvolleren musikalischen Begleitung hat jede Figur eine Erkennungsmelodie.

2. Theaterstücke

Schattenspiel – Karagöz – Türkei

Karagöz und Nixverstehen: ein Theaterstück in zwei Sprachen

Personen: Hacivat und Karagöz
Musik *

Hacivat: Karagöz, komm mal her! Ich will mit Dir reden!
Karagöz: Warum störst Du mich? Was schreist Du so laut? Ich werde gleich taub.
Hacivat: Mein Freund, schläfst Du etwa noch? Steh auf und komm runter, Du Schlafmütze!
Karagöz: Allah, Allah! Du weißt doch, ich habe Schlafstörungen:
Abends schlafe ich früh ein, morgens wache ich spät auf. Aber mittags liege ich oft stundenlang wach. Was willst Du denn?
Hacivat: Komm runter! Ich muß Dir was erzählen.
Karagöz: Gut, ich komme runter. Was ist denn los? Um diese Zeit!
Hacivat: Mein Onkel ist gestorben. Hier ist das Telegramm.
Wir müssen jetzt nach Deutschland fahren.
Aber wir haben kein Geld.
Karagöz: Kein Problem. Mit ohne Geld kann man auch fahren.
Ich esse mit ohne Geld.
Ich trinke mit ohne Geld.
Ich wohne mit ohne Geld.
Ich schlafe mit ohne Geld.
Hacivat: Dann kann man auch mit ohne Geld fahren. Du hast recht, wir haben bis jetzt auch mit ohne Geld gelebt!

Musik

Hacivat: Steig aus Karagöz! Wir sind schon da.
Karagöz: Ich staune. Hacivat, was für ein Bahnhof ist das?
Wem gehört der eigentlich? So was habe ich noch nie gesehen.
Hacivat: Komm fragen wir mal. Fragen ist kostenlos.
Karagöz: Verstehen die Deutschen auch türkisch?
Hacivat: Natürlich, sie verstehen auch türkisch. Alle Leute sprechen türkisch.

* Musik:
- o Live-Musik mit Saz- und Trommelspielern (türkische Erwachsene und Kinder); oder türkische (und deutsche) Lieder (von einer Kindergruppe gesungen) oder
- o Tonkassette mit türkischer Musik (Auswahl in Absprache mit türkischen Kindern, Eltern oder Kollegen).

Karagöz: Gut, dann fragen wir: Hallo! Bu Bahnhof kime ait?
Deutscher: Was? Was haben Sie gesagt?
Karagöz: Bu Bahnhof kime ait?
Deutscher: Nix verstehen!
Hacivat: Karagöz, hörst Du? Der Bahnhof gehört Herrn Nixverstehen.
Karagöz: Herr Nixverstehen hat viel Geld.
(pfeift)
Hacivat: Komm, gehen wir! Wir haben keine Zeit.
Karagöz: Hacivat, Hacivat, hast Du gesehen? Was für ein Auto!
Hacivat: Oh, so ein Auto habe ich noch nie gesehen! Weißt Du Karagöz, wem das Auto gehört?
Karagöz: Ich weiß nicht, frag mal!
Hacivat: Pardon, mein Herr, bu abara kime ait?
Deutscher: Wie bitte? Was sagen Sie?
Hacivat: Bu abara kime ait?
Deutscher: Nix verstehen.
Karagöz: Hast Du gehört? Das Auto gehört auch Herrn Nixverstehen.
Hacivat: Was für ein reicher Mann!
Na los, gehen wir!
Karagöz: Hacivat, was ist das für ein komisches Haus?
Hacivat: Siehst Du nicht? Das ist doch eine Fabrik!
Karagöz: Wir könnten hier arbeiten.
Hacivat: Immer mit der Ruhe, Karagöz. Wir wissen nicht, wem diese Fabrik gehört.
Karagöz: Warte mal. Ich frage. Hey, Du da, bu Fabrika kime ait?
Deutscher: Nix verstehen.
Hacivat: Karagöz. Wir haben Glück gehabt. Diese Fabrik gehört auch Herrn Nixverstehen.
Karagöz: Mein Gott, schon wieder Herr Nixverstehen. Jetzt müssen wir Herrn Nixverstehen unbedingt finden.
Hacivat: Aber wo sollen wir ihn suchen?
Karagöz: Guck mal, was ist denn da los?
Hacivat: Sei still, das ist eine Beerdigung.
Karagöz: Pardon, kim öldü Allah rahmet eylesin?
Deutscher: Nix verstehen.
Karagöz: Oh mein Gott. Herr Nixverstehen ist tot.
Vay başımıza gelenler Aman Allahim. Şimdik ne yapacağız Parasız Pulsuz.
Oh mein Gott, was sollen wir jetzt tun?
Ohne Geld, ohne Arbeit?
Hacivat: Na ja – dann leben wir eben weiter mit ohne Geld!

Musik – Tanz

Dieses Stück wurde von einer Gruppe ausländischer Jugendlicher in Zusammenarbeit mit den Teamern M.-L. Hirschberger und R. Kersten erarbeitet.
Aus: M.-L. Hirschberger/R. Kersten 1984, S. 51–52.

Schattenspiel – Karagöz – Türkei

Rätsel um Karagöz: ein Theaterstück in zwei Sprachen

Personen: Hacivat, Karagöz

H: Hoşgeldin Karagöz. Anlat bakalım ne var ne yok.
K: Hoşbulduk işkembe suratlı. Halini derdini sormaya geldim.
H: Karagözüm, güzel konuşmayı ne zaman öğreneceksin? Bak böyle ...
K: Kızma, kızma öğrendim efendim öğrendim, şaka söyledim.
H: Artık Almanca konuşmayı da öğrendin mi?
K: Evet efendim! ... Freilich kann ich deutsch, servus mein lieber Freund.

(Hacivat und Karagöz begrüßen sich. Hacivat empört sich über Karagöz' Sprache – wie immer – und will ihn belehren. Auf die Frage, ob er auch schon deutsch gelernt habe, antwortet Karagöz: Freilich kann ich deutsch ...)

H: Das heißt nicht „Servus" Karagöz, das heißt: schön' guten Abend, wie geht es Ihnen?
K: Wieso schöner Abend, es regnet und es ist kalt ... Und langweilig ist es auch, furchtbar langweilig!
H: Langweilig ist Dir? Tja, mein lieber Karagöz, dann mußt Du mehr arbeiten! Also ich für meine Person habe *reichlich* zu tun.
K: Reich bist Du Hacivat! Oh Hacivat, Du bist reich, dann schenk doch Deinem alten Freund ein Auto und ein Flugzeug, ja ein Flugzeug. Dann flieg ich am Wochenende nach Istanbul und dann ...
H: *(unterbricht Karagöz):* Hör auf, hör auf, Karagöz! Du bist so dumm. Reich*lich* habe ich gesagt, nicht reich, ich habe reichlich zu tun, das heißt, ich habe sehr viel Arbeit. Wann lernst Du endlich wie ein Herr zu sprechen, Du mußt lernen, deutsch zu sprechen, wie ein deutscher Professor, Du mußt noch viel lernen, mein Lieber!
K: Lernen?! Na, ich muß nix mehr lernen. Ich weiß alles. Ich weiß was, was Du nicht weißt. Schauen wir mal, ob Du noch türkisch kannst. Also, was ist das? *(Er spricht türkisch):*

Yaz gelince giyinir
Kış gelince soyunur
(ağaç)

Wird es Sommer, kleidet er sich,
wird es Winter, zieht er sich aus.
(Baum)

H: Bilmece mi?
K: Bilmece ya.
Bilmece bilirmisin?
H: Elbet bilirim.
K: O zaman kulaklarını iyi aç, bak yine söyliyorum. Haydi çocuklar, Hacivatı yardım edebilirmisiniz?
H: Evet biliyorum. AĞAÇ, bu çok eski bir bilmece, bunu bilmiyen yok.

(Karagöz fragt Hacivat, ob er des Rätsels Lösung weiß und bittet die Kinder, Hacivat zu helfen.)

(Ein Baum mit Blättern und ein Baum ohne Blätter erscheint auf der Leinwand.)

H: Ein Baum, natürlich, das ist ein uraltes Rätsel, das kennt jeder. Aber jetzt werde ich Dir eine Aufgabe stellen, auf deutsch – mal sehen, ob Du das verstehst. Es ist ein Rätsel und lautet folgendermaßen:
„Wer spricht alle Sprachen, ohne eine einzige gelernt zu haben?"

K: Ja, ich natürlich!

H: Wieso sprichst *Du* alle Sprachen?

K: Ja, ich spreche deutsch und türkisch.

H: Tja, und die anderen Sprachen?

K: Welche anderen Sprachen?

H: Oh, bist Du dumm, Karagöz! Es gibt so viele Sprachen auf der Welt – japanisch, französisch, englisch, chinesisch, arabisch, spanisch, vietnamesisch, portugiesisch, griechisch, und so weiter.

(Das Publikum kann einbezogen werden, mit der Frage, was es noch für Sprachen gibt.)

K: Wieso denn, Du kannst doch auch nicht „englisch", oder „chinesisch", oder wie das alles heißt!

H: Ja eben, eben Karagöz, das ist ja das Rätsel. Also noch einmal: „Wer spricht alle Sprachen, ohne eine einzige gelernt zu haben?"

K: Ich weiß. Die Fische. Die hört man nämlich nicht und es könnte sein, daß sie alle Sprachen sprechen. Vielleicht sprechen sie englisch und das alles.

H: „Vielleicht", „vielleicht", was soll das Karagöz, vielleicht können die Fische dieses, vielleicht können die Fische jenes ... das ist ein Rätsel, Karagöz, da gibt es kein „vielleicht", da gibt es eine Lösung, und entweder Du weißt sie oder nicht.
Ich sage es dir: die Lösung zu diesem Rätsel heißt „das Echo".

K: Echo heißt er, wer ist denn das, den möcht' ich unbedingt kennenlernen.

H: Es ist zum Verzweifeln, Karagöz weiß nicht, was ein Echo ist. Könnt Ihr ihm helfen?

(Kinder im Publikum können einzelne Worte oder Sätze jeweils mit echo-ähnlichen Wiederholungen ausrufen – z. B. Schneeweiß, ...eis, ...eis, ...eis. Es können auch Echos in verschiedenen Sprachen ausgerufen werden.)

K: Aufhören, aufhören. Ich hab's schon kapiert, das war ja kinderleicht. Ich weiß was viel Besseres. Was ist das, aber auf türkisch bitte schön:

Havaya attım bembeyaz	Ich warf es weiß in die Luft
Yere düştü sapsarı?	es fiel gelb zu Boden?
(yumurta)	(Ei)

H: Bunu herkes bilir. YUMURTA

(Ein Ei erscheint auf der Leinwand.)

Habt Ihr das gehört, das soll ein Rätsel sein – ich warf es weiß in die Luft, gelb fiel es zu Boden, da weiß doch jeder, daß das ein Ei ist.
Allah, was bin ich gestraft, mit der Einfältigkeit meines Freundes. Karagöz, mit Dir muß man sich genieren!

K: Schmieren soll ich Dir eine – na warte!

(Prügelei mit deutschen und türkischen Schimpfwörtern – nach Belieben!)

Michaela Ulich in Zusammenarbeit mit Domna Valakas Steininger

Theaterstück — Pinocchio — Italien

Pinocchio und die Grille

Pinocchio ist über alle Landesgrenzen hinweg bekannt. Für kulturkundliche Informationen sowie einige Pinocchio-Geschichten verweisen wir auf unser erstes multikulturelles Buch: *Es war einmal, es war keinmal*. Weinheim u. a.: Beltz 1985.

Hier stellen wir zwei Episoden der Pinocchio-Abenteuer dar, die frei nach der Originalfassung in Dialog-Form umgesetzt wurden. Diese zwei Episoden können entweder getrennt oder — mit dem verbindenden Erzähltext — auch zusammenhängend vermittelt werden.

Die erste Szene handelt von einem Dialog zwischen Pinocchio und der „sprechenden Grille" — eine Figur, die aus der kindlichen Perspektive „Autorität" und „Gewissen" verkörpert. Diese Episode eignet sich auch gut als Erzähltext, der vor der ganzen Klasse vorgelesen werden kann.

In der zweiten Episode haben wir eine zweisprachige Dialogszene gewagt. Pinocchio spricht auf italienisch und der alte Geppetto antwortet auf deutsch — und zwar so, daß der deutschsprachige Zuhörer aus den Antworten den Sinngehalt des Italienischen gut entnehmen kann. Als Stütze sind auch viele Textteile an eindeutig darstellbare Handlungen (auf den Knien rutschen, weinen, Birne schälen usw.) gebunden.

Mit diesem Beitrag wollen wir unsere Auffassung von Sprachbegegnung und Kulturverständnis andeuten: Verständigung und Anteilnahme sind auch ohne perfekte Sprachkenntnisse möglich. Sich „einhören", gerade nicht alles verstehen können, aus dem Kontext extrapolieren — diese sind wichtige Grunderfahrungen in der Begegnung mit anderen Sprachen und Kulturen.

Personen:
Pinocchio
die sprechende Grille

Die Handlung spielt in Geppettos Küche.

P: Das war ein wunderschöner Ausflug, und so viel habe ich erlebt unterwegs. Es war fast zu schön, um wahr zu sein — tun und lassen was man will, ohne daß man geschimpft wird.

Gr: Gri-gri-gri.

P: Wer hat mich gerufen?

Gr: Ich bin's.

P: *(dreht sich um und sieht eine Grille, die an der Wand hochklettert)*. Nun sag mal, wer bist Du?

Gr: Ich bin eine sprechende Grille und wohne in diesem Haus seit mehr als 100 Jahren.

P: *(in gereiztem Ton)* Heute aber gehört dieses Zimmer mir, und wenn Du mir einen Gefallen tun willst, dann verschwinde sofort auf der Stelle, ohne Dich auch nur einmal umzudrehen!

Gr: Ich werde nicht von hier fortgehen, bevor ich Dir nicht eine große Wahrheit gesagt habe.

P: Sag schon und beeil' Dich.

Gr.: Wehe den Kindern, die ihren Eltern nicht gehorchen und die einfach von zuhause weglaufen und glauben tun und lassen zu können, wie es ihnen beliebt. Eines Tages werden sie es bitter bereuen.

P: Du kannst sagen, was du willst, meine sehr verehrte, gnädige Frau, ich aber werde mich morgen früh auf den Weg machen. Ich will um die ganze Welt reisen. Bliebe ich hier, so müßte ich all das tun, was die anderen Kinder tun: in die Schule gehen, lernen, gehorchen – immer, immer – und, unter uns gesagt, das ist nichts für mich. Ich ziehe es vor, mich zu amüsieren, über die Wiesen hinter den Schmetterlingen herzulaufen, auf die Bäume zu klettern, um die kleinen Vögel in den Nestern zu sehen ...

Gr: Wie bist Du dumm, mein guter Pinocchio. Weißt Du denn nicht, daß Du, wenn Du nur das tust, was Du willst, daß Du dann später als Erwachsener ein Esel sein wirst, der nichts gelernt hat und über den sich alle lustig machen?

P: *(verärgert)* Jetzt reicht's, sei still, Du widerliche Grille! Ich glaub Dir gar nichts.

Gr: Und wenn Du nicht zur Schule gehen willst, warum lernst Du dann nicht einen Beruf, um Dir Deinen Lebensunterhalt verdienen zu können?

P: Verstehst Du nicht, daß das Arbeiten mir nicht bekommt? Der einzige Beruf, der mir gefällt ist essen, trinken, schlafen und Spaß haben.

Gr: Und ich will Dir mal sagen, was auch solchen Leuten wird: sie werden Landstreicher und sie enden im Gefängnis oder im Krankenhaus.

P: *(gelangweilt)* Ich will es gar nicht wissen, kapierst Du das denn nicht? Und hör jetzt auf zu faseln.

Gr: Armer Pinocchio, Du tust mir leid.

P: Wieso denn das?

Gr: Weil Du eine Puppe bist und was noch schlimmer ist, weil Dein Kopf aus Holz ist.

P: *Was* hast Du gesagt, einen Holzkopf habe ich? Jetzt reicht's, Dich werde ich erledigen ... *(Pinocchio nimmt einen Schuh in die Hand und wirft ihn der Grille nach. Blitzschnell schlüpft sie aus dem Fenster und ist weg ...).* Und was mache ich jetzt? Ich habe ja so ein komisches Gefühl im Bauch, das ist wahrscheinlich Appetit, wenn nicht sogar Hunger – oh, einen Riesenhunger habe ich! Gibt es hier nichts zu essen? *(Er sucht im ganzen Zimmer herum – auf dem Herd, in den Schränken, in den Schubladen ...).* Nichts, gar nichts. Was mache ich bloß? Ich könnte auf die Straße gehen und bei jemandem an die Tür klopfen. Vielleicht gibt es einen guten Menschen, der sich erbarmt und mir ein Stückchen Brot schenkt. Nur Mut, Pinocchio, auf geht's!

(Vorhang fällt)

Nach Carlo Collodi
Dramatisierung: G. Meschini
Aus dem Italienischen übertragen von
Michaela Ulich

Quelle: Gina Meschini: Amici burattini. Brescia: La Scuola 1979

Erzähltext

(Dieser Text verbindet die zwei Episoden und fungiert zugleich als eigenständige Einleitung zur zweiten Episode, falls diese für sich gespielt wird.)

Erzähler:
Es war spät abends und Pinocchio hatte großen Hunger. Nicht einmal ein Stückchen Brot war mehr im Haus. So ging er hinaus, um sein Glück zu versuchen. Draußen blies ein kalter Wind, es donnerte und blitzte und ein Riesenunwetter kündigte sich an. Alle Läden waren zu und auch die Haustüren und Fenster waren verriegelt. Auf der Straße war keine Menschenseele. Pinocchio faßte Mut und klopfte zaghaft an eine Tür. Ein Fenster ging auf und ein alter Mann lehnte sich hinaus. Pinocchio bat ihn um ein Stückchen Brot, aber der Alte dachte: „dieser Lausbub, er holt die Leute mitten in der Nacht aus dem Bett", und schüttete einen Eimer voll eiskaltem Wasser aus dem Fenster. So kehrte der arme Pinocchio niedergeschlagen und naß bis auf die Haut und dazu noch sehr hungrig nach Hause zurück. In einem Kohlenbecken war noch ein bißchen Glut. Erschöpft setzte er sich nieder, um sich wieder aufzuwärmen. Die Füße stützte er auf das Kohlenbecken, und so schlief Pinocchio ein. Inzwischen kam der alte Geppetto zurück und fand sich vor verschlossener Tür.

Theaterstück – Pinocchio – Italien

Pinocchios Auferstehung

Personen:
Geppetto
Pinocchio

Pinocchio schläft in Geppettos Küche.

G: *(klopft an die Tür):* toc-toc-toc.
P: *(wacht auf, gähnt, reckt sich)* Chi è?
G: Ich bin's, mach auf.
(Pinocchio schaut auf seine Füße und bekommt einen furchtbaren Schrecken – er hat fast keine Füße mehr und sie sind ganz schwarz.)
P: *(jammernd):* Papà mio, non posso.
G: Wieso kannst Du mir nicht aufmachen?
P: Perché mi hanno mangiato i piedi.
G: So, so, Deine Füße haben sie Dir abgebissen! Und wer, bitteschön?
P: Il gatto!
G: Die Katze! Unmöglich! Mach keine Witze. Jetzt mach mir auf, sag ich Dir, sonst werde ich Dir zeigen, wer hier die Katze ist.

P: Non posso, non possoproprio, povero me, come farò? Mi tocche rà camminare sulle ginocchia per tutta la vita!

G: Wieso mußt Du auf den Knien rutschen, wieso kannst Du nicht gehen? Paß auf, ich komm jetzt ans Fenster und wenn es nicht stimmt, daß Du nicht laufen kannst, wenn Du mir nur einen Streich spielen willst, dann wehe Dir!
(Er schaut durchs Fenster hinein, sieht Pinocchios verkohlte Füße und ist ganz gerührt. Er klettert ins Zimmer, umarmt und küßt Pinocchio.)
Oh, mein armer, kleiner Pinocchio, Du kannst ja wirklich nicht mehr laufen. Wie hast Du Dir denn die Füße so verbrannt?

P: *(schluchzend):* Non lo so, papà, ma credimi è stata una bruttissima notte.

G: Schon gut, Pinocchio, hör auf zu weinen. Schau, für Deinen Hunger habe ich drei Birnen. Sie waren mein Frühstück, aber ich gebe sie Dir gerne. Iß, und es wird Dir gleich besser gehen.

P: *(in herablassendem Ton):* Se vuoi che le mangi fammi il piacere di sbucciarle.

G: Schälen soll ich sie Dir? Ich wußte nicht, daß die Schale unter Deiner Würde ist. Weißt Du, man muß sich von Kind an daran gewöhnen, alles zu essen. Die Schale ist gesund, sie hat viele Vitamine.

P: Io le bucce non le posso soffrire.

G: Schon gut. Ich schäl' sie Dir, aber ich werfe nichts weg, auch das Gehäuse nicht.

P: Ma io il torsolo non lo mangio davvero! *(Pinocchio ißt die geschälten Birnen.)*

G: Wer weiß, vielleicht ißt Du es doch irgend wann einmal, es gibt so viele Möglichkeiten.

P: Erano proprio buone queste pere, ma io ho ancora fame.

G: Du armer, hast noch Hunger und ich habe nichts mehr für Dich.

P: Proprio nulla, nulla?

G: Ich habe lediglich diese Schalen und das Gehäuse der Birnen.

P: Pazienza, se non c'e altro mangerò una buccia. Però non è nemmeno cattiva, forse mi conviene mangiare anche le altre. E i torsoli? Potrei provare. Toh, non sone male neanche loro. Ora sì che sto bene! *(Pinocchio ißt Schalen und Gehäuse.)*

G: Siehst Du, Pinocchio, daß ich recht hatte nichts wegzuwerfen?

P: Ora non ho più fame, ma i piedi? Non posso stare in piedi!
(deutet auf die verkohlten Füße)

G: Deine Füße tja, warum sollte ich Dir eigentlich neue Füße machen? Nur damit Du wieder weglaufen kannst?

P: *(schluchzend):* Ti prometto che da oggi in poi sarò buono, che andrò a scuola, studierò.

G: Alle Kinder erzählen dieselbe Geschichte, wenn sie etwas haben wollen – von heute an bin ich immer brav, gehe brav zur Schule, und so weiter.

P: Ma io non sono come gli altri bambini, io sono più buono di tutti e dico sempre la verità.

G: Also gut, ich werde versuchen Dir zu glauben. Mach die Augen zu und schlafe, denn das ist eine schwierige und langwierige Arbeit.

P: Oh, grazie caro papà. Sei tanto bravo tu che certamente riavrò presto due piedini ancora più belli dei primi. Ora mi metto a dormire. *(freut sich, legt sich schlafen)*

G: Und ich mach mich an die Arbeit. Ich werde mich beeilen, damit Pinocchio bald wieder schöne Füße hat.

(Vorhang fällt)

Nach Carlo Collodi
Dramatisierung: G. Meschini
Aus dem Italienischen übertragen von
Michaela Ulich

Quelle: Gina Meschini: Amici burattini. Brescia: La Scuola 1979

Der Hund, der nicht bellen konnte: Ein Theaterstück über Sprache

Die Vorlage für dieses Theaterstück ist eine Erzählung des bekannten italienischen Kinderbuchautors *Gianni Rodari*. Die Hauptfigur ist ein Hund, der ohne seinesgleichen lebt und nie gelernt hat zu bellen. Stattdessen versucht er, andere Tiere nachzuahmen – den Kuckuck, die Kuh usw. Der kleine Hund weiß, ihm fehlt etwas, und er ist sehr unglücklich, bis ... Rodari schreibt für diese Geschichte drei verschiedene Versionen für den Schluß: Die Kinder sollen wählen, welcher Schluß ihnen am besten gefällt. Auch für das Spiel können sich die Kinder für einen Schluß entscheiden oder verschiedene Spielarten durchprobieren. Rodari verrät in einer Fußnote, welcher Schluß ihm am besten gefällt: der dritte, denn – so Rodari – es sei wichtiger, den richtigen Lehrmeister zu finden, als sich als Star im Zirkus zu produzieren oder jeden Tag einen warmen Suppenknochen zu verspeisen.

Die „interkulturelle“ Botschaft dieser Geschichte kann mit den Kindern auch im Gespräch thematisiert werden. Wichtiger aber ist das Spielen und Ausgestalten der verschiedenen Begegnungen – sie sprechen für sich.

Die Requisiten für dieses Spiel können ganz einfach sein (nur angedeutet) oder entsprechend ausgebaut werden. Man braucht einen Wald mit Büschen (oder Bäumen) und Tiermasken. Hinter den Büschen können dann die verschiedenen Figuren auftauchen bzw. verschwinden. Die *Zahl der Mitspieler* kann ohne Schwierigkeiten vergrößert werden, indem der Hund z. B. noch weitere Tiere trifft, die er nachahmt – Esel, Schaf usw. Verschiedene Tierstimmen und Bewegungen nachahmen macht Kindern im allgemeinen großen Spaß. Für Gruppen, die „kunstvolle“ Tiermasken herstellen wollen, gibt es einschlägige Veröffentlichungen mit Bastelanleitungen. Ein größeres Tier wie die Kuh kann auch von zwei Kindern dargestellt werden: unter einem großen Tuch gehen die Kinder gebeugt hintereinander – das vordere Kind kann dann noch die Kopfmaske aufsetzen, das hintere Kind bekommt einen Schwanz. Solche Figuren kennen viele Kinder vom Zirkus.

Personen:
Erzähler
Hund, der nicht bellen konnte

Hahn
Fuchs
Kuckuck
Jäger
für den ersten Schluß: Kuh
für den zweiten Schluß: Bauer
für den dritten Schluß: Hund, der bellen kann

Hund — Alle machen sich über mich lustig. Sie sagen, ein Hund muß bellen können, alle Hunde würden bellen. Aber hier in diesem Land bin ich der einzige Hund weit und breit, ich kenne keine anderen Hunde und ich weiß nicht, was das ist ... „bellen"? Was soll ich bloß tun? *(schnieft)*

Hahn — He, kleiner Hund, was hast Du? Immer wenn Du hier vorbeigehst, machst Du so ein trauriges Gesicht.

Hund — Weißt Du, ich habe ein großes Problem. Ich kann nicht bellen und alle machen sich über mich lustig.

Hahn — Mach Dir keine Sorgen, das kann ich Dir beibringen.
Mach mal so: ki-ke-ri-ki ...

Hund — Ich glaub', das ist zu schwer für mich.

Hahn — Ach was, das ist babyleicht. Hör mir gut zu und schau auf meinen Schnabel, und dann machst Du es genauso wie ich. So: Ki-ke-ri-ki.

Hund — *(probiert, gibt nur einen dumpfen Laut von sich).*
Geht nicht.

Hahn — Mach Dir nichts draus. Mit der Zeit lernst Du es ganz bestimmt, Du mußt nur ein bißchen üben.

Erzähler: Um ungestört üben zu können, verzog sich der Hund in den Wald. Er übte tagelang „Ki-ke-ri-ki", von morgens bis abends. Er machte Fortschritte. Einmal gelang ihm ein richtiges „Ki-ke-ri-ki". Das hörte der Fuchs und dachte, da hätte sich ein Hahn im Wald verlaufen. Er stürzte herbei, um sich den Leckerbissen zu schnappen und was sah er ... einen Hund.

Fuchs — Aha, so ist das! Soll das ein Witz sein?

Hund — Wieso ein Witz? Wer macht hier Witze?

Fuchs — Ja, Du natürlich, wer denn sonst? Du hast mich reingelegt – ich dachte, ein Hahn hätte sich im Wald verirrt. Na schön, ich bin sehr froh, daß Du nicht zu meinem Bekanntenkreis gehörst, denn Du hälst Dich nicht an unsere Regeln. Im allgemeinen bellen Hunde, um mich zu verständigen, daß ein Jäger in der Nähe ist.

Hund — Aber ich ... aber ... also ehrlich ... glaube mir, ich ...
An die Jagd habe ich wirklich nicht gedacht. Ich bin da, um zu üben.

Fuchs — Üben! Was denn üben?

Hund — Ich lerne bellen, ich habe es schon fast gelernt. Hör zu, wie gut ich es schon kann: Ki-ke-ri-kiii! Ki-keri-kiiii!

Fuchs — *(kugelt sich vor Lachen)* Ha-ha-ha ... So gelacht habe ich in meinem ganzen Leben noch nicht. Und Du glaubst, das ist „bellen"! Ha, ha, ha ...
(geht lachend fort)

Hund — *(läßt traurig die Ohren hängen, weint)* Was soll ich bloß tun? Seht Ihr, alle lachen mich aus! Das ganze Üben war umsonst ...
(ein Kuckuck taucht hinter einem Baum auf)

Kuckuck — He, kleiner Hund, was haben sie denn mit Dir angestellt?

Hund — Nichts.

Kuckuck — Und warum schaust Du so verzweifelt?

Hund — Weil ... weil ... weil ich nicht bellen kann, weil es mir nicht gelingt, zu bellen. Die ganze Welt lacht über mich.

Kuckuck — Wenn es sonst nichts ist, das ist doch kein Problem. Ich werde es Dir beibringen. Hör gut zu und versuch' es so zu machen wie ich. So: Kuck-uck ... Kuck-uck ... Hast Du's kapiert, alles klar?

Hund — Das scheint mir einfach.

Kuckuck — Kinderleicht. Ich habe das von klein auf gekonnt. Probier es einmal!

Hund — Ku ......ku

Kuckuck — Nicht schlecht. Aber Du mußt noch viel üben. Ein bißchen Geduld und Du wirst sehen, in ein paar Tagen kannst Du es so wie ich.

Hund — Ich werde es versuchen. Ich danke Dir, mein lieber Freund. Servus.

Erzähler: Und wieder versteckte sich der Hund, der nicht bellen konnte, um ungestört üben zu können. Er übte jeden Tag, von morgens bis abends, und nach einer Woche gelang es ihm schon ziemlich gut. Er war zufrieden und dachte: Endlich! Endlich kann ich bellen. Aber eines Tages war ein Jäger in der Nähe, er hörte das Ku-ku-ku und stürzte los.

Jäger — *(atemlos)* Da war doch ein Kuckuck, da in den Büschen *(legt das Gewehr an, zielt und schießt: beng, beng.).*

Hund — He! Was ist denn jetzt los? Das waren ja Schüsse! *(dreht Kopf schnell von einer Seite zur anderen)* – direkt an meinem Ohr vorbei! Diese Jäger müssen verrückt sein, die schießen auf Hunde. Ich muß weg, weit weg von hier, schnell! *(läuft weg)*

Jäger — Wo ist denn jetzt dieser Kuckuck, ich hab' ihn bestimmt getroffen. Irgendein Hund wird ihn fortgetragen haben und jetzt hat sich dieses Tier einfach davongeschlichen, so ein Hundling!

Erzähler: Und der Hund, der nicht bellen konnte, lief und lief, fort von jenem Land, in dem es Verrückte gab, die ihn mit einem Gewehr verfolgten ...

1. Schluß

Hund — Uff, das war ein langer Marsch! Jetzt kann ich nicht mehr.

Kuh — He, kleiner Hund, wo läufst Du hin?

Hund — Das weiß ich selbst nicht –

Kuh — Dann bleib stehen. Hier gibt es herrliches Gras.

Hund — Mag schon sein, aber Gras kann mich auch nicht kurieren.

Kuh — Was hast Du denn, bist Du krank?

Hund — N...nein. Nicht direkt krank. Aber ich kann nicht bellen.

Kuh — Aber das ist doch das einfachste auf der Welt. Hör mir zu. – Muh – muh – muh. Ist das nicht eine schöne Melodie?

Hund — Nicht schlecht. Aber ich weiß nicht, ob das die richtige Melodie für mich ist. Du bist ja schließlich eine Kuh.

Kuh — Natürlich bin ich eine Kuh!

Hund — Ich aber nicht. Ich bin ein Hund.

Kuh — Klar bist Du ein Hund. Na und? Was hindert Dich daran, meine Sprache zu lernen?

Hund — Ich hab's, ich hab's! Das ist *die* Idee!

Kuh — Was für eine Idee?

Hund — Paß auf, ich werde alle Sprachen der Tiere lernen und dann trete ich im Zirkus auf. Ich werde einen Riesenerfolg haben und ganz reich werden und die Tochter des Hundekönigs heiraten!

Kuh — Bravo. Das machst Du. Aber jetzt an die Arbeit, laß uns anfangen. Hör gut zu, es geht so: Muh...muh...muh...

Hund — Muh...muh... Ich kann es schon, hurra! Weiter geht's.

(Beide gehen tanzend, hüpfend hinaus. Musik.)

2. Schluß

Hund	Uff ... So ein langer Marsch, jetzt kann ich nicht mehr.
Bauer	He, kleiner Hund, wo läufst Du hin?
Hund	Weiß ich selbst nicht.
Bauer	Dann komm doch zu mir in mein Haus. Ich brauche gerade einen Hund, der meine Hühner bewacht.
Hund	Ich würde sehr gerne kommen. Aber ich warne Sie: ich kann nicht bellen.
Bauer	Umso besser. Hunde, die bellen, verscheuchen die Diebe. Dich hören sie erst gar nicht. Sie schleichen sich an und Du kannst sie anfallen und packen und dann bekommen sie die Strafe, die sie verdienen.
Hund	Abgemacht. Endlich, jetzt habe ich eine Stellung, ein Haus und jeden Tag einen Suppenknochen. Das gehört sich doch so für einen Hund, oder?

3. Schluß

Hund	Uff! So ein langer Marsch, jetzt kann ich nicht mehr. Aber was ist das für ein merkwürdiges Geräusch, das habe ich noch nie gehört *(von weitem hört man bellen).* Das ist irgendein Tier. Vielleicht eine Giraffe? Oder ein Krokodil? Das Krokodil ist aber bekanntlich ein wildes Tier, ich muß vorsichtig sein. *(Schleicht vorsichtig in Richtung Büsche, aus den Büschen kommt ein Hund.)* He, das ist ja ein Hund und der klingt so schön. Servus Hund!
Hund, der bellen kann	Servus Hund!
Hund	Könntest Du mir sagen, was das für eine Melodie war, das war sehr schön...
Hund, der bellen kann	Melodie? Na hör mal, merk' Dir ein für allemal: ich singe nicht, ich belle.
Hund	Waaas?! Du kannst bellen!
Hund, der bellen kann	Natürlich kann ich bellen, oder willst Du behaupten, daß ich wie ein Elefant trompete oder wie ein Löwe brülle?
Hund	Könntest Du mir das Bellen beibringen?
Hund, der bellen kann	Was, Du kannst nicht bellen?!
Hund	N-nein.

Hund, der bellen kann	Dann hör gut zu und schau mich an. So wird's gemacht: Wau-wau-wau.
Hund	Wau...Wau...Wau... – es geht, endlich! Endlich habe ich den richtigen Lehrer gefunden. Und jetzt kann ich bellen – wie alle anderen Hunde. Wau...Wau...Wau... *(beide bellen).*

Nach einer Erzählung von Gianni Rodari
Dramatisierung: Ch. Valeri/A. Gelli Bigler
Aus dem Italienischen übertragen von Michaela Ulich

Quelle: Gianni Rodari: Il cane che non sapeva abbaiare. In: Tante storie per giocare. Roma: Editori Riuniti 1983, S. 24–29.

3. Anregungen für Szenen und Improvisation

Illustration: Marcella Fusi

Italienische Masken

Die weltberühmten Figuren der *Commedia dell'Arte* haben ihren Ursprung im Renaissance-Italien. Die Künstler waren Berufsschauspieler (arte = Gewerbe), die sich meist in nur einer Rolle professionalisierten, der sie dann ein zunehmend differenziertes Repertoire der persönlichen Interpretation gaben. Die Rollen waren feststehende Charaktertypen, die zusammen einen Querschnitt der damaligen Gesellschaft darstellten; verschiedene berufliche, ständische und allgemein menschliche Stereotypen waren vertreten. Die meisten Figuren wurden mit standardisierten, sogleich erkennbaren Kostümen und Masken geschmückt, die zugleich eine Aussage über ihre Rolle waren. Jedes Stück der *Commedia dell'Arte* kreiste um das Schicksal eines jungen Liebespaares (amorosi) und die verschiedenen Hindernisse, die ihnen von ihren Familien, Dienern und generell anderen „besserwissenden" Erwachsenen in den Weg gelegt wurden.

Die Komik der Aufführungen lag an den Eigentümlichkeiten der einzelnen Figuren und den ständig auftretenden Mißverständnissen, die aufgrund verschiedener Dialekte, Sprachwendungen und auch sozialer Unterschiede immer wieder vorkamen. Festgelegt war nämlich nur die Szenenfolge, die Dialoge zwischen den Darstellern waren offen. Obwohl diese Art der Stegreifkomödie im Laufe des 18. Jahrhunderts allmählich verschwand, waren Nachwirkungen vor allem im Volkstheater lange spürbar – und einzelne Charaktertypen sind auch heute noch in vielen europäischen Ländern weitgehend bekannt.

Hier werden beispielhaft vier unterschiedliche Charaktertypen vorgestellt: Harlekin, Colombina, Pulcinella und Dr. Balanzone. Neben ihren charakterlichen Zügen werden auch die Kostüme beschrieben. Diese lassen sich ohne große Mühe improvisieren. Italienische Schulkinder könnten sich mit Hilfe eines Lehrers einen kleinen Sketch ausdenken, in dem sie den Schwerpunkt auf Mimik und Gestik (und nicht nur auf die Sprache) legen. Folgende Anregungen zu den Masken stammen von Anna Lisa Gelli Bigler.

Harlekin

Harlekin geht zurück auf die Figur des dummen Dieners, der im italienischen Theater des 15. und 16. Jahrhunderts sehr populär war. Ursprünglich war sein Dialekt bergamaskisch. Sein Kostüm besteht aus einem Gewand mit vielen farbigen Flicken, als Symbol des großen Elends. Die Flicken versteckten die Risse des Kleides. Harlekin trägt eine schwarze Maske mit einem schlauen, teuflischen Ausdruck. Der zuerst zweispitzige Hut verwandelte sich mit der Zeit in einen zerdrückten Filz. Er trägt am Gürtel einen Stecken, mit dem er sich gegen die Feinde wehrt.

Harlekin ist sehr lustig und es gefällt ihm, wenn er seinen Kameraden schlimme Streiche spielen kann. Daher bekommt er häufig Schläge. Auf der Bühne ist Harlekin immer in Bewegung. Er springt, tanzt und macht Purzelbäume. Er ist einer der lustigsten Figuren, auch weil er die unglaublichsten Sachen macht und die eigenartigsten Wortwendungen gebraucht.

Colombina

Colombina tritt als (sehr eifersüchtige) Verlobte von Harlekin sowie als treue Zofe von Pantalone (= venezianischer Kaufmann) auf. Sie ist sehr lebhaft und sehr schlau. Sie schäkert gern und liebt es, wenn man ihr den Hof macht.

Das Kostüm besteht aus verschiedenen übereinandergelegten Stoffen. Der Rock (Streifenmuster) wird in der Taille gezügelt, rot gefüttert und vorne mit einem roten Satinband etwas hochgenommen. Darunter trägt sie einen gestärkten Unterrock aus weißem Musselin. Ein grünes Oberteil mit tiefem Ausschnitt und weiten Puffärmeln wird rot gefüttert, eng in die Taille geschnitten und mit Bändern zusammengehalten. Dazu ein gekraustes Häubchen und weiße, spitze Schühchen mit einem roten Band.

Pulcinella

Diese neapolitanische Maske beherrschte jahrhundertelang die Bühnen des italienischen Theaters. Der Name kommt wahrscheinlich von „Pullus Gallinceus“, das heißt „Hühnchen“ – daraus wurde Pulcino und Pulcinella. Dafür spricht auch der entenartige Gang und die Form der Nase. Pulcinella spricht fast immer neapolitanisch. Pulcinella ist schlau, amüsant und fröhlich, er macht tausend Streiche, bekommt oft Schläge, wie Harlekin, aber er verliert nie seinen guten Humor. Seine Sprechweise ist reich an Wortfehlern, die bewußt lächerlich wirken, und die noch mehr zu seinem lustigen, witzigen Wesen beitragen. Oft wird er als kinderreicher Familienvater und eifersüchtiger Ehemann dargestellt, der von seiner Frau betrogen wird.

Das Kostüm ist ganz weiß. Es besteht aus einem weiten Hemd, das mit einem Gürtel zusammengerafft ist, aus weiten Hosen, flachen Schuhen und einem weißen, tütenförmigen Filzhut. Die Gesichtsmaske ist schwarz mit einer krummen Nase und einem großen Lederfleck. In der Hand trägt Pulcinella einen Holzspachtel.

Pulcinella gleicht in Deutschland dem Hanswurst, in Spanien Don Cristobal Pulichinella, in England dem Punch.

Ein Pulcinella-Reim für italienische Kinder:

Pulcinella aveva un gallo
tutto il giorno andava a cavallo
con la briglia e con la sella.
Viva il gallo di Pulcinella!

Pulcinella aveva un gatto
tutto il giorno saltava da matto
suonando una campanella.
Viva il gatto di Pulcinella!

Pulcinella aveva una gatta
tutta la notte faceva la matta
la sonava la campanella.
Viva la gatta di Pulcinella!

Pulcinella hatte einen Hahn,
den ganzen Tag ritt er sein Pferd
mit Zaum und Sattel.
Es lebe der Hahn des Pulcinella!

Pulcinella hatte einen Kater,
den ganzen Tag sprang er wie verrückt,
es läutete ein Glöckchen.
Es lebe der Kater des Pulcinella!

Pulcinella hatte eine Katze,
die ganze Nacht spielte sie verrückt,
es läutete ein Glöckchen.
Es lebe die Katze des Pulcinella!

Dottore Balanzone

Dottore Balanzone ist Philosoph, Astronom, Jurist und Diplomat. Balanzone ist ein überheblicher Pedant; er glaubt alles zu wissen und zitiert immer, um zu beweisen, wie gebildet er ist – was in Wirklichkeit nicht der Fall ist. Er ist geizig, egoistisch, schwätzt gern und teilt laufend Ratschläge aus. Dazu erzählt er Lüge auf Lüge, um sich beliebt zu machen. Er ist auch ein Tölpel, der in seiner Ungeschicklichkeit Geschirr und Gläser zerbricht.

Die Maske des Balanzone stammt aus Bologna. Sein Kostüm besteht aus einem schwarzen Talar, darunter eine weite, in der Taille geraffte Bluse und ein enganliegendes, schwarzes Beinkleid. Die Gesichtsmaske ist schwarz, auf einer Wange hat er eine Narbe. In der Hand trägt er einen schwarzen Schlapphut, auf dem Kopf ein rundes, schwarzes Käppchen. Eine weiße Halskrause und ein weißes Tuch, in den Gürtel gesteckt, vervollständigen das Kostüm – das Tuch braucht er öfters, denn er niest häufig und gern.

Ein Marktspiel

Auf dem Markt – auf dem Bazar

In jedem Land kennt man den Markt als Einkaufs- und Verkaufsplatz; entweder als ständige Einrichtung, als Wochenmarkt oder auch als Jahrmarkt, der nur einige Male im Jahr abgehalten wird.

Dabei können die Unterschiede von Land zu Land, selbst von Region zu Region sehr groß sein. Wie z. B. stellt man sich hier einen Bazar in Istanbul vor, einen Fischmarkt am Mittelmeer und wie sieht es auf einem hiesigen Gemüsemarkt oder einem Flohmarkt aus?

Das Verbindende über alle Unterschiede hinweg liegt in der Fülle und in der Vielfalt des Angebots, in der Bedeutung des Marktplatzes als Treffpunkt und als Warenumschlagplatz, in dem besonderen Flair des Marktgeschehens, das aus dem Alltag herausreicht.

Es kann sehr reizvoll sein, mit einer national gemischten Kindergruppe sowohl das Verbindende als auch die Unterschiede herauszustellen und dann in einer großen internationalen Marktszene darzustellen.

Als Einstieg bieten sich z. B. ein Marktbesuch und Gespräche an. Dann kann das Sammeln losgehen. Man bittet um Leihgaben, um Geschenke, bringt aus dem Urlaub selbst Gegenstände mit, stellt welche her oder kauft einige dazu.

Wenn genügend Gegenstände zusammengekommen sind, kann eine multikulturelle Marktszene entworfen werden.

Jedes Land ist mit einem oder mit zwei Ständen und entsprechend vielen Verkäufern vertreten.

Auf jedem Stand werden nicht nur Waren aus einem bestimmten Land angeboten, sondern die Verkäufer geben auch die Preise in der jeweiligen Landeswährung an.

Türkei	– Lira	Italien	– Lire
Jugoslawien	– Dinara	Spanien	– Pesetas
Griechenland	– Drachmes	Portugal	– Escudos

Jeder Verkäufer preist seine Waren entweder in der jeweiligen Landessprache oder auf deutsch an. Ältere Kinder können vielleicht auch zwischen beiden Sprachen hin und her wechseln, je nach der Kundschaft, die gerade vorbei geht.

Nach dem ersten wilden Durcheinanderrufen kann ein bestimmter Rhythmus der Rufe ausgedacht und ausprobiert werden.

Z. B.: Die jugoslawische Verkäuferin schlägt an ihre Kochtöpfe und ruft dabei im Sing-Sang: *Lonze! Ljudi, kupite lonze! Lijepe lonze, velike lonze, male lonze!* (Kochtöpfe! Leute, kauft Kochtöpfe! Schöne Kochtöpfe, große Kochtöpfe, kleine Kochtöpfe.)

Sobald ihre letzte Silbe verklungen ist, setzt der türkische Verkäufer mit tiefer Stimme ein: *Baharat, baharat, türkiyeden baharatlar!* (Gewürz, Gewürz, Gewürze aus der Türkei.)

Daraufhin überbieten sich zwei italienische Verkäuferinnen im Wechselgeschrei: *Venite qui, venite qui! Ci sono delle stoffe meravigliose, stoffe calde, stoffe belle! Guardate, guardate! Ci sono vestiti belli, vestiti caldi, meravigliosi vestiti!* (Hierher, Leute, hierher!

Herrliche Stoffe, warme Stoffe, schöne Stoffe. Schaut, Leute, schaut! Schöne Kleider, warme Kleider, herrliche Kleider.)

Alle übrigen Kinder können als Marktbesucher diese anpreisenden Rufe mit leisem Gebrummel oder lautmalerischem Geschwätz begleiten.

Nach dieser Eingangsszene geht das bunte Markttreiben los. Die Verkäufer preisen weiter an, die Marktbesucher gehen prüfend von Stand zu Stand.

Wenn dieses Spiel als Aufführung geplant ist, kann jetzt ab und zu eine kleine Szene an einem einzelnen Stand ausgebaut werden. Die anderen Kinder werden leiser und ziehen sich dann eher in die Zuschauerrolle zurück.

- Ein Käufer und ein Verkäufer feilschen um den Preis.
- Ein Kunde bietet nicht Geld, sondern eine andere Ware zum Tausch an.
- Eine Käuferin bringt ihre Ware zurück und beschwert sich über einen Mangel, es gibt Streit.

Dem Spiel sind keine Grenzen gesetzt, ebensowenig der phantasievollen Gestaltung der einzelnen Stände noch dem Warenangebot. Soll das Marktspiel „ausgebaut" werden, können auch Kulissen angefertigt werden: Große Schirme, Stände mit angedeuteten Markisen oder orientalischen Torbögen.

Viele der gesammelten Gegenstände lassen sich nicht unbedingt einem Land zuordnen, sie sind vielmehr häufig untereinander austauschbar. Wenn diese Marktszene mehr als einmal gespielt werden soll, empfiehlt es sich, keine verderblichen Lebensmittel anzubieten. Wir schlagen vor, z. B. diese und noch viele andere Gegenstände zu sammeln:

„Echte" Münzen in verschiedenen Währungen oder selbst hergestelltes Spielgeld,
kleine Teegläser,
kleine (kupferne) Kaffeekännchen,
Espressokännchen,
Tongeschirr,
Kochtöpfe, Pfannen,
Kochlöffel aller Art,
bunte Sitzkissen,
Bilder (Heiligenfiguren) und anderer Wandschmuck,
kleine Kelims,
bestickte, gewebte Taschen,
Ketten, Ohrringe, Gürtel usw.,
bunte Stoffe,
Bänder und Spitzenbesätze,
Sandalen und Hausschuhe,
Knöpfe, Garne ...,
Anis,
Zimt,
Nelken,
Sonnenblumenkerne,
getrocknete Aprikosen,
Pistazien.

„Wissen Sie, was ein Basar ist?...“

„Wissen Sie, was ein Basar ist? Jemand verkauft jemandem etwas, aber dazu muß erst eine ganze Liturgie, ein komplettes Theater ablaufen, damit das Geschäft zustande kommt und beide Teile zufrieden sind. Anfangs tut der eine so, als ob das, was er verkauft, in seinem Wert weitaus höher liege als der Preis. Der andere tut so, als ob das, was er kaufen will, weitaus weniger wert sei, als der andere behauptet. Das geht so weiter, bis sie sagen, was der eine geben und der andere haben will. Sobald sie das gesagt haben und der Unterschied festliegt, geht es los: von wo bist Du? Wo kommst du her? Kennst du den und den, der das Geschäft da und da hatte? ... usw. Das tun sie, um vielleicht einen gemeinsamen Bekannten zu entdecken, der ihnen das Geschäft erleichtern könnte. Danach wird das Ganze erstmal fallengelassen und der Ouzo* kommt an die Reihe. Der eine, der weniger Geld bezahlen will, sagt dem Verkäufer, daß er ihm viele Kunden schicken wird, wenn er es billiger bekommt. Zum Schluß kriegt er die Sache, die hundert Drachmen kosten sollte, für fünfundzwanzig und beide gehen befriedigt auseinander.“

Quelle: Ein Gespräch zwischen dem griechischen Liedermacher Dionyssis Savvopoulos und Armin Kerker. Informationsdienst zur Ausländerarbeit, Heft I (1984) S. 104.

Ein Stierkampf

Spricht man hierzulande vom Stierkampf, dann gibt es meist zwei Parteien: für die eine Seite ist der Stierkampf eine hochentwickelte, ästhetisch anspruchsvolle Kunst, für die andere ist er ein barbarischer Kampf. Wie dem auch sei, für uns ist wesentlich, daß der Stierkampf in Spanien – und auch in Portugal – zur Volkskultur gehört und als Ritual gefeiert wird, als ein Ritual, das Erwachsenen und Kindern von frühester Kindheit an vertraut ist.

Von hier aus sind wir leicht dazu geneigt zu abstrahieren: man denkt nur an die Tötung des Stieres, die für Kinder (und Erwachsene) grausam sein kann. Für spanische Kinder und Erwachsene ist der Stierkampf aber zugleich ein seit Generationen überliefertes Volksfest, mit einer langen Reihe legendärer Toreros in reich geschmückten Kostümen, mit Musik, Blumen, Trophäen und festlichem Aufmarsch. Auch der Stierkampf selbst ist eine durchweg ritualisierte und stilisierte Form des Kampfes: ein Spektakel mit einer Fülle feststehender tanzähnlicher Bewegungsabfolgen, dramatischen Gesten und sichtbaren symbolischen Handlungen. Insofern bietet der Stierkampf viel „Stoff“ für ein szenisches Spiel – wobei die einzelnen Gesten und Handlungen als Pantomime durchgeführt oder aber mit Requisiten ausgebaut werden können.

Einige Requisiten:

– das Tuch. – Die eine Seite rot oder lila, die andere Seite gelb (es gibt auch ganz rote Tücher); es sollte vor allem unten genügend Weite haben, damit es schön geschwungen werden kann.

* griechischer Anis-Schnaps

Illustrator unbekannt

- Torero. – Für Verkleidungsideen siehe Illustration
  Stier. Mit schwarzem Umhang und Kopfmaske – oder nur mit Hörnern
- Banderillas. – (Kleine Stöckchen, mit denen der Torero den Nacken des Stiers treffen muß) aus Papier: kleine Röhren, mit Girlanden und Bändchen geschmückt – auf der einen Seite mit Klettenband versehen, so daß sie am Rücken des Stiers haften können.
- der Degen. – Aus Pappe
- die Arena, mit Stühlen für die Zuschauer und eventuell eine Ehrenloge.

Beim „echten" Stierkampf sind an der Innenwand der Arena Schutzblenden angebracht. Dahinter warten die Toreros, bis sie an der Reihe sind, oder sie suchen Schutz hinter diesen Holzverschalungen, wenn sie den Angriffen des Stiers nicht mehr gewachsen sind. Beim Torero-Spiel der Kinder kann die Arena als Kreis mit Kreide auf dem Boden aufgezeichnet werden. Es können auch die Schutzblenden mitaufgezeichnet werden. Dies sind dann Orte, an denen der Stier einen nicht angreifen darf – vergleichbar mit „frei" beim Fangenspiel.

Die Stierkampfszene kann nach Belieben ausgebaut werden:

- Festlicher Aufmarsch der Toreros, die die Runde drehen, mit Musik und Applaus vom Publikum;

- Dramatischer Trommelschlag kündigt den Beginn des Stierkampfes an, der Stier kommt in die Arena gestürmt;
- Reizen des Stiers durch Schwingen des Tuchs, Publikum ruft *olé*;
- Stier greift an, Torero weicht in letzter Minute aus;
- Torero kniet vor dem Stier und berührt mit einer Hand die Hörner des Stiers, als Zeichen der Furchtlosigkeit;
- Torero flüchtet hinter die Schutzblenden, Stier schnauft wütend und machtlos vor der Blende;
- Torero flüchtet sogar ins Publikum;
- Torero wird ausgepfiffen oder gefeiert – alle im Publikum winken mit weißen Taschentüchern (Zeichen der Anerkennung) und es ertönt Musik;
- Der Stier wird hinausgezogen.

Spanische Kinder könnten von zuhause spanische „Stierkampfmusik" und vielleicht auch Plakate von Stierkämpfen mitbringen.

Einige spanische Ausdrücke zum Stierkampf:
toro – Stier
plaza de toros – Stierkampfarena, -Platz
corrida de toros – der Stierkampf
torero, matador – Torero

In Portugal wird der Stier durch den Matador nicht getötet, es werden nur Banderillas gesetzt. Hier wird auch insbesondere die Kunst des berittenen Stierkampfs gepflegt.

Illustration: Robert Lawson

Bunt, bunt, bunt, sind alle meine Kleider ... – Kulturspezifisches Verkleidungsmaterial in der Kindergruppe

„Kleider machen Leute" – das gilt auf jeden Fall für das Theaterspiel. Kostüme akzentuieren die Charakteristika einer Rolle für den Zuschauer und helfen auch dem Darsteller, sich authentischer in die jeweilige Rolle zu begeben. Auch beim improvisierten Rollenspiel (darstellendem Spiel, szenischem Spiel, soziodramatischem Spiel), in dem Kinder die Rollen annehmen und ändern, je nach eigenem Bedürfnis und den Erfordernissen des gemeinsamen Spiels, sind Kleider eine wichtige Stütze. Sehr oft regen sie durch ihren Aufforderungscharakter überhaupt erst zum Spielen an.

In den national gemischten Gruppen sollten selbstverständlich auch Kleidungsstücke und Requisiten aus den entsprechenden Ländern vorhanden sein. Zum Bereitstellen ist am günstigsten eine Ecke im Raum mit Kleiderständer, Regalen und Kisten sowie ein großer Spiegel und Schminkrequisiten. Aber auch unter räumlich beengten Bedingungen gibt es mindestens für eine Kleiderkiste Platz.

Auch hier ist die Mithilfe der ausländischen Eltern erforderlich und anregend zugleich.

Verkleidungsmaterial: Vorschläge (beliebig zu ergänzen ...)

Kopftücher: geblümt; bestickt mit Goldplättchen (Griechenland, Türkei)
Schwarze Spitzenmantilla (Spanien)
große Tücher mit Fransen, als Umhang, als Kopfbedeckung (Südeuropa)
Fächer (Spanien, Italien)
Pumphosen (Türkei)
Kastagnetten (Spanien)
Flamencoröcke (Spanien, Portugal)
farbige, evtl. bestickte Westen (Jugoslawien, Griechenland, Spanien)
weiße (Spitzen-) Blusen (Süd- und Osteuropa)
Dirndl (Süddeutschland)
Lederhosen (Süddeutschland)
Taschen: bestickt; aus gewebtem Stoff (Süd- und Osteuropa)
Klips-Ohrringe, möglichst kreisförmig (Südeuropa)
breite Stoffstreifen, einfarbig, als Taillenband
Mützen, Hüte, Käppchen, Berets aus verschiedenen Ländern
Schürzen

F. Feste und Feiern

Illustration: Griechische Volkskunst

Einführung: Feste und Feiertage – Bekanntes und Unbekanntes

Mit diesem Kapitel über kulturspezifische Feste und Feiern möchten wir neue Akzente speziell für national gemischte Kindergruppen setzen; eine Akzentverschiebung und nicht ein Überangebot ist uns dabei wesentlich.

Neben den für Kinder bestimmten Materialien (Lieder, Spiele, Erzählungen usw.) haben wir auch verschiedene Informationen und Berichte über kulturspezifische Traditionen zusammengestellt. Zum Thema „Islam“ wurde ein längerer Exkurs hinzugefügt, da hier erfahrungsgemäß Informationslücken bestehen, die bei der Betreuung islamischer Kinder problematisch sein können. Die für deutsche Erzieher und Lehrer bestimmten kulturkundlichen Informationen und Berichte können natürlich auch – bei entsprechender Umsetzung – Kindern „erzählt“ werden.

Für die hier vorgenommene Auswahl waren zwei Festarten maßgeblich:

1. Die großen christlichen Feiern, die hier in Kindergärten und Schulen gefeiert werden. Wie können ausländische Kinder bei diesen Feiern berücksichtigt werden? Z. B.
   - Lieder und Brauchtum aus verschiedenen Ländern
   - ein Bericht über Möglichkeiten, türkische Kinder aus islamischen Familien zur Weihnachtszeit einzubeziehen
   - eine Erzählung über den sehr profanen „Einkaufs-Streß“ – denn, auch das ist Weihnachten.
2. Kulturspezifische Feste und Feiern. In den Herkunftsländern ausländischer Familien werden viele Feste und Feiertage gefeiert, die wir hier nicht kennen und die für Migrantenfamilien eine besondere Bedeutung haben. In jedem Land und in jeder Religion gibt es zahlreiche kulturspezifische Feste. Aus dieser Vielfalt haben wir nur die in den sechs Ländern bedeutendsten Feiern ausgewählt, denn dies sind meist auch Feste, bei denen Kinder dabei sind. Voraussetzung für das Feiern kulturspezifischer Feste ist immer die Zusammenarbeit mit ausländischen Eltern – dies betrifft die Auswahl, Planung und Ausgestaltung der Feste.

Zur Orientierung haben wir eine kalendarische Übersicht verschiedener Feste und Feiertage zusammengestellt. Dieser Kalender ist jedoch nur eine Informationsgrundlage. Grundsätzlich sollte in multinationalen Kindergruppen ein der Zusammensetzung der Gruppen entsprechender Jahreskalender gemacht werden.

In diesen Kalender können folgende Daten eingetragen werden:

- Feste aus unserem Kulturkreis, die besonders gefeiert werden,
- Geburtstage der Kinder, und eventuell auch Namenstage bei jenen Nationalitäten, in denen der Namenstag ebenso wichtig oder sogar wichtiger ist als der Geburtstag,

- Feste der Herkunftsländer – in Absprache mit den Eltern und unter Einbeziehung von Hintergrundinformationen.

Pädagogen sollten auch Bescheid wissen über Familienfeiern, die für ein Kind eine besondere Rolle spielen. Dazu gehören z. B. Beschneidungsfest der Jungen (in der Türkei), Taufen, Kommunion, Hochzeiten, Begräbnisse.
Wir bedanken uns bei folgenden Personen für wertvolle Hinweise zu den Festen: Pater Apostolos Malamousis für ein informatives Gespräch zur Bedeutung des griechischen Osterfestes; Vlasta Bukvić Meichelböck für kulturkundliche Hinweise und Übersetzungshilfen aus dem Serbokroatischen; Lâtife Summerer für einen aufschlußreichen Praxisbericht; Domna Valakas Steininger für kulturkundliche Berichte zu Weihnachten, Neujahr und Ostern in Griechenland; Hayriye Yavuz für die Übermittlung und Übersetzung des türkischen Liedes „Oynaya".

Feste und Feiertage in den Herkunftsländern

Folgende Übersicht enthält nur die bekanntesten Feste in den Herkunftsländern.
Weitgehend unberücksichtigt bleiben regionale Feste sowie Feste der Schutzpatronen und Ortsheiligen, wie z. B.

in Serbien (Jugoslawien) der Tag des Hl. Lazar (28. Juni),
in Spanien Petrus und Paulus (29. Juni),
in Italien der Tag des Hl. Franziskus (Oktober, beweglich),
in der Türkei Hidirellez (6. Mai).

Ebenso ausgeklammert haben wir – bis auf wenige besonders markante Ausnahmen – politisch-historische Feiertage, denn erstens hätte eine solche Aufzählung den Rahmen jeder pädagogischen Praxis gesprengt und zweitens ist die Gewichtung vieler nationaler Gedenktage vom jeweiligen politischen System im Herkunftsland und von der jeweiligen politischen Gruppierung der Migranten abhängig.

Für weitere Tabellen vgl. Akpinar, Ünal/Zimmer, Jürgen (Hrsg.): Von wo kommst'n du? Interkulturelle Erziehung im Kindergarten, Band 2, München: Kösel 1984, S. 65–69.
Franger, Gaby/Kneipp, Hubert (Hrsg.): Miteinander leben und feiern. Ausländische und deutsche Kinder feiern Feste. Frankfurt: Dağyeli 1984, S. 324 f.

Kalender der Feste und Feiertage in den Herkunftsländern

Datum	Land	Hinweise
1. Januar	Wird in allen sechs Ländern gefeiert	In Jugoslawien: „Tag der Kinderfreuden" (siehe S. 190) In Griechenland: St. Vassilius-Tag und Neujahr (siehe S. 194)
6. Januar	Spanien Portugal Italien Griechenland	„Heilige Drei Könige". In Spanien erhalten die Kinder an diesem Tag Geschenke. In Italien kommt die „Befana" (siehe S. 188). In Griechenland: „Theophania" – Taufe Christi: unter anderem Kalanda-Singen und an den Meeresküsten Tauchen nach dem Heiligen Kreuz.
Februar Fasching (beweglich)	In christl. Ländern bekannt, besondere Feiern in einigen kath. und orthod. Regionen	In kath. und orthodoxen Gebieten Jugoslawiens wird besonders an den beiden letzten Tagen ausgelassen gefeiert. In Griechenland wird besonders am „Großen Montag" mit Maskeraden und Vergnügungsausflügen gefeiert.
8. März	Jugoslawien	Internationaler Tag der Frauen (siehe S. 221)
19. März	Spanien Italien	Josephstag, wird in Spanien und Italien auch als Vatertag gefeiert.
23. April	Türkei	„Çocuk Bayramı" – Kinderfest (siehe S. 215).
Ostern (beweglich) März, April oder Mai	In allen christlichen Ländern ein wichtiger Feiertag	In Griechenland: Anderes Datum als bei uns und besondere Bedeutung (siehe S. 199).
1. Mai	international	Der internationale Tag der Arbeit wird mit unterschiedlicher Gewichtung gefeiert, z. B. in Jugoslawien 2 Tage lang. In der Türkei seit 1980 als Feiertag abgeschafft.
Mai der erste Sonntag	Bekannt in Spanien Portugal Griechenland Italien Türkei	Muttertag (siehe S. 219). In Spanien wurde der Muttertag ursprünglich am 8. Dezember (Maria Empfängnis) gefeiert, jetzt jedoch auch im Mai Muttertag in Jugoslawien (siehe S. 221).

Datum	Land	Hinweise
Mai oder Juni (beweglich, 1987: 28. 5.)	Türkei	„Şeker Bayramı" – Zuckerfest (siehe S. 224).
15. August	Italien Griechenland Spanien Portugal	Der Tag „Mariä Himmelfahrt" ist in allen katholischen und orthodoxen Ländern bzw. Regionen ein wichtiger Feiertag. In Italien wird er auch als „Ferragosto" groß gefeiert.
Juli oder August (beweglich, 1987: 6. 8.)	Türkei	„Kurban Bayramı" – Opferfest (siehe S. 227).
29./30. November	Jugoslawien	Tag der Republik (siehe S. 228).
25./26. Dezember	Italien Spanien Portugal Griechenland Jugoslawien	Weihnachten (siehe S. 198) Die orthodoxen Christen Jugoslawiens feiern Weihnachten noch nach dem Julianischen Kalender am 6./7. Januar.

1. Weihnachten

Weihnachten ist für viele Familien nicht primär ein religiöses Fest, sondern ein ausgedehnter Einkaufs-Streß. Dieser weihnachtliche Konsum- und Geschenkzwang ist das Thema einer humorvollen Erzählung von *Tilde Michels.* Diese Geschichte läßt sich gut in ein kleines Theaterstück umsetzen: Die Kinder können Tische mit „Sonderangeboten" und besonderen „Kostbarkeiten" aufbauen und verrückte Werbespots dazu ausrufen. Ein Kind (oder mehrere) kann dann den hilflosen Kunden spielen, der von allen Seiten „bearbeitet" wird. Wir denken, das Spiel zu diesem Thema ist für Kinder aufschlußreicher als ein Gespräch mit erhobenem Zeigefinger.

Erzählung – Weihnachten – Deutschland

Der Weihnachtseinkauf

Da war ein Mann, der seine Frau sehr liebte. Als Weihnachten vor der Tür stand, ging er in die Stadt, um ein Geschenk für sie zu kaufen. Er wollte nicht fragen: was wünschst du dir? Es sollte eine Überraschung sein. Aber er wußte nicht, was er kaufen sollte.

Deshalb ging er zuerst in ein Warenhaus. Er dachte: da gibt es alles. Ich werde mich umsehen, was andere Frauen kaufen. Gleich hinter der Eingangstür war ein Tisch mit Pullovern. Ein Schild schaukelte darüber

UNSER WEIHNACHTSSCHLAGER!
SPOTTBILLIG!

Da kauften die Frauen wie wild. Sie zogen und zerrten und grapschten und rissen und wühlten und fischten in dem Pulloverberg nach dem schönsten und spottbilligsten.

Der Mann sah sich weiter um. An einem anderen Tisch gab es Perücken. Dort saßen die Frauen vor Spiegeln und stülpten die falschen Haare auf ihre Köpfe. Blonde Haare, braune Haare, rote Haare, schwarze Haare, gescheckte Haare, kurze Haare, Ponys und lange Strähnenhaare.

WECHSELN SIE MAL IHREN TYP!

stand auf einem Schild. Und die Frauen probierten eine Perücke nach der andern und wechselten ihren Typ.

Der Mann dachte: Ich will mich lieber nicht danach richten, was andere kaufen. In der nächsten Abteilung fragte er die Verkäuferin: „Was gibt es hier bei Ihnen?"

Die Verkäuferin: Nachthemden
Der Mann: Ich möchte vielleicht ein Nachthemd für meine Frau.
Die Verkäuferin: Welche Größe?
Der Mann: So ungefähr wie Sie.
Die Verkäuferin: Also Größe 42. – Und welche Qualität?
Der Mann: Was gibt es denn so?
Die Verkäuferin: Perlon, Nylon, Baumwolle, Rayon, Flanell, deutscher Batist, schweizer Batist, Mischgewebe oder reine Seide.

Der Mann kannte sich in Stoffen nicht aus. „Lieber nicht", sagte er. „Ich will nichts Falsches kaufen."

Mit der Rolltreppe fuhr er durch vier Stockwerke. Einen Teppich? Einen neuen Kühlschrank? Einen anderen Fernseher?

Der Mann dachte: Wozu? Unsere Sachen sind noch sehr gut. Und er verließ das Warenhaus. Die Auslage eines Juweliergeschäfts zog ihn an. Das wär was, dachte er.

„Was darf es sein?" fragte der Juwelier. „Ein Ring, eine Halskette, eine Armbanduhr?"

Der Mann: Vielleicht eine Armbanduhr.
Der Juwelier: Soll es etwas Modisches in Silber sein? Oder etwas Wertbeständiges in Gold, Weißgold oder Platin?
Der Mann: Vielleicht Gold.
Der Juwelier: Mit Brillanten?
Der Mann: Vielleicht ohne.
Der Juwelier: Und welche Form, bitte? Rund? Eckig? Oder die hochaktuelle ovale Form?
Der Mann: Sie sind alle sehr schön.
Der Juwelier: Ziehen Sie ein weißes Zifferblatt vor, oder ein schwarzes? Es gibt auch farbige. Wobei ich allerdings bemerken möchte: damit ist die Frau Gemahlin mehr gebunden. Bei einem farbigen Zifferblatt kommt man nicht ohne Zweituhr aus.

Als er „Zweituhr" hörte, verließ der Mann den Juwelierladen.

Aus einem Feinkostgeschäft kam ihm der Duft von feinen Gewürzen und gebratenem Fleisch in die Nase. Das ist es! dachte er. Ich werde meiner Frau ein paar Delikatessen mitbringen. Dann braucht sie nicht zu kochen und hat Feiertag. Der Mann war froh, daß ihm so etwas Vernünftiges eingefallen war. Hinter dem Glas der Theke lagen schön angerichtet Lachs, Kaviar, Krebsschwänze, Putenbrust, Pasteten, Artischockenherzen. Davor standen die Leute dicht gedrängt in fünf Reihen. Was für gierige Augen sie machen! dachte der Mann. Sie verschlingen alles. Sie haben Angst, daß ein anderer zuvorkommt. Und die Lust auf Delikatessen war ihm vergangen.

Er überquerte den Platz mit dem Fischbrunnen und ging in ein Kaffeehaus, denn er brauchte eine Stärkung. Im Kaffeehaus herrschte Hochbetrieb. Nur an einem kleinen Seitentisch war noch ein Stuhl.

„Gestatten Sie?" fragte er die Dame, die schon an dem Tisch saß. Die Dame blickte auf. Es war Alice, seine eigene Frau. „Hallo, Du bist in der Stadt!" sagte der Mann, und er freute sich.

Alice: So ein Zufall!
Der Mann: Ein glücklicher Zufall. Ich bin nämlich in Not.
Alice: Weshalb?
Der Mann: Ich will es lieber nicht sagen.
Alice: Ich weiß es auch so.
Der Mann: Ich wäre jetzt nach Hause gefahren – ohne Weihnachtsgeschenk. Jetzt können wir zusammen gehen.
Alice: Der Trubel wird nicht besser, wenn man zu zweit ist.
Der Mann: Aber dann habe ich ja nichts für Dich.
Alice: Gar nichts?
Der Mann: Nein. Ich kann doch nicht einfach ...
Alice: Was?
Der Mann: Ich kann doch nicht einfach den Christbaum anzünden und sagen: Alice, ich hab Dich lieb.

Da lachte ihn Alice an und sagte: „Das ist doch mal was anderes, und außerdem ... ist das so wenig?"

Tilde Michels

Quelle: Tilde Michels: Das alles ist Weihnachten. dtv junior 7149. München: Deutscher Taschenbuch Verlag 1972[2], S. 76–80.

Türkische Kinder und deutsche Weihnachten

Die große Mehrheit der türkischen Bevölkerung in der Bundesrepublik Deutschland bekennt sich zum islamischen Glauben, und der wichtigste Glaubenssatz des Islams ist die Lehre von *einem* einzigen unteilbaren Gott. Jesus als Sohn Gottes zu ehren ist für Muslims eine Gotteslästerung. Nach islamischer Überlieferung war Jesus ein Prophet und Lehrer – wie Abraham und Moses vor ihm. Auch Mohammed (Prophet des Islams und Verkünder von Gottes unverfälschtem Wort) ist ein Mensch – wie Jesus.

Unser Weihnachtsfest kann also für muslimische Eltern und Kinder durchaus befremdend sein. Türkische Familien sollten in der Weihnachtszeit nicht einfach übergangen werden, sonst besteht die Gefahr, daß türkische Kinder beim Fest und während der umfangreichen Vorbereitungen nicht wissen wo sie „hingehören". Der erste Schritt in Richtung Verständigung ist natürlich das Gespräch mit türkischen Eltern über Weihnachten:

- über die Bedeutung des Festes innerhalb der christlichen Tradition,
- über geplante Tätigkeiten in der Kindergruppe und über konkrete Bemühungen, türkischen Kindern in der Gruppe Weihnachten so zu vermitteln, daß sie sich als Muslime fühlen und doch am Fest teilhaben können.

Gerade um die Weihnachtszeit sollten für türkische Kinder (und Eltern) in der Gruppe „Brücken" gebaut werden.

Dazu einige Themenschwerpunkte und Aktivitäten zur Weihnachtszeit, die zur Verständigung zwischen den Kulturen beitragen können:

- Weihnachten kann türkischen Kindern als Feier zur Geburt des Propheten und Lehrers Jesus vermittelt werden. Auch im Islam wird der Geburtstag des Propheten Mohammed gefeiert. Aber für Christen habe Weihnachten eine besondere Bedeutung, da Christus die Offenbarung sei – wie der Koran für Muslime.
- Weihnachten als Fest des Lichts und des Friedens
  Weihnachten wird in der dunklen, kalten Jahreszeit gefeiert. Am 21. Dezember ist der kürzeste Tag des Jahres. Schon in vorchristlicher Zeit wurde der kürzeste Tag im Jahr als „Wende" für neues Licht und Leben gefeiert.
  Sterne und Kerzen sind Symbole des Lichts.
- In einer national gemischten Kindergruppe lernen die Kinder vielleicht Weihnachtslieder in verschiedenen Sprachen (Italienisch, Spanisch, Griechisch usw.). Es könnte zur Weihnachtszeit auch ein türkisches *Hirtenlied* (vgl. S. 95) gesungen werden. Hirten sind in der Türkei traditionsreiche Figuren, die geehrt werden.
- Den Kindern kann vermittelt werden, daß islamische Feiertage in der Kindergruppe ebenfalls gefeiert werden.
- Was gehört zu einem (großen) Fest:
  - ○ besondere Vorbereitungen, Vorfreude
  - ○ zusammenkommen, zusammen feiern
  - ○ sich vertragen (bei islamischen Festen ist die Versöhnung und das Beilegen von Streitigkeiten ein wichtiges Gebot)
  - ○ Festessen, besondere Speisen und Süßigkeiten
  - ○ Musik, Tanz, Spiel
  - ○ Geschenke
  - ○ besondere Dekoration, Schmuck, Kleidung für das Fest
  - ○ eine Festrede.

Weihnachten und Neujahr in Griechenland

In Griechenland liegen vor dem Weihnachtsfest nicht – wie bei uns – vier Wochen Adventszeit, sondern etwa 20 Tage des Fastens, die jedoch nicht so bedeutungsvoll wie die vorösterliche Fastenzeit sind.

Am 24. Dezember gehen viele Kinder als Kalanda-Sänger von Haus zu Haus. Nachts besucht nahezu die ganze Familie die mitternächtliche Weihnachtsmette.

Seit etlichen Jahren hat es sich in vielen griechischen Familien eingebürgert, einen Weihnachtsbaum mit bunten Girlanden, Kugeln und Kerzen zu schmücken. Früher war der übliche Weihnachtsschmuck ein Boot (in Form eines altgriechischen Segelschiffes), das bis über Neujahr hinaus stehenblieb und auch als Straßenschmuck zu sehen war.

In manchen griechischen Familien ist man nun auch dazu übergegangen, sich bereits am Heiligen Abend gegenseitig Geschenke zu überreichen. Früher war es jedoch so – wie es in ländlichen Gebieten auch jetzt noch üblich ist –, daß die Kinder ihre Geschenke in der Nacht vom 31. Dezember zum 1. Januar bekamen.

Der 1. Januar ist auch heute noch in doppelter Hinsicht ein wichtiger Tag: Er ist der erste Tag im neuen Jahr und er ist der Tag des Heiligen Vassilius.

St. Vassilius lebte im 4. Jahrhundert als Bischof in Kleinasien und wird wegen seiner Mildtätigkeit und seiner Freundlichkeit Armen gegenüber sehr verehrt.

In vielen Familien wird zu seinem Andenken ein Hefekuchen – Vassilopitta – gebacken. In diesem Kuchen ist eine Münze versteckt. Die Pitta wird in der Nacht zum 1. Januar oder am Morgen im Beisein der ganzen Familie angeschnitten und aufgeteilt: Das erste Stück ist für das Haus (die Wohnung) gedacht, das zweite für das Vieh im Stall (falls vorhanden), das dritte Stück erhält der Älteste (die Älteste) der Familie und so fort. Auch ein Fremder, der eventuell als Gast kommen könnte, wird mitbedacht. Derjenige, der in seinem Kuchenstück die Münze findet, hat im kommenden Jahr besonders viel Glück.

Diesem Brauch liegt die Legende vom Hl. Vassilius zugrunde, von der mehrere Abwandlungen zu hören sind. Eine lautet so:

> Zu Lebzeiten des Hl. Vassilius war das Volk mit hohen Steuern belastet. Die Armen gingen zu ihrem Bischof Vassilius und klagten ihm ihr Leid. Er bat sie, ihm alle ihre kleinen Wertsachen, wie Eheringe oder Familienschmuck zu bringen. Diese gesammelten Gegenstände überreichte der Bischof anstelle der Steuer dem Präfekten. Als dieser all die kleinen familiären Kostbarkeiten sah, erkannte er, wie arm die Bevölkerung sein mußte, und ließ alles zurückgeben. Aber der Hl. Vassilius konnte sich nicht erinnern, welche Gegenstände er von wem erhalten hatte. So kam er auf den Gedanken, sie in süße Brote zu verstecken, die er in der Bevölkerung verteilen ließ. Und wunderbarerweise erhielt jedermann seinen eigenen kleinen Wertgegenstand zurück.

Generell wird in Griechenland der *Namenstag* eines Kindes größer gefeiert als der Geburtstag. Am Tag des Hl. Vassilius werden jedoch nicht nur die Kinder seines Namens oder mit dem Namen Vassiliki (weibliche Form) beschenkt, sondern jedes Kind erhält Geschenke. In manchen Gegenden Griechenlands ist es üblich, daß die Kinder am Abend vorher ihre Schuhe bereitstellen, und am nächsten Morgen sind sie mit Trockenobst, Nüssen und Süßigkeiten gefüllt. Es heißt, der Hl. Vassilius hätte die Geschenke gebracht.

Weitere Neujahrsbräuche in Griechenland

So wie zu Weihnachten gehen am Tag vor dem 1. Januar Kinder von Tür zu Tür, um Neujahrslieder und das Lied vom Hl. Vassilius zu singen, dafür erhalten sie kleine Geschenke. Auch in der Familie werden diese Lieder gesungen (siehe S. 194).

Am 1. Januar werden viele Besuche gemacht und man wünscht sich gegenseitig ein gutes Jahr: „Kali Chronia!"

Vielen Erwachsenen macht es Spaß, die Zukunft zu deuten: Im Kartenspiel oder einem anderen Spiel stellt man fest, wer besonders viel Glück haben wird; oder man bricht einen Granatapfel auf, z. B. indem er gegen eine Tür geworfen wird. An der Art, wie die Kerne zu liegen kommen, versucht man, die Zukunft zu erkennen.

In vielen griechischen Familien ist es üblich, den Tisch am 31. Dezember und am 1. Januar üppig zu decken, z. B. mit mindestens neun verschiedenen Speisen.

Auch das frische Wasser spielt eine Rolle. So werden Krüge und Flaschen mit frischem Wasser gefüllt oder in der Nacht zum neuen Jahr werden kurzfristig alle Wasserhähne geöffnet, so daß das Wasser ungehindert fließen kann.

Hinter diesen Brauchtümern liegt der Wunsch, es möge auch im kommenden Jahr – wenn nicht gerade im Überfluß – so doch genug zu essen und zu trinken geben.

Weihnachten in Italien

Il Presepio (Die Krippe)

Die Krippe ist Mittelpunkt des italienischen Weihnachtens und fehlt in kaum einer Familie. Die Krippen werden sehr detailliert ausgeschmückt und nehmen meist umfangreiche Dimensionen an – im Süden werden sie oft zu ganzen Landschaften ausgebaut, mit Moos, Steinen, Sternen aus Glanzpapier und sogar zirkulierenden Wassersystemen. Neben den zentralen Krippenfiguren – Maria, Joseph und Jesus, die Stalltiere, die Hirten und die Schafe, die 3 Könige und die Kamele – erscheinen oft Fischer, Schlosser, Waschfrauen und andere Berufsgruppen. Die Figuren aus Ton, Terracotta, Gips oder Plastik werden meist in kleinen Höhlen gruppiert. Unter Kindern werden die Figuren oft als Tauschobjekte verwendet. Es sind auch meistens die Kinder, die die Krippe aufstellen – manchmal fangen die Vorbereitungen dazu Wochen vorher an. Die drei Könige werden erst am 6. Januar hinzugefügt.

Über die Entstehungsgeschichte der italienischen Krippe schreibt *G. Franger* (1984, S. 106): Der Brauch, eine Krippe aufzubauen, stammt aus der Zeit Franz von Assisis. Er baute in der Heiligen Nacht 1223 eine Hütte, stellte einen Ochsen und Esel an die Futterkrippe und betete, daß Jesus vom Himmel herunter käme. Sein Gebet wurde erhört und Jesus erschien als kleines Kind auf dem Stroh in der Futterkrippe. Die Legende berichtet, daß jeder, der das Stroh dieser Krippe berührte, von allen Krankheiten geheilt wurde.

Auch in den Kirchen werden große Krippen aufgebaut. Nach der Mitternachtsmesse am Heiligen Abend, die meist von allen Familienmitgliedern besucht wird, küßt jeder die Krippe, bevor er nach Hause geht.

Weitere italienische Weihnachtsbräuche

Die Rituale des Feierns unterscheiden sich im Detail von Region zu Region.

- In den Dörfern der Abruzzen wird z. B. der größte Olivenbaum der Gegend vor Weihnachten gefällt und für das Feuer in den offenen Kaminen des Wohnzimmers am Heiligen Abend bereitgehalten.
- Zwischen Rom und Neapel wird der *chiarastelle*, ein großer Stern aus Pappe über eine kleine beleuchtete Krippe, durch Jungen von Haus zu Haus getragen. Sie singen Weihnachtslieder und sammeln Geld für arme Kinder.
- In der Kirche werden oft die Weihnachtslieder von Dudelsackpfeifern *(Zampognari)* gespielt – Hirten aus den Abruzzen und Kalabrien in traditionellen Kostümen.
- Beim Kirchgang zur Christmette um Mitternacht wird meist eine brennende Kerze in der Hand gehalten.
- Zum traditionellen Weihnachtsgebäck gehören: *Torrone* (ein turmförmiges Krokant aus Honig, Mandeln und Eiweiß) und *Panettone* (vgl. nachfolgendes Rezept).

Panettone (Rosinenbrot)

Italienisches Weihnachtsgebäck, das zwischen Weihnachten und Neujahr als Dessert serviert wird.

Zutaten:
500 g Mehl
20 g Hefe
1/2 l lauwarmes Wasser
abgeriebene Schale einer halben, unbehandelten Zitrone
125 g Zucker
125 g Butter
6 Eidotter
1/2 Tl. Salz
50 g Zitronat
50 g Orangeat
100 g Sultaninen (oder 50 g Korinthen, 50 g Sultaninen)

Mehl, Hefe, Wasser, Zitrone, Zucker, Butter, Eidotter und Salz zu einem Hefeteig gut durchkneten, bis er seidig glänzt. 1 bis 2 Stunden gehen lassen. Zitronat, Orangeat und Sultaninen dazu verkneten. Den Teig in eine hohe, runde Springform füllen, die gut ausgefettet und ausgebröselt ist. Den Teig noch einmal gehen lassen. In die Oberfläche eine Kreuzform einschneiden. Ca. 50 Minuten in einem vorgeheizten Ofen auf 180 °C backen. Nach etwa einer halben Stunde Backzeit zwei- oder dreimal mit zerlassener Butter bestreichen. Der ausgekühlte Panettone wird mit Zuckerguß überzogen und meist mit kandierten Früchten dekoriert.

La Befana – Italien

Illustrator unbekannt

Auszählreim:

La Befana vien di notte
con le scarpe tutte rotte
con le toppe alla sottana
brutta e sporca
la Befana.
Un, due, tre
tocc'à te.

La Befana kommt in der Nacht
mit den roten Schuhen
mit geflickten Röcken
häßlich und schmutzig
la Befana.
Eins, zwei, drei,
du bist frei.

La Befana ist eine liebe, alte Hexenfigur, die italienischen Kindern Geschenke bringt (traditionsgemäß am 6. Januar, in letzter Zeit zunehmend am Heiligen Abend).

Am Abend stellen die Kinder ihre Schuhe aus oder hängen ihre Strümpfe vor den Kamin. La Befana fliegt von Dach zu Dach und tritt in das Haus durch den Schornstein ein. Bei den „artigen" Kindern hinterläßt sie kleine Geschenke – Süßigkeiten, Kekse in Tierform, selbstgemachte Spielsachen –, bei den „unartigen" einen Klumpen Kohle (oder im Süden *pomodori di pennula* – kleine Wintertomaten).

Die Legende der Befana gleicht der Geschichte der russischen Babuschka: Nach der Verkündigung der Geburt Jesu durch die Hirten machte La Befana sich nicht eilig genug auf den Weg zur Krippe. Weil sie zu spät war, verpaßte sie den Stern und seitdem irrt sie in der Welt herum auf der Suche nach dem Christkind. Sie hinterläßt in jedem Haus Geschenke in der Hoffnung, daß das Christkind dort zu finden ist.

La Befana selbermachen

La Befana läßt sich als Puppenfigur gut herstellen – als Handpuppe, Stehpuppe, Marionette, Fingerpuppe usw. (vgl. entsprechende Werkbücher für gewünschte Puppenart).

Wichtig sind folgende Merkmale:

- ein Besenstiel
- ein Sack
- Flicken an der Kleidung
- Kopftuch oder spitzer Hut

Lied – Neujahr – Jugoslawien (serbokroatisch)

Deda Mraz (Vater Frost)

Bela kosa, duga brada,
topla bunda, puni koš.
Već je doš'o među nas,
dragi deda, deda Mraz.
Već je deda, deda Mraz.

Frule, lopte, slike, knjige,
lutke, sanke, lepi bor.
Sve to nosi on za nas,
dobri deda, deda Mraz.

Weiße Haare, langer Bart,
warmer Mantel und voller Korb.
Er ist zu uns gekommen,
der liebe Vater, Vater Frost.
Er ist gekommen, Vater Frost.

Flöten, Bälle, Bilder, Bücher,
Puppen, Schlitten, Tannenbaum.
All das hat uns mitgebracht,
der lieber Vater, Vater Frost.

Am „Tag der Kinderfreuden“ (1. Januar) wird den jüngeren Kindern erzählt, daß die Geschenke unter dem Tannenbaum (der in der Familie erst an Silvester aufgestellt wird) vom Deda Mraz (Vater Frost) gebracht werden. Deda Mraz ist eine gütige Figur mit roter Kapuze, langen roten Roben und weißem Bart.

An diesem Tag besuchen Kinder ihre Mutter am Arbeitsplatz, wo sie von Deda Mraz beschert werden. In den Schulen ist es üblich, daß die Kinder untereinander kleine Geschenke austauschen oder den Lehrer beschenken.

Lied – Weihnachten – Jugoslawien (serbokroatisch)

Oj pastiri (Horcht, Ihr Hirten)

Oj pastiri, čudo novo,
Jeste li ikad vidjeli ovo:
U jaslici prostoj
Rodio se Bog
Na slamici oštroj
Radi puka svog
Na slamici oštroj
Radi puka svog.

Horcht, Ihr Hirten,
Habt Ihr das je gesehen:
In einer Futterkrippe
Wurde Gott geboren
Im prickelnden Stroh
Der Menschheit wegen
Im prickelnden Stroh
Der Menschheit wegen.

Lied – Weihnachten – Jugoslawien (slowenisch)

Tiha noč (Stille Nacht)

Tiha noč blažena noč
Vse že spi; je pol noč
Gleg Marizjo z Jožefom tam
V hlezcu varje detece nan.

Spavaj dete slatko
Spavaj dete slatko.

Stille Nacht, selige Nacht
Alles schläft; es ist Mitternacht.
Seht dort Maria und Joseph
Das Kindlein ist im Stall geboren.

Schlaf', liebes Kind
Schlaf', liebes Kind.

Lied — Weihnachten — Griechenland

Kalanda Christujenon (Weihnachtslied)

Kalin esperan archontes,
an in -an ine orismos sas,

Christu tin thian jenisin
na po, na po st'archondiko sas.

Christos jenate simeron
en wi- en withleem ti poli.

I urani agalonde
cheri, cheri i ktisi oli.

En to spileo tiktete
en fa- en fatni ton aloghon,

O wasilefs ton uranon
ke pi- ke piitis ton olon.
Plithos aghelon psalussi
to „Dho- to Dhoksa en ipsosti."

Ke tuto aksion essti
i ton, i ton pimenon pistis.

Ek tis Persias erchonde
tris Ma- tris Maji me ta dhora.

Astron lambron tus odhiji
choris, choris na lipsi ora.

Καλήν εσπέραν άρχοντες,
αν ειν -αν είναι ορισμός σας.

Χριστού την θείαν γέννησιν
να πω, να πω στ'αρχοντικό σας.

Χριστός γεννάται σήμερον
εν βη- εν βηθλεέμ τη πόλει.

Οι ουρανοί αγάλλονται
χαίρει, χαίρει η κτίσις όλη.

Εν τω σπηλαίω τίκτεται
εν φα- εν φάτνη των αλόγων,

Ο βασιλεύς των ουρανών
και ποι- και ποιητής των όλων.
Πλήθος αγγέλων ψάλλουσι
το „Δό- το Δόξα εν υψίστοις."

Και τούτο άξιον εστί
η των, η των ποιμένων πίστις.

Εκ της Περσίας έρχονται
τρεις Μά- τρεις Μάγοι με τα δώρα.

Άστρον λαμπρόν τους οδηγεί
χωρίς, χωρίς να λείψη ώρα.

Guten Abend, Ihr Herren, wenn Ihr erlaubt,
so wollen wir Christus' göttliche Geburt
in Eurem herrschaftlichen Haus besingen.

Heute wird Christus geboren in Bethlehem.
Die Himmel jubeln, die ganze Schöpfung freut sich.

In einer Höhle wird er geboren, in einer Pferdekrippe,
der Himmelskönig und Schöpfer des Weltalls.

Eine Engelsschar singt: Ehre sei Gott in der Höhe,
und groß ist der Glaube der Hirten.

Aus Persien kommen drei Könige mit Geschenken,
ein strahlender Stern führt sie, ohne aufzuhören.

Das Singen dieses Weihnachtsliedes – man kennt es in ganz Griechenland – ist mit einem bestimmten Brauch verbunden: Innerhalb ihrer Nachbarschaft gehen die Kinder am 24. Dezember von Tür zu Tür, klopfen an und singen das Lied. Als Dank erhalten sie etwas Geld oder Süßigkeiten.

Lied – Neujahr – Griechenland

Pai o palios o chronos (Das alte Jahr ist vorüber)

Pai o palios o chronos
as jiortasume pedhia
ke tu chorismu o ponos
as kimate stin kardhia.

Kali chronia, kali chronia
charumeni chrisi protochronia.

Jere chrone fije tora
pai i dhiki su i sira
irth' o neos me ta dhora
me tragudhia, me chara

Kali chronia, kali chronia
charumeni chrisi protochronia.

Ma ki an fijis makria mas
stin kardhia mas panda si
kathe lipi ke chara mas
pu perasame masi.

Kali chronia, kali chronia
charumeni chrisi protochronia.

Πάει ο παληός ο χρόνος
ας γιορτάσουμε παιδιά
και του χωρισμού ο πόνος
ας κοιμάται στην καρδιά

Καλή χρονιά, καλή χρονιά
χαρούμενη χρυσή πρωτοχρονιά.

Γέρε χρόνε φύγε τώρα
πάει η δική σου η σειρά
ηρθ'ο νέος με τα δώρα
με τραγούδια, με χαρά.

Καλή χρονιά, καλή χρονιά
χαρούμενη χρυσή πρωτοχρονιά.

Μα κι αν φύγης μακρυά μας
στην καρδιά μας πάντα ζη
κάθε λύπη και χαρά μας
που περάσαμε μαζί.

Καλή χρονιά, καλή χρονιά
χαρούμενη χρυσή πρωτοχρονιά.

Das alte Jahr ist vorbei,
laßt uns feiern, Kinder.
Und laßt uns den Abschiedsschmerz
in unseren Herzen beiseite legen.

Gutes Jahr, gutes Jahr
fröhliches, goldenes Silvester.

Altes Jahr gehe jetzt fort,
du bist am Ende.
Das Neue Jahr steht mit Geschenken,
Liedern und Freude vor der Tür.

Gutes Jahr, gutes Jahr
fröhliches, goldenes Silvester.

Aber, wenn du auch weit fort bist,
lebt in unserem Herzen
die gemeinsam erlebte
Trauer und Fröhlichkeit.

Gutes Jahr, gutes Jahr
fröhliches, goldenes Silvester.

Lied – Weihnachten – Italien

Dormi Gesù (Schlafe, Jesu)

Dormi Gesù, dormi seren,
tutto è pace in torno a Te
i pastori Ti stanno a guardar,
son felici e lo sanno perchè.
Oggi è sceso l'amore
oggi è nato Gesù.

Schlafe, Jesu, schlafe selig,
Alles ist Frieden um Dich.
Die Hirten behüten Dich,
Sie sind froh und wissen, warum.
Heute kam die Liebe auf die Erde,
Heute wurde Jesu geboren.

Lied – Weihnachten – Spanien

Arre, borriquito (Hopp, Eselchen)

Arre, borriquito,
arre, burro, arre;
arre, borriquito
que ılegamos tarde.
Arre, borriquito,
vamos a Belén,
que mañana es fiesta
y el otro también.

Hopp, Eselchen,
hopp, Esel, hopp;
hopp, Eselchen
wir sind schon spät.
Hopp, Eselchen,
nach Bethlehem,
denn morgen ist die Feier
und übermorgen auch.

Ein traditioneller Kniereiterreim (wie Hoppe, hoppe Reiter), der auch als Weihnachtslied gesungen werden kann.

Lied — Weihnachten — Portugal

Beijai o Menino (Küßt das Kind)

Beijai o menino*
Beijai-o agora
Beijai o menino
De nossa Senhora

Beijai o menino
Beijai-o no pé
Beijai o menino
De São José

Küßt das Kind,
küßt es nun,
küßt das Kind
der Heiligen Maria.

Küßt das Kind,
küßt es auf den Fuß,
küßt das Kind
des Heiligen Joseph.

* menino: hier ist das Jesukind gemeint

2. Ostern

In diesem Abschnitt nehmen Materialien aus Griechenland den größten Raum ein, denn das griechisch-orthodoxe Osterfest weicht nicht nur in seinen Daten (vgl. S. 201) von dem unserigen ab, sondern auch in seiner Prachtentfaltung und seiner Bedeutung. Für griechische Familien ist Ostern das größte Fest des Jahres.

Wir haben versucht, im Materialangebot verschiedene Ebenen zu berücksichtigen: Informationen, Erfahrungsberichte und Materialien für die Kindergruppe und für die Elternarbeit. So kann z. B. der Erinnerungsbericht der griechischen Mutter als Anregung verstanden werden, „eigene" Eltern erzählen zu lassen.

Informationen aus anderen südeuropäischen Ländern, in denen vor allem das vom Katholizismus geprägte Ostern gefeiert wird, mußten vergleichsweise kurz gehalten werden. Mit dem Praxisbericht der türkischen Erzieherin möchten wir zeigen, wie bei einem christlichen Fest andersgläubige, türkische Kinder nicht nur mitlaufen dürfen, bzw. einfach ausgeschlossen werden, sondern aktiv angesprochen werden können. Mit einigen Hintergrundinformationen und mit Hilfe türkischer Eltern kann auch eine deutsche Erzieherin Anregungen aus diesem Praxisbericht aufgreifen.

Ostern in Griechenland

Zur Bedeutung des griechischen Osterfestes

Innerhalb des christlichen Kirchenjahres ist Ostern das Hauptfest. Im Unterschied zu den westlichen christlichen Kirchen, wo Weihnachten in den Vordergrund gerückt ist, haben sich die Ostkirchen das Osterfest als inneren Mittelpunkt des Jahres bewahrt.

Der Stellenwert ist in der orthodoxen Theologie begründet. Mit dem Tod und der Auferstehung Jesu ist der Mensch von der Erbsünde befreit. Damit wird jedem Gläubigen ein Neubeginn seines Lebens möglich. Erzbischof Paul von der orthodoxen Kirche Finnland sagt: Die „Teilnahme am Fest der Auferstehung, unserer gemeinsamen Tauffeier, ist eine lebendige Erinnerung daran, daß ‚auch wir in einem neuen Leben wandeln mögen'" (1983, S. 40).

In der Woche vor Ostern und in der griechisch-orthodoxen Auferstehungsmesse erinnern verschiedene symbolische Handlungen an das Leben Jesu. Vor Ostern liegen 40 Tage des Fastens. An zwei Tagen ist eine Unterbrechung erlaubt: am 25. März (Mariä Verkündigung) und am Palmsonntag (Jesu' Einzug in Jerusalem). An diesen Tagen wird in der Regel Fisch gegessen.

In der *Karwoche* wird besonders streng gefastet, die Speisen enthalten auch kein Öl. Das gilt insbesondere für den Mittwoch (Jesus wurde verraten) und für den Karfreitag. Am Gründonnerstag wurde Jesus gefoltert. Traditionellerweise werden an diesem Tag die Eier rot gefärbt – ein Symbol für das Blut, das Jesus für die Menschen vergossen hat.

Mit Ausnahme des Karfreitags findet jeden Tag eine Messe mit der Eucharistiefeier statt. Die Teilnahme an der Heiligen Kommunion ist von großer Bedeutung. In der Regel nehmen alle Anwesenden – auch die kleinen Kinder – daran teil, denn in der orthodoxen Kirche hat jedes Kind bereits mit seiner Taufe die erste Heilige Kommunion erhalten. Am Karfreitag wird in der Kirche die Kreuzabnahme und die Beweinung Christi' nachvollzogen. In vielen Kirchen Griechenlands wird die Figur des Gekreuzigten sogar abgenommen und auf die Bahre *(Epitaphios)* gelegt. Mit dem geschmückten Epitaphios ziehen die Gläubigen in einer Prozession um die Kirche und zum Friedhof, denn auch die Verstorbenen sollen am österlichen Geschehen teilhaben. Dies gilt für die ganze Osterzeit.

Die *Auferstehungsmesse* findet in der Nacht vor dem Ostersonntag statt. Sie wird in zwei Gottesdiensten zelebriert: der erste beginnt ca. um 23.00 h. Nach mehreren Gebeten entzündet der Priester am Ewigen Licht (aus dem Tabernakel, das auf dem Altar steht) seine Kerze und gibt das Licht weiter mit den Worten: „Kommt und nehmt Euch das Licht von diesem Ewigen Licht und lobet dem Herrn, der auferstanden ist."

Das Licht aus der Ewigen Lampe wird nun an jedermann weitergegeben, bis die Kirche, die zu Beginn im Dunkeln lag – in dem Licht aller Kerzen leuchtet. Diesem Ritual liegt theologisch die Auffassung zugrunde, daß Jesus das Licht empfangen hat, er ist erleuchtet.

Jetzt ziehen alle auf den Kirchhof, dort wird aus dem Evangelium gelesen. Dies geschieht im Freien, denn auch den Frauen erschien Jesus nach seiner Auferstehung in einem Garten.

Dann nimmt der Priester seine Kerze und singt das *Christos Anesti* (Christus ist auferstanden). Die Glocken beginnen zu läuten, jeder umarmt seinen Nächsten und tauscht mit ihm den Kuß der Liebe, den Kuß der Verzeihung. Damit sollen alle Zwistigkeiten vergessen und vergeben sein, so wie es Johannes Chrysostomos* in seinem – für die österliche Liturgie bedeutenden – Text der Verzeihung predigt. Alle Gottesdienstbesucher zeigen ihre große Freude, viele Kinder schießen mit Krach ihre Spielzeugpistolen ab, jeder stößt mit dem Nachbarn die roten Eier aneinander. Der Priester und die Gemeinde singen das Christos Anesti zwölfmal. Nach diesem großen Jubel zieht die Gemeinde in die hell erleuchtete Kirche zurück, um an dem folgenden Gottesdienst (etwa zwei Stunden) teilzunehmen. Aber viele Familien gehen bereits jetzt mit ihrer brennenden Kerze nach Hause. Sie nehmen das Ewige Licht aus der Kirche mit in die Familie und entzünden dort das Öllämpchen, das vor den Ikonen brennt. Doch bevor sie das Haus betreten, gehen sie mit dem Licht durch die Ställe und bringen dann mit dem Rauch der Kerze ein Kreuzzeichen über der Tür an. Das geschieht in Erinnerung an den Auszug des Volkes Israel aus Ägypten. Gott gab Moses den Auftrag, die Häuser Israels zu kennzeichnen, damit sie von der Tötung aller Erstgeborenen verschont blieben.

Das Kreuzzeichen sagt heute: Dieses Haus ist von Gott geschützt. Hier lebt eine christliche Familie.

* einer der Kirchenväter der orthodoxen Kirche

Diejenigen, die zu Hause bleiben mußten, werden mit dem Kuß der Liebe und dem Christos Anesti begrüßt. Die ganze Familie setzt sich zusammen, um die Suppe Mayiritza (vgl. S. 205) zu essen. Damit ist die Fastenzeit beendet und es beginnen die 40 Tage der Freude. Liturgisch dauert die österliche Zeit über Himmelfahrt bis zum Pfingstsonntag. Während dieser Wochen ist der gängige Gruß „Christos Anesti".

Die Daten des griechisch-orthodoxen Osterfestes

Die Daten innerhalb des Kirchenjahres der griechisch-orthodoxen Kirche richten sich nach unterschiedlichen Kalendern. So ist Weihnachten auch in Griechenland am 25. Dezember, entsprechend dem bei uns gültigen Gregorianischen Kalender*. Die Berechnung des Osterfestes jedoch erfolgt weiterhin nach dem Julianischen Kalender** („Alter Kalender").

Damit weichen die Daten des griechischen Osterfestes – und aller anderen von Ostern abhängigen beweglichen Feste, z. B. Himmelfahrt – von unseren Daten ab. Das gilt generell für alle orthodoxen Kirchen.

Bis zum Jahr 2000 fällt das griechische Ostern auf folgende Tage:

1986	Μαΐου	4	4.	Mai	1986
1987	Απριλίου	19	19.	April	1987
1988	Απριλίου	10	10.	April	1988
1989	Απριλίου	30	30.	April	1989
1990	Απριλίου	15	15.	April	1990
1991	Απριλίου	7	7.	April	1991
1992	Απριλίου	26	26.	April	1992
1993	Απριλίου	18	18.	April	1993
1994	Μαΐου	1	1.	Mai	1994
1995	Απριλίου	23	23.	April	1995
1996	Απριλίου	14	14.	April	1996
1997	Απριλίου	27	27.	April	1997
1998	Απριλίου	19	19.	April	1998
1999	Απριλίου	11	11.	April	1999
2000	Απριλίου	30	30.	April	2000

Eine griechische Mutter erzählt über das Osterfest

Ich bin als Griechin in Istanbul geboren und aufgewachsen. Meine Kindheit und Jugend verbrachte ich dort in einer großen, in sich geschlossenen und lebendigen griechischen Gemeinde. Seit 1964 bin ich in der Bundesrepublik Deutschland.

Ostern war und ist für mich das bedeutendste und schönste Fest des Jahres. Vor und noch zu Beginn der Karwoche – bei uns heißt sie „Große Woche" – lag der Großputz.

* Der Gregorianische Kalender wurde 1582 unter Papst Gregor XIII nach einer Reform des Julianischen Kalenders festgelegt.

** Einführung des Julianischen Kalenders 46 v. Chr. unter Julius Cäsar.

Die ganze Wohnung wurde – auch im Hinblick auf den beginnenden Frühling – blitzblank geputzt.

In der Schule lernten wir Osterlieder und schrieben Aufsätze zum Thema Ostern. Die Große Woche begann mit dem Palmsonntag. An diesem Tag gab es traditionellerweise Fischessen. Danach fing die strenge Fastenzeit an. Fasten bedeutete, daß wir nichts Tierisches aßen, also auch keinen Käse oder Joghurt, aber ebenso kein Öl. Ich verstand die Karwoche immer als eine einzige große Vorbereitung auf das Osterfest. Fast jeder Tag war mit bestimmten Riten, Verhaltensweisen und Speisen verbunden, an die sich jeder in der Gemeinde hielt.

Die Gottesdienstbesuche waren ein wichtiger Bestandteil. Am Mittwoch der Karwoche zeichnete der Pfarrer jedem Gottesdienstbesucher ein Kreuzzeichen mit geweihtem Öl auf die Stirn. Am Gründonnerstag – der Große Donnerstag – gingen wir am Morgen nüchtern zur Kirche und nahmen die Heilige Kommunion. Mittags gab es grüne Linsensuppe. Meine Mutter träufelte in jeden Teller ein paar Tropfen Öl und sagte über die Fettaugen: „Das sind die Tränen der Muttergottes." An diesem Tag wurden in jedem Haus die Eier rot gefärbt und Mutter und Tante backten das Osterbrot Tsoreki (vgl. S. 204). Am Abend gingen wir wieder in die Kirche.

Zur Begründung, warum die Eier nur rot gefärbt werden, erzählte meine Mutter folgende Geschichte:

> Zur Zeit Jesu Christi kam eines Morgens eine Bäuerin aus dem Hühnerstall. In ihrer zusammengerafften Schürze hielt sie die Eier, die sie gerade aufgesammelt hatte. Eine Nachbarin kam vorbei und rief ihr zu: Christus ist auferstanden! Die Bäuerin antwortete ungläubig: Wenn Christus wirklich auferstanden ist, dann sind alle Eier in meiner Schürze nicht weiß, sondern rot. Sie blickte in die Schürze und alle Eier waren rot!

Am Karfreitag wurde besonders streng gefastet. Niemand arbeitete, auch die Arbeit im Haus ruhte, denn es ist ein besonders trauriger Tag. In jeder Kirche wurde vor dem Altar der Epitaphios hergerichtet. Er besteht aus einer Art Bahre, die mit einem bestickten Tuch bedeckt ist und das Zu-Grabe-Tragen von Christus symbolisiert. Während des Tages gingen wir von Kirche zu Kirche und schlüpften unter dem Epitaphios hindurch. Wir zählten dabei, unter wievielen verschiedenen wir schon hindurchgeschlüpft waren. Was das genau bedeutete, weiß ich nicht, es sollte auf jeden Fall Glück und Gesundheit bringen. Am Abend besuchten wir dann wieder den Gottesdienst.

Am Samstag gingen wir Kinder früh ins Bett, in der Erwartung, daß wir um 11 Uhr nachts geweckt würden. Wir zogen unsere beste Kleidung an, oft war es etwas neues, zumindest neue Schuhe. So wie jedes andere Kind auch, bekam ich jedes Ostern von meiner Taufpatin eine neue große Kerze. Sie ist weiß und oft schön verziert. Jeder – auch die Erwachsenen – hatte eine Kerze in der Hand, als gegen Mitternacht alle zur Auferstehungsmesse – zur Anastasi – zogen.

Während des Gottesdienstes wechselte der Pfarrer sein lila Trauergewand mit einem reich bestickten weiß/gelben Festgewand. Um Mitternacht entzündete er mit seinem Licht Kerze für Kerze und alle gaben das Licht weiter. Jeder umarmte seinen Nachbarn, gab ihm einen Kuß und sprach dabei: „Christos Anesti" (Christus ist auferstanden). Nach dieser feierlichen Zeremonie gingen die Familien, die kleinere Kinder hatten, in der Regel nach Hause. Der Gottesdienst selbst dauerte noch an. Jeder achtete darauf, daß seine Kerzenflamme nicht verlosch. Über der Haustür brachte ein Erwachsener mit dem Rauch der Kerze ein Kreuz an.

Jetzt gab es die Lammsuppe Mayiritza (vgl. S. 205) oder auch eine leichte Hühnersuppe. Mit dieser Mahlzeit war das Fasten beendet.

Auch das Eierstoßen war und ist ein fester Brauch, den man noch in der Nacht und an den folgenden Tagen zu tun pflegt: Man nimmt ein rotes Ei fest in seine Hand, ein anderer stößt von oben mit der Spitze seines Eis auf die Spitze des festgehaltenen Eis und spricht dabei: „Christos Anesti!" Der Partner antwortet: „Alithos Anesti" (Er ist wahrhaftig auferstanden). Derjenige, dessen Eierschale ganz geblieben ist, erhält das Ei des anderen.

Am Morgen des Ostersonntags gab es das Tsoreki (vgl. S. 204) und zum festlichen Mittagessen einen Lammbraten mit Salat und Kartoffeln. Am Nachmittag fanden gegenseitige Besuche statt. Dabei wurden die roten Eier aneinander gestoßen und Kostproben vom Tsoreki ausgetauscht.

So wie vor Ostern mehrere Wochen des Fastens liegen, sind die nachfolgenden Wochen die Zeit der Freude. Bis Pfingsten können rote Eier gegessen werden und bis dahin hört man als Gruß „Christos Anesti".

Viele Griechen leben auch in der Vorstellung, daß von Ostern bis zum Samstag vor Pfingsten die Seelen aller Toten um uns sind. An diesem Samstag kostet jeder Gottesdienstbesucher von einer ganz bestimmten süßen „Speise", deren Grundlage aus weichgekochten Getreidekörnern besteht. Dieses besondere Gericht wird auch jeweils am 40. Tag nach dem Tod eines Menschen von der Familie des Verstorbenen zubereitet und nach der Seelenmesse verteilt. Erst danach gelangt die Seele in das Paradies, so wie nach volkstümlicher Meinung am Samstag vor Pfingsten alle Seelen uns wieder verlassen.

Hier in der Bundesrepublik Deutschland feiere ich sozusagen zweimal Ostern: In der Familie zu dem hier üblichen Datum mit Nester-Verstecken für meine Kinder und schönem Osterstrauß. Das andere Mal das griechische Ostern, zu dem der Kirchgang unbedingt dazu gehört. Für mich ist es nur dann richtiges Ostern, wenn ich während der Karwoche mehrere Male in die griechisch-orthodoxe Kirche gehen kann. Zur mitternächtlichen Auferstehungsmesse ist die Kirche auch hier übervoll. Jeder Besucher hat nicht nur seine Kerze dabei, sondern bereits auch rote Eier. Nachdem die Kerzen entzündet wurden, holt einer nach dem anderen ein Ei aus seiner Tasche, und das Eierstoßen beginnt. Am Schluß ist der ganze Boden mit roten Eierschalen übersät.

Mündlich übermittelt von
Domna Valakas Steininger

Rezept – Ostern – Griechenland

Das griechische Osterbrot (Tsoreki)

Zutaten:
1 kg Mehl
1 1/2 Würfel frische Hefe
1 Prise Salz
150–170 g Margarine oder Butter
4 Eier
300 g Zucker
ca. 1/4 l Milch
1 Eßlöffel Machlepi } Gewürze aus Griechenland oder auch aus der Türkei
1 Prise Masticha (= Harz) }
geriebene Schale und Saft einer unbehandelten Orange
einige abgezogene Mandeln
1 rotes Osterei
1 Eidotter und etwas Puderzucker

Zubereitung:

Wichtig: Alle Zutaten (auch das Mehl) und der Arbeitsplatz müssen warm sein (die Zutaten eventuell im Backofen leicht erwärmen).

Die Hefe mit etwas lauwarmem Wasser und 1 Prise Zucker und ein wenig Mehl zu einem flüssigen Brei vermengen. 1/2 Stunde gehen lassen. Man gibt das Mehl in eine große angewärmte Schüssel, in die Mitte den Hefebrei, darum herum eine Prise Salz und die Gewürze Machlepi, Masticha, geriebene Orangenschale.

Zucker und Eier miteinander verschlagen, bis sich der Zucker aufgelöst hat.

Butter zum Schmelzen bringen und in dieser Form bereithalten. Mehl und Hefebrei miteinander vermengen, langsam das Ei-Zuckergemisch dazufügen und alles kneten. Immer wieder die Hände in die flüssige Butter tauchen und weiterkneten, dabei nach und nach den Orangensaft und die lauwarme Milch hineintröpfeln. So lange kneten, bis die ganze Butter verbraucht ist und bis sich der Teig leicht aus der Schüssel löst und Blasen wirft.

2–3 Stunden an einem warmen Ort gehen lassen, eventuell die abgedeckte Schüssel in Wolldecken einwickeln. Den aufgegangenen Teig noch einmal durchkneten und formen: Entweder aus drei dicken Wülsten einen Zopf flechten oder/und aus dünnen Wülsten mehrere Schnecken drehen.

Das Tsoreki auf ein gefettetes Blech legen und noch einmal 1/2 Stunde gehen lassen. Ein Eidotter mit etwas Puderzucker vermischen und das Tsoreki damit bepinseln.

In die Mitte des Gebäcks ein rotes Ei drücken, außen herum mit Mandeln garnieren. Kleinere Schnecken ca. 1/2 Stunde, den größeren Zopf ca. 3/4 Stunde bei 175° backen.

Griechische Ostersuppe Mayiritza

Diese leichte Suppe wird traditionellerweise nach der Auferstehungsmesse (in der Nacht zum Ostersonntag) gegessen, und damit ist die Fastenzeit beendet.

Zutaten: (für 2–3 Personen)
Innereien eines Lamms:
Leber
Herz
Nieren
eventuell Därme
Salz
1 Romana-Salat
1 Bund Dill
1 Bund Frühlingszwiebeln
etwas Butter oder Öl
ca. 50 g Rundkornreis
1 Eidotter
Saft von einer Zitrone

Alle Innereien werden kleingeschnitten (der Darm muß vorher sehr lang gewaschen, umgestülpt und wieder gewaschen werden) und im Salzwasser bei schwacher Hitze ca. 30 Minuten gekocht. Um Abzuschäumen wird das Kochwasser abgegossen.

Nach dem Waschen werden Salat, Dill und Frühlingszwiebeln kleingeschnitten und gemeinsam mit dem Reis, etwas Butter oder Öl und den vorgekochten Innereien in einen Topf gegeben.

Alles wird mit Wasser aufgegossen – die Menge richtet sich nach dem gewünschten Flüssigkeitsgehalt der Suppe – und so lange gekocht, bis der Reis weich ist (ca. 15. Min). Mit Salz abschmecken. Kurz vor dem Servieren werden Eidotter und Zitronensaft miteinander verschlagen und mit etwas Brühe von der Suppe verdünnt. Diese Sauce mit der Suppe unter ständigem Rühren vermengen und sofort servieren.

Erzählung – Ostern – Griechenland

Das winzig-kleine Ei

Es war einmal ein ... es war ein ... Warte! Was war es denn?
Es war ein winzig-kleines ...
Was? ein winzig-kleines Kind?
Nein.
Ein winzig-kleines Tier?
Nein.
Ein winzig-kleines Spiel?
Nein, nein.
Was war es dann?

Es war ein winzig-kleines Ei. Ein winziges Ei zwischen vielen großen Eiern.

Alle Eier lagen in Reihen und warteten auf die Mutter. Was wollte sie mit den Eiern machen? Kochen?

Nein.

Braten?

Nein, nein.

Was wollte die Mutter dann mit den vielen großen, weißen Eiern machen?

Färben! Ja, sie wollte sie rot färben. Für Ostern, denn zu Ostern müssen die Eier rot sein.

„Ja", sagte die Mutter. „Heute werde ich die Eier färben."

„Alle diese Eier wirst du färben?" fragte Lukas.

„Ja", antwortete die Mutter. „Alle diese großen Eier habe ich zum Färben ausgesucht. Heute ist Gründonnerstag und da werden wir die Eier färben."

„Und das hier? Was machst du mit dem?" fragte Krystarena. Sie zeigte mit dem Finger auf das winzig-kleine Ei. Das hatte die Mutter extra beiseite gelegt.

„Dieses nicht", sagte die Mutter. „Es ist zu klein."

Krystarena und Lukas aber wollten nicht, daß das winzig-kleine Ei ungefärbt bliebe. Sie waren traurig. Auch Pazli, der Hund und Rourou, die Katze, schienen traurig zu sein.

„Mama, warum willst du es nicht färben?" fragte Krystarena noch einmal.

„Weil es so klein ist. Ich werde nur die großen Eier färben."

„Nein", meinte da Lukas, und der Hund Pazli knurrte: Grr grrr, und die Katze Rourou fauchte: Chrchr Chrrrr.

Das Ei lag abseits ganz allein. Es kam den Kindern so vor, als ob es auch traurig sei.

Die Mutter gab nun die rote Farbe in einen großen Topf mit heißem Wasser. Sie begann, die großen, weißen Eier hineinzulegen. Lukas stieg auf den Küchenhocker. Er wollte sehen, wie die weißen Eier rot werden. *Ke tou chrorou* (Auch im nächsten Jahr ...) wünschte die Mutter, als sie nach ein paar Minuten die ersten roten Eier aus dem Topf nahm. Zehn große, rote Eier!

„Wie schön sie sind", dachten Lukas und Krystarena. „Aber warum nur will Mama das winzig-kleine Ei nicht färben!?"

„An Ostern werden wir sie aneinander stoßen", erklärte die Mutter. „Einer wird mit seinem Ei an das Ei des anderen anstoßen. Wer das Ei des anderen kaputt schlägt, bekommt es zu seinem eigenen dazu. So ist es üblich."

„Und dann ißt er es?" fragte Lukas.

„Ja", antwortete Krystarena, denn sie mochte Eier sehr gern. Sie konnte sich nicht vorstellen, daß sie jetzt noch kein Ei essen dürfe. Da fiel ihr Blick wieder auf das winzige weiße Ei.

„Rourou, weißt du, Mama möchte das winzige Ei nicht färben. Es tut mir so leid", sagte Krystarena zur Katze. Rrrr chrrrr, schnurrte Rourou und rieb sich an den Beinen von Krystarena: Rrrr, gib es mir, chrrrr. Rourou leckte mit ihrer roten Zunge den Schnurrbart, sie hätte wohl so gern das Ei.

„Nein, nein", sagte Krystarena. „Es ist nicht für dich."

* Diese Wunschformel „Ke tou chronou" wird bei verschiedenen Gelegenheiten ausgesprochen, und zwar immer dann, wenn man wünscht, daß ein schönes Erlebnis auch im nächsten Jahr (und alle folgenden Jahre) wiederkehre.

Grrr grrrr, knurrte Pazli. Wollte er damit ausdrücken, daß das winzig-kleine Ei auch rot gefärbt werden sollte?

„Wir sollten es färben", meinte Lukas.

„Ja", sagt Krystarena, „wir wollen es färben!"

Sie fragten ihre Mutter: „Dürfen wir das winzige Ei färben?"

„Ja", antwortete die Mutter, „wenn ihr es so gerne wollt."

Die Mutter hatte nun alle großen Eier fertig gefärbt und rieb sie mit Öl ein, damit sie glänzen.

„Juhu", freute sich Lukas. Beiden Kindern kam es so vor, als ob das winzig-kleine Ei lachen wollte. Und noch etwas, es kam ihnen so lustig vor, ein so winziges Ei zu färben.

Das Ei schien jetzt sehr stolz zu sein. Es durfte ganz allein in so einem großen Topf rot werden, leuchtend rot. Jetzt mußte es doch auch den Kindern eine Freude bereiten.

„Ihr werdet sehen", flüsterte das Ei den Kindern zu. „Ich werde das stärkste sein. Das lebhafteste. Ihr werdet sehen."

An Ostern nahmen alle ein großes, rotes Ei. Nur Lukas und Krystarena nahmen abwechselnd das winzige Ei in ihre Hand.

„Komm zum Anstoßen, Lukas", sagte die Mutter.

„Christus ist auferstanden."

„Er ist wahrhaftig auferstanden!" erwiderte Lukas, bevor er mit dem kleinen Ei an das der Mutter stieß.

Tzack! Das Ei der Mutter war kaputt. Lukas hatte gewonnen.

„Komm, Krystarena, komm zum Anstoßen", rief der Vater.

„Christus ist auferstanden!"

„Er ist wahrhaftig auferstanden!" antwortete Krystarena und nahm das kleine Ei.

Tzack, kaputt war auch das Osterei des Vaters. Krystarena hatte es geschafft. Schnell aß sie ihr großes Ei.

Lukas streichelte das winzig-kleine Ei. „Ich danke dir", murmelte er und auch Krystarena sagte „Danke!"

Pazli und Rourou rochen genüßlich an dem winzigen Ei. Das sah so lustig aus. Alle lachten. Das Ei war stolz, fast wollte es noch röter werden.

Da sagte die Mutter: „Das winzig-kleine Ei hat sehr gute Arbeit geleistet. Bravo! Ihr Kinder hattet recht.

Auch im nächsten Jahr!

Christus ist auferstanden!"

Eleni Valavani
Aus dem Griechischen übersetzt von
Domna Valakas Steininger
(gekürzte Fassung)

Quelle: Eleni Valavani: To mikro mikroutsiko ... avgoulaki. Athen: Papadopoulos 1982 (2. Aufl.) (Bilderbuch)

Lied – Ostern – Griechenland

*Passhalino * (Für die Osterzeit)*

Pende meres mono menoun
jia na'rchisoun i jiortes
tis Megalis Evdomadas
Ki Passhalines chares.

Refrain:
Pos m'aressoun i kambanes
na chtipoun nikterines ...
Ke moskoboloun i fourni
apo toses mirodies ...
Ta trapezia kokinisoun
ap ta kokina t'avga.
Ki enas t'allou ta tzougrisoun
ke tou len: CHRONIA POLLA ...

Πέντε μέρες μόνο μένουν
γιά να'ρχίσουν οι γιορτές
της Μεγάλης Εβδομάδας
κι οι Πασχαλινές χαρές.

Ρεφραιν:
Πως μ'αρέσουν οι καμπάνες
να χτυπούν νυχτερινές ...
Και μοσκοβολούν οι φούρνοι
απο τόσες μυρωδιές ...
Τα τραπέζια κοκκινίζουν
απ' τα κόκκινα τ'αυγά.
Κι ένας τ'άλλου τα τσουγκρίζουν
και του λεν :ΧΡΟΝΙΑ ΠΟΛΛΑ ...

* Passhalino (= „österlich“) wird mit Betonung auf der letzten Silbe ausgesprochen: Paß-ha-li-nó.

Fünf Tage sind es noch,
bis die Feiern der Karwoche
und die Freuden des Osterfestes kommen.

Refrain:
Wie ich es liebe
in der Nacht die Glocken zu hören,
den Duft der Backstuben zu riechen,
die Tische mit den roten Eiern zu sehen.
Und die Menschen, die sich zurufen:
„FROHE OSTERN!"

Quelle: Eli Alexiou: Tragoudo ke chorevo. Athen: Kedros 1980 (2. Aufl.), S. 83.

Ostern mit türkischen Kindern im deutschen Kindergarten

L. Summerer, türkische Erzieherin, berichtet aus ihrer praktischen Arbeit in einer Kindergartengruppe, die von deutschen und türkischen Kindern besucht wird:

Zwei Zielsetzungen, die mir für die türkischen Kinder in unserer Kindergartengruppe wichtig sind, bestimmen mein Handeln auch in der Osterzeit:

- Im Vorfeld der religiösen Erziehung möchte ich Achtung vor der Schöpfung Gottes vermitteln. Besonders zur Zeit des Frühlings bieten sich dazu viele anschauliche Anlässe.
- Türkische Kinder lernen deutsche Bräuche und Feste kennen und das auf zweierlei Weisen:
  Mitwirken, dort, wo es den türkischen Eltern und mir im Sinne der Kinder wichtig erscheint.
  Hinschauen und tolerieren, dort, wo es um die Vermittlung spezifisch christlicher Inhalte geht.

Grundsätzlich ist es meiner Kollegin und mir — wenn es um die Vermittlung religiöser Inhalte geht — aber auch sonst — sehr wichtig, das Gemeinsame herauszustellen und gleichzeitig die Unterschiede deutlich zu machen. Wir hoffen, daß es uns gelingt, ohne daß das eine über das andere gestellt wird.

Innerhalb des Rahmenthemas „Erwachen der Natur, Wachsen und Gedeihen, Ostern" lege ich für die türkischen Kinder unserer Gruppe den Schwerpunkt auf das Erwachen der Natur. Wir beobachten und benennen Pflanzen und Tiere in unserem Garten, säen, singen entsprechende Lieder, schauen Bilderbücher an, besprechen und demonstrieren die Bedeutung des Wassers und machen vieles mehr. Über allem steht ein Bestaunen und Erleben der Schönheit, die die Natur uns bietet. In der Vermittlung dieser Werte haben meine Kollegin und ich eine breite gemeinsame Basis gefunden.

Beim Thema Wachsen und Gedeihen kommen wir zum Ei als Sinnbild des Werdens. Damit haben wir einen Übergang zu dem deutschen Brauch des Ostereierfärbens geschaffen. Wir besprechen weitere Osterbräuche und streifen dabei das Feste-Feiern an sich. So gehört bei uns in der Türkei zu einem Fest das Tanzen. Wenn die Kinder Lust haben, üben wir einen kleinen türkischen Tanz (siehe S. 217) ein, den deutsche und türkische Kinder gemeinsam tanzen. Bei den weiteren Vorbereitungen zu Ostern, wie Körbchen basteln und Eier bemalen, macht jedes Kind mit.

Nahezu alle Beschäftigungen zu diesem Thema führen wir mit allen Kindern in deutscher Sprache durch. Vieles wiederhole ich jedoch in türkisch, insbesondere Gespräche, Lied- oder Bilderbuchinhalte.

Auch zur Osterzeit können Materialien aus der Türkei für türkische und für deutsche Kinder angeboten werden. Wenn ich zur Thematik „Ei/Wachsen" z. B. das Bilderbuch „Küçük Olmak" (siehe S. 317) mit den türkischen Kindern betrachte, können auch deutsche Kinder die Bilder ansehen und ein Kind (oder ich) erzählt dazu. Ein anderes Beispiel: Einige Kinder kochen nicht nur Rührei mit frischen Kräutern, sondern auch eine türkische Eierspeise, wie „Menemen" (siehe S. 210). In diesem Zusammenhang macht es Spaß, Eierrätsel in verschiedenen Sprachen zu stellen (siehe S. 214).

In der Zeit vor Ostern bieten wir nur einmal von einander abweichende Inhalte an, und das dann, wenn meine Kollegin von der Kreuzigung und Auferstehung Jesu erzählt. Ich lege jedoch großen Wert darauf, den türkischen Kindern vom Glauben der Christen zu berichten.

Nach vorheriger Absprache mit den türkischen Eltern schauen wir uns eine katholische oder eine evangelische Kirche von innen an und sprechen über alles, was wir dort sehen. Für türkische Kinder ist Jesus am Kreuz das weitaus beeindruckendste Bildnis. Immer wieder stellen sie dazu Fragen. Mit Unterstützung meiner deutschen Kollegin erkläre ich ihnen, warum den Christen dieses Zeichen so wichtig ist und welche Bedeutung Ostern für die gläubigen Christen hat. Von den türkischen Eltern wurde ein Kirchenbesuch bisher immer positiv aufgenommen. Es ist ja auch so, daß die ganze Kindergartengruppe zu einer anderen Gelegenheit unsere Moschee besucht.

Dieses Jahr haben wir das Thema „Ostern" mit einem gemeinsamen Frühstück für alle Eltern und Kinder abgeschlossen. Neben deutschen Speisen, wie Osterfladen, Osterschinken und bunten Eiern gab es auch türkisches Brot, Käse und Oliven. Es war ein lockeres Beisammensein, ganz ohne Programm, bei dem auch die Eltern mehr voneinander erfahren konnten.

Mündlich übermittelt von Lâtife Summerer, türkische Erzieherin bei der Stadt München.

*Eierspeise aus Menemen**

Zutaten: (für 4 Personen)
4 Tomaten
3–4 grüne Peperoni, scharf oder mild
1 Zwiebel oder Frühlingszwiebeln
40 g Butter
Salz
Pfeffer
4 Eier

* Menemen ist eine Kleinstadt in der Westtürkei

Zubereitung:

Die Tomaten, Peperoni und Zwiebel sehr fein hacken, aber getrennt lassen. Die Butter in einer Pfanne schmelzen lassen, Zwiebel und Peperoni zugeben. Wenn die Zwiebel goldbraun geröstet ist, die Tomaten hinzugeben und unter Rühren bei mittlerer Hitze ca. 10 Minuten dünsten. Mit Salz und Pfeffer abschmecken.

Nun die Eier über die Masse schlagen und das Eiweiß ganz leicht verrühren. Das Eigelb sollte möglichst nicht oder nur wenig verrührt werden. Die Pfanne schließen und bei mittlerer Hitze gute 5 Minuten dünsten. Das Eigelb muß noch weich aber nicht flüssig sein.

Eine jugoslawische Mutter erinnert sich an Ostern in Kroatien

Seit 11 Jahren bin ich in der Bundesrepublik Deutschland. Ich komme aus einem kleinen Dorf, etwa 20 km von Zagreb (Kroatien) entfernt. Nahezu meine ganze Verwandschaft lebt noch dort.

Und so habe ich Ostern in Erinnerung:

Einen Tag vor dem Ostersonntag wurden in jedem Haus Eier gekocht und gefärbt, Osterfladen gebacken und Schinken gekocht. Der Osterfladen wird so zubereitet, wie man ihn auch hier kennt: aus Hefeteig mit Rosinen, in Zopfform geflochten.

Am Morgen des Ostersonntags packte meine Mutter in einen Korb Fladen, Schinken und gekochte Eier. Meine Schwester und ich machten uns auf den Weg zur Kirche. Sie liegt im Nachbardorf, etwa eine halbe Stunde Fußweg von unserem Dorf entfernt. Unterwegs trafen wir Kinder und Erwachsene aus dem ganzen Dorf. Fast jeder hatte ein Körbchen mit den österlichen Speisen bei sich. Alle begrüßten sich gegenseitig mit dem Wunsch „Sretan Uskrs“ (Glückliche Ostern). Während des Gottesdienstes segnete der Pfarrer unsere Osterspeisen. Wieder zu Hause, richtete die Mutter auf einer Platte das traditionelle Osteressen an, das während des Tages für Gäste und für uns bereitstand.

> Traditionelles Osteressen:
> Ein selbst geräucherter Schinken (aus der Herbstschlachtung) wird mehrere Stunden in salzlosem Wasser gekocht. In feine Scheiben geschnitten wird er auf einer Platte angerichtet und mit den aufgeschnittenen hart gekochten Eiern umlegt. Dazu gibt es frisch geriebenen Meerettich und grüne Frühlingszwiebeln.

Während des Nachmittags kam Besuch oder wir machten Besuche. Meistens traf sich die ganze Familie im Haus meiner Großmutter. Jeder Gast kostete vom Osteressen. Die Erwachsenen tranken dazu – wie auch bei anderen Gelegenheiten – Šljivovic oder selbst gegorenen Wein. Mein Vater stellt auch jetzt noch – so wie viele andere Dorfbewohner – Wein für die eigene Familie her.

Wenn ich so an alle Feste während des Jahres zurückdenke, bedeutete Ostern nichts besonderes für meine Schwester und mich. Das liegt sicher auch daran, daß dieses Fest in der Schule nicht beachtet wurde und wird, und auch in den mittlerweile existierenden Kindergärten wird es nicht gefeiert. Anders verhält es sich mit dem Muttertag, der mit vielen Vorbereitungen, sowohl im Kindergarten wie auch in der Schule, am Internationalen Frauentag groß gefeiert wird.

Hier gestalten wir Ostern so, wie es mein Mann kennt und wie es vor allem vom Kindergarten geprägt wird. Ich kaufe oder backe einen Osterfladen, der ähnlich schmeckt, wie ich ihn aus meiner Kindheit in Erinnerung habe. Dieses Jahr schickte mir mein Vater einen selbst geräucherten Schinken. Ich kochte ihn und richtete ihn in der vertrauten Art an. Der ganzen Familie schmeckte es köstlich.

Mündlich übermittelt von
Vlasta Bukvić Meichelböck

Ostern in Südeuropa

Italien, Spanien und Portugal sind katholische Länder und Ostern wird dem katholischen Ritual entsprechend gefeiert. Die Figur des Osterhasen ist im mediterranen Raum nicht Teil des regionalen Brauchtums, sie ist entweder unbekannt oder Importware aus dem Norden.

Hier seien kurz einige regionale und überregionale Sitten in diesen Ländern notiert.

Italien: In einem Körbchen mit weißer Serviette werden hart gekochte Eier in die Kirche getragen und gesegnet.

Besondere Spezialitäten zu Ostern: die Taube und das Schokoladenei mit Überraschungsfüllung. In den Schaufenstern sieht man zum Teil riesige Schokoladeneier (kunstvoll mit Schleifen und farbigem Zellophanpapier dekoriert).

Spanien: Ostern ist die Zeit der großen religiösen Prozessionen. Eine der größten Osterfeiern ist in der andalusischen Stadt Sevilla – (Von Palmsonntag bis Ostersonntag). Während der ganzen „heiligen Woche" *(Semana Santa)* finden Prozessionen statt: aus den Kirchen der verschiedenen Stadtteile werden reichgeschmückte Statuen zur Kathedrale im Stadtzentrum getragen – wo sie der Kardinal segnet. Dabei werden Stationen des Leidenswegs Jesu dargestellt. Vielleicht kennen einige spanische Kinder die „Kapuzenmänner" *(Nazarenos, Cofrades),* die all diese Prozessionen begleiten.

Portugal: Zu Ostern ißt man in Portugal gezuckerte Mandeln *(amendoas)* – nicht gebrannte Mandeln, wie man sie hierzulande kennt, sondern Mandeln mit farbigem Zuckerguß. Ähnlich wie in Griechenland wird zur Osterzeit der Hefezopf mit eingelegtem gekochten Ei gebacken *(folar).* Neben Prozessionen und Messen wird im Norden des Landes noch die dörfliche Tradition des Osterbesuchs gepflegt: der Pfarrer besucht alle seine Gemeindemitglieder. Er trägt ein mit Blumen geschmücktes Kruzifix, das die ganze Familie küßt. Diese religiöse Tradition nennt man *compasso.*

Ostern ist insbesondere in Spanien ein deutlich religiöses Fest. Hierzulande wird oft angenommen, daß solche Umzüge (mit Kruzifix und verhüllten „Kapuzenmännern") für Kinder bedrückend oder beängstigend sind. Das ist eine offene Frage. Zugegeben, Ostern ist kein ausgesprochenes „Kinderfest", aber wir haben von hier aus stets eine abstrahierende landeskundliche Brille auf. Im Land selbst sind Symbole wie Kruzifix und Kapuzenmänner eingebettet in festliche Umzüge – mit üppiger Blumenpracht, Beleuchtungseffekten, Festtagsstimmung usw.

Lied – Ostern – Italien

Mattino di Pasqua (Ostermorgen)

Din, don, dan. Din, don, dan.
Si'a benedetto
il nome del Signore.
Din, don, dan. Din, don, dan.

Pasqua, festa d'amore,
Gesu era morto.
Ed oggi e risorto!
Din, don, dan. Din, don, dan.

Din, don, dan. Din, don, dan.
Es sei gelobt
der Name des Herrn.
Din, don, dan. Din, don, dan.

Ostern, Fest der Liebe.
Jesus war gestorben,
und heute ist er auferstanden!
Din, don, dan. Din, don, dan.

Rätsel – Ostern

Rätsel rund um's Ei

Deutsch

Was ist das?
Ein Haus voller Essen
die Tür vergessen.

Ich weiß ein kleines weißes Haus
hat keine Fenster, keine Tore,
und will der kleine Wirt heraus,
so muß er erst die Wand durchbohren.

Türkisch

Havaya attım bembeyaz
Yere düştü sapsarı.
(yumurta)

Ich warf es weiß in die Luft,
es fiel gelb zu Boden.

Slowenisch (Jugoslawien)

Je v sodčku brez obroča
rumena in bela moča.
(jajce)

Im Fäßchen ohne Reifen
ist flüssiges Gelb und Weiß.

Spanisch

Blancos son
las gallinas los ponen,
con aceite se frien
y con pan se comen
(los huevos)

Ganz weiß sind sie,
von Hennen gelegt,
in Öl gebraten,
mit Brot gegessen.

De mi beleza
puedo presumir,
blanco como la cal,
todos lo saben abrir,
y ninguno lo sabe cerrar
(el huevo)

Von meiner Schönheit
hört man weit und breit.
So weiß wie Kalk bin ich.
Zum Aufmachen: kinderleicht!
aber schließen ... das geht nicht.

Portugiesisch

Uma caixa pequenina
mas que pode rebolar
todos a sabem abrir
ninguém a sabe fechar
(o ovo)

Eine Schachtel ganz klein
die kann rollen allein
aufmachen kann sie einer
schließen kann sie keiner.

3. Kinderfest – 23. April (Çocuk Bayramı – 23 Nisan) – Türkei

An diesem Tag hat Mustafa Kemal (Atatürk: Vater der Türken), Gründer der Türkischen Republik, im Jahre 1920 zum ersten Mal die Nationalversammlung einberufen. Er widmete diesen Tag den Kindern, denn ihnen gehöre die Zukunft der Nation.

So ist der 23. April ein Feiertag, an dem Kinder geehrt werden und ihre Verantwortung als künftige Staatsbürger betont wird: Sie sind die Erben Atatürks, sie werden die türkische Republik tragen.

Der 23. April ist also ein *National*feiertag im wahrsten Sinne des Wortes. Bei diesem Fest stehen nicht Einladungen und Familienbesuche im Mittelpunkt, sondern die öffentliche Feier: Umzüge, Schulaufführungen, Reden von Amtsträgern usw. Insbesondere von den Schulen wird dieses Fest vorbereitet und gestaltet. Den Schülern wird der historische Hintergrund vermittelt, die Schüler lernen Gedichte auswendig und üben kleine Theaterstücke, die die geschichtlichen Ereignisse darstellen.

Fakir Baykurt u. a. schreiben dazu: „Vor dem Festtag schmücken sie ihre Klassen mit Fahnen, Bildern und Sprüchen. Am Morgen des Festtages übernehmen die Kinder die Rolle des Schulrektors und der Lehrer. Die Rollenübernahme bedeutet auch, daß die Schüler ihre eigenen Vorstellungen und Wünsche zur Arbeit des Rektors und der Lehrer formulieren.

In den unterschiedlichen farbigen Trachten gehen die Schüler – in Begleitung ihrer Lehrer – durch eine Hauptstraße zum Festort. Dieser Umzug bedeutet zugleich eine Einladung an die Bevölkerung, auch am Kinderfest teilzunehmen. Eine Musikkapelle (auf dem Dorf der traditionelle Duval-Trommler und Zurna-Bläser) spielt, und die Kinder singen Lieder über die Befreiung, die Freiheit und die Freundschaft. Der Festort (Stadion, Schulhof usw.) wird auch mit Fahnen, Atatürkbildern und Sprüchen geschmückt. Dort halten die Vertreter der Kommune, der Regierung und anderer Organisationen, Lehrer und Schüler Reden über die geschichtlichen Hintergründe, die Souveränität und zahlreiche Reformen. Die Redner betonen, daß die Kinder in Zukunft die Leitung des Landes übernehmen; deswegen muß man den Kindern diese Aufgabe bewußt machen. Die Schüler tragen Gedichte auswendig vor, singen Volkslieder im Chor und führen Volkstänze auf" (*RAA*, 1983, S. 4–6).

Auch Kinderspiele wie Sackhüpfen, Joghurtwettbewerb (Auslöffeln von Joghurt mit verbundenen Augen), Eierlaufen, Tauziehen usw. gehören zum Fest. In Ankara gehen an diesem Tag Vertreter der Schülerschaft in Begleitung ihrer Lehrer zum Parlamentsgebäude und übernehmen dort symbolisch die Regierungsgewalt.

Der Festtag ist überall offizieller Feiertag, und die Schulen bleiben noch einen Tag nach dem Fest geschlossen.

Praktische Anregungen

Im Kindergarten, im Hort und in der Schule kann man den 23. April als (türkischen) Tag des Kindes feiern: die Kinder sind in jedem Fall die Hauptpersonen, sowohl bei der Planung als auch während des Festes.

Man könnte den Gedanken des türkischen Kindertags – Kinder übernehmen Verantwortung – aufgreifen und auf die Umwelt hier beziehen. Vielleicht können einige Kinder, bzw. Kindergruppen dazu angeregt werden, für das Fest ihre eigenen Vorstellungen zur Gestaltung und Veränderung ihrer Umwelt darzulegen, z. B. in Form eines Rollenspiels, eines Wunschzettels, oder eines Gemeinschaftsbilds.

Mögliche Themen für „konkrete Utopien“:

- meine Wunsch-Schule (was gehört dazu, wie sieht sie aus)
- meine Wunsch-Stadt
- meine Wunsch-Wohnung
- das schönste Spielzeug (wie sieht es aus, wie funktioniert es)
- wir spielen Lehrer/Schüler

Theaterstücke, Lieder und Spiellieder sind ebenso geeignet für das Fest (siehe Kapitel C, D, E).

Lied – Tag der Kinder – Türkei

Oynaya, oynaya (Tanzen, tanzen)

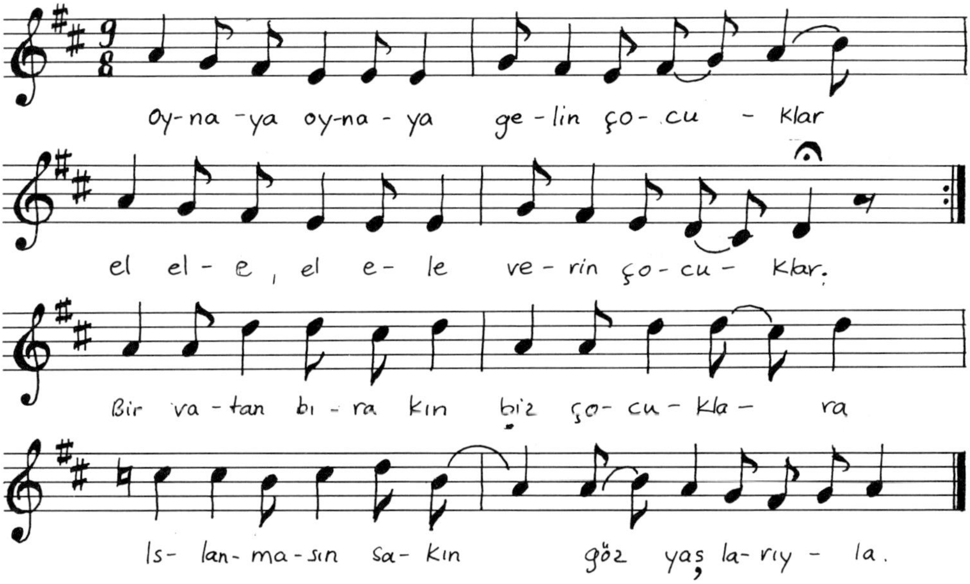

Oynaya oynaya gelin çocuklar El ele, el ele verin çocuklar. Bir vatan bırakın biz çocuklara Islanmasın sakın göz yaşlarıyla.	Tanzen, tanzen, kommt ihr Kinder Gebt euch die Hände ihr Kinder. Laßt uns ein Land für Kinder schaffen, daß nie von Tränen naß werden soll.
Oynaya oynaya gelin çocuklar El ele, el ele verin çocuklar. Bir barıs bırakın biz çocuklara Ulaşsın şarkımız güneşe ve aya.	Tanzen, tanzen, kommt ihr Kinder Gebt euch die Hände ihr Kinder. Laßt uns Frieden halten für uns Kinder, Unser Lied soll bis zu Sonne und Mond gelangen.
Oynaya oynaya gelin çocuklar El ele, el ele verin çocuklar. Bir bahçe bırakın biz çocuklara Göklerde yer açın uçurtmalara.	Tanzen, tanzen, kommt ihr Kinder Gebt euch die Hände ihr Kinder. Laßt uns einen Garten suchen für uns Kinder, In dem der Himmel frei ist für die Drachen.
Oynaya oynaya gelin çocuklar El ele, el ele verin çocuklar. Bir dünya bırakın biz çocuklara Yazalım üstüne sevgili dünya.	Tanzen, tanzen, kommt ihr Kinder Gebt euch die Hände ihr Kinder. Laßt uns eine Welt für Kinder bauen, Auf die wir „Welt der Liebe“ schreiben können.
Oynaya oynaya gelin çocuklar El ele, el ele verin çocuklar.	Tanzen, tanzen, kommt ihr Kinder Gebt euch die Hände ihr Kinder.

Übermittelt
von Hayriye Yavuz

Gedicht – Tag des Kindes – Türkei

Laßt uns die Erde den Kindern übergeben

Ein Gedicht zum Tag des Kindes – für Erwachsene

Laßt uns die Erde den Kindern übergeben,
wenigstens für einen Tag,
wie einen bunt geschmückten Luftballon zum Spielen,
zum Spielen, Lieder singend zwischen den Sternen.
Laßt uns die Erde den Kindern übergeben,
wie einen riesigen Apfel, wie ein warmes Brot,
wenigstens für einen Tag sollen sie satt werden.
Laßt uns die Erde den Kindern übergeben,
wenn auch nur für einen Tag
soll die Welt die Freundschaft kennenlernen.
Die Kinder werden uns die Erde wegnehmen,
werden unsterbliche Bäume pflanzen.

Nazim Hikmet

Quelle: Hanefi Yeter – ein Bildband mit Gedichten von Nazim Hikmet. Hrsg. Volker Martin. Berlin: Frölich und Kaufmann 1982, S. 98

4. Muttertag

Erzählung – Muttertag – Türkei

Keloglan und der Muttertag (Türkei)

Es war einmal, es war keinmal. Es war einmal ein kleiner Junge, der hieß Keloglan. Der hatte niemanden auf der Welt als seine Mutter. Keloglan liebte seine Mutter sehr.

Eines Tages war ihm ganz schwer zumute, denn an diesem Tag war Muttertag, und er wußte nicht, was er seiner Mutter schenken sollte. Er überlegte hin und her, aber es fiel ihm einfach nichts ein. Da ging er fort, um ein Geschenk für seine Mutter zu suchen. Unterwegs traf er ein Huhn. „Guten Morgen, Schwester Huhn", sagte Keloglan, „heute ist Muttertag und ich möchte meiner Mutter etwas schenken. Kannst du mir etwas geben?"

„Gack, gack, gack", antwortete das Huhn, „ich kann dir ein ganz frisch gelegtes Ei geben." „Das ist nett von dir", sagte Keloglan, „aber meine Mutter hat selbst genug Eier."

Keloglan zog weiter und traf eine Ziege. Er grüßte: „Guten Morgen, Schwester Ziege! Kannst du mir etwas zum Muttertag geben?" Die Ziege antwortete: „Bäh, bäh, bäh, ich kann dir Milch geben, um Käse zu machen." Keloglan antwortete: „Danke vielmals, aber meine Mutter hat schon Käse.

So zog Keloglan weiter und traf ein Schaf: „Guten Morgen, Bruder Schaf, kannst du mir etwas zum Muttertag geben?" bat Keloglan. Das Schaf antwortete: „Määä, määä, ich kann dir Wolle geben und daraus kannst du ihr dann eine Decke weben." Aber Keloglan meinte: „Nein danke, meine Mutter hat schon eine Decke."

Keloglan ging weiter und traf eine Kuh. „Guten Morgen, liebe Kuh", rief Keloglan „kannst du mir vielleicht etwas fur den Muttertag geben?" Darauf die Kuh: „Muh, muh, ich kann dir Butter und Milch geben." „Nein, danke, sie hat Butter und auch Milch", sagte Keloglan. „Ja, wenn das so ist", sagte die Kuh, „dann frag doch mal den Onkel Bär, der weiß bestimmt, was du ihr schenken könntest."

Da suchte der Keloglan den Bären in seiner Höhle auf. Nach einer Weile fand er den Eingang zur Höhle und klopfte an. „Guten Morgen, Onkel Bär", sagte Keloglan. „Kannst du mir etwas für den Muttertag geben?" Der Bär brummte: „Brrum, brrum, ich kann dir für den Muttertag zwar nichts geben, aber ich kann dir sagen, was du deiner Mutter schenken sollst." Da ging der Bär zu Keloglan hin und flüsterte ihm ganz leise etwas in's Ohr. Der Keloglan freute sich sehr über das, was der Bär ihm zugeflüstert hatte.

Geschwind lief er zu seiner Mutter zurück. Sie erwartete ihn schon an der Tür und Keloglan rief ihr zu: „Mama, rate mal, was ich dir zum Muttertag schenke!" Seine Mutter versuchte zu raten: „Eier vielleicht?“ „Nein, Eier sind es nicht.“ – „Käse?“ – „Nein, Käse auch nicht.“ „Ist es vielleicht eine Decke?“ – „Das auch nicht.“ „Milch und Butter?“ – „Keine Milch und keine Butter.“

Die Mutter konnte einfach nicht erraten, was Keloglan ihr schenken wollte. Da gab Keloglan seiner Mutter den Strauß Blumen, den er auf dem Feld für sie gepflückt hatte, umarmte sie und schenkte ihr seine Liebe.

Nacherzählt von Olcay Göçmen
Aus dem Türkischen
übersetzt von Frau Öztürk

Quelle: Olcay Göçmen: Keloğlan ve Anneler Günu. Istanbul: Oda Yayınları 1981

Lied – Muttertag – Türkei

Annem (Meine Mutter)

Güzelim sevgilim
canımsın sen annem.
Gece gündüz demeden
yorulursun annem.

Yemezsin, içmezsin.
Bizler için annem.
Mutluluk insanlığa,
Varoluşun annem.

Du bist
meine schöne, liebe Mutter.
Tag und Nacht, meine Mutter,
bist Du für mich da.

Für uns, liebe Mutter,
gehst Du ohne Essen und Trinken.
Glück für die Menschheit,
daß Du da bist, meine Mutter.

Tag der Frauen – Jugoslawien

Der 8. März wird in Jugoslawien seit 1945 offiziell als der Tag der Frauen gefeiert. Dieser Tag ist allen Frauen gewidmet, nicht nur den Müttern. Der 8. März wurde ursprünglich auf der Internationalen Konferenz der sozialistischen Frauenbewegung in Kopenhagen (1910) zum Tag der Frauen erklärt.

Es ist kein Feiertag, aber alle Frauen bekommen (auch im Betrieb) Geschenke und Blumen. In Kindergärten und Schulen wird dieser Tag gefeiert und mit Bastelarbeiten, Gedichten usw. vorbereitet.

Tanz – Muttertag – Jugoslawien (serbokroatisch)

Mamino Kolo (Tanz für die Mutter)

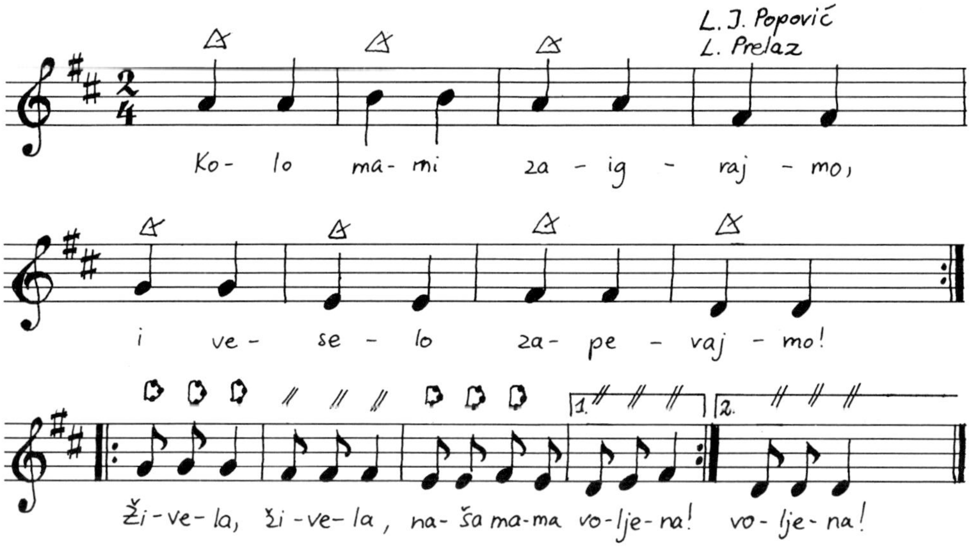

Kolo mami zaigrajmo,
i veselo zapevajmo!

Refren:
Živela, živela, naša mama voljena!

Ti u kolo dodi mama,
i veselo igraj s'nama.

Refren:
Živela, živela, naša mama voljena!

Wir tanzen für die Mutter
und singen!

Refrain:
Lang, lang, lang lebe unsere liebe Mutter!

Komm in unseren Kreis,
liebe Mutter und tanz mit uns!

Refrain:
Lang, lang, lang lebe unsere liebe Mutter!

Schema = Triangel
= Schellen
= Klangstäbchen

Tanzbeschreibung:

Die Kinder bilden einen Kreis, sie tanzen und singen gemeinsam:

Text der 1. Strophe:	*Bewegungen dazu:*
Kolo mami zaigrajmo, i veselo zapevajmo!	Gemeinsam im Kreis gehen,
Kolo mami zaigrajmo, i veselo zapevajmo!	in die andere Richtung gehen.
Živela, živela, naša mama voljena!	Stehen bleiben und im Liedrhythmus klatschen.
Živela, živela, naša mama voljena!	Jedes Kind dreht sich am Platz, streckt die Arme hoch und dreht die Hände hin und her.

Zusammengestellt von
Nora Berzheim und
Hortenzija Lapadat

Lied – Muttertag – Jugoslawien (serbokroatisch)

Željica (Ein Wunsch)

Kad bih mogla zvjezdice
lovit kao krijesnice,
sve bih zvjezde dala mami,
jer je dobra pa me hrani.
Haljinice lijepe šiva,
češlya redi i umiva.
Ah, da nisam tako mala
sve bih zvijezde mami dala.

Wenn ich die Sterne fangen könnte,
so wie die Glühwürmchen,
würde ich alle meiner Mutter geben,
weil sie lieb ist und mir zu essen gibt,
schöne Kleider näht,
mich kämmt und wäscht.
Oh, wenn ich nicht so klein wäre,
könnte ich alle Sterne Mami geben.

5. Zuckerfest – Şeker Bayramı – Türkei

1987	*1988*	*1989*	*1990*
28. Mai	17. Mai	6. Mai	26. April

Das Fasten im 9. Monat des islamischen Kalenders (Ramadan) gehört zu den fünf wichtigsten Geboten des Islam (vgl. Exkurs, S. 232). Das Ende der Fastenzeit wird mit einem großen Fest gefeiert: das Zuckerfest (türkisch: *Şeker Bayramı*), auch Fest des Fastenbrechens genannt. Dies ist neben dem Opferfest das wichtigste islamische Fest im ganzen Jahr. Es wird in der Türkei drei Tage lang gefeiert. Für das Fest werden viele Süßigkeiten gebacken und die Kinder bekommen meist neue Kleider. Am ersten Tag gehen die Männer früh morgens in die Moschee. Nach dem Gebet wünscht man sich gegenseitig ein frohes Fest und geht dann nach Hause.

Münever, die seit zehn Jahren in Deutschland lebt, hat den *Şeker Bayramı* aus ihrer Kindheit noch so in Erinnerung (*Brandt/Haase* 1983, Abschnitt 8.2.7, S. 4):

> „Wir lebten damals in Sivas, in Mittelanatolien. Als ich noch sehr klein war, habe ich nachts mein neues Kleid unter das Kopfkissen gelegt. Vor Aufregung konnte ich kaum schlafen und habe immer wieder nachgeschaut, welche Farbe es wohl hat, und dann habe ich es geküßt. Am Morgen mußten wir früh aufstehen. Meine Schwestern haben sich die Haare gewaschen. Ich als Jüngste kam zum Schluß an die Reihe und hatte immer Angst, daß man nicht genügend Zeit für mich hatte, um meine langen Locken schön zu kämmen und die glänzenden weißen Bänder darin zu befestigen. Ich war unruhig und ungeduldig, denn ich wollte auch genügend von dem Kölnisch Wasser, das in der Türkei immer ein wenig nach Zitrone riecht, auf meine Haare, meine Hände und mein Kleid bekommen. Wenn es uns zu Hause zu langweilig wurde, gingen wir Hand in Hand durch die Straßen. Die Leute machten die Fenster auf und wir begannen ein Lied zu singen. Dann bekamen wir etwas Süßes oder auch Geld, manchmal auch ein feines, besticktes Taschentuch. Heute gehen die Kinder in Sivas nicht mehr auf die Straße, um zu singen; das ist schade."
>
> Münevers Großmutter war die Älteste im Ort, deshalb mußte sie nicht mehr aus dem Hause gehen – alle kamen zu ihr, morgens um acht die ersten, gleich nach dem Besuch der Moschee. „Wenn meine Eltern Besuche machten, blieben meine älteren Geschwister im Hause und brachten den Gästen Kaffee und Süßigkeiten. So ging das drei Tage. Am ersten Tag wurden die nahen Verwandten besucht, die ältesten zuerst, am zweiten Tag die entfernten Verwandten und am dritten Nachbarn und Freunde.

> Da man immer auch einen Gegenbesuch machen muß, sieht man sich während des *Bayramı* immer zweimal. Ein Wunder, daß dieses System wie durch geheime Absprachen funktioniert, und man immer jemandem im Hause antrifft."

Für die Mehrzahl türkischer Migranten ist das Zuckerfest mit vielen Erinnerungen an die Heimat verbunden — und mit Heimweh. Auch hier feiert man, so gut es geht mit Familie, Freunden und Nachbarn. Wenn Muslime ihre Gefühle bei diesem Fest einem Deutschen erklären wollen, sagen sie meist: es ist wie für euch Weihnachten.

Türkische Kindergartenkinder erzählen von Bonbons und Geld und daß viele Leute zu Besuch kommen. „Wir küssen den Eltern und älteren Leuten die Hände, wünschen ihnen ein frohes Fest und noch viele Feste. Die Mädchen färben ihre Handflächen rot, die Jungen einen kleinen Finger. * Der Vater geht in die Moschee zum Beten und singt Lieder. Wir bekommen neue Kleider, und Mutter bäckt viel Kuchen. Böse Wörter dürfen wir an dem Tag nicht sagen" (*Brandt/Haase* 1983, S. 8).

Praktische Anregungen

Zur Gestaltung eines Festes verweisen wir auf türkische Tänze und Lieder in Kapitel D. Das Zuckerfest ist ein fröhliches Fest, Tanz und Spiel sind dem Anlaß durchaus angemessen.

In der Türkei werden gerade zur Ramadanzeit am Abend besonders viele Schattenspiele aufgeführt (s. Karagöz, S. 151).

In der Türkei und auch hier wünschen türkische Kinder den Erwachsenen (Freunde, Familie) ein frohes Fest und bekommen dabei meist Bonbons. Auch im Kindergarten oder in der Schule sollte allen türkischen Kindern und Eltern zum Zuckerfest gratuliert werden.

Anregungen zur Vorbereitung des Festes:

- Für jede türkische Familie in der Gruppe wird von den Kindern eine Glückwunschkarte hergestellt und abgeschickt.
- Bonbons und Süßigkeiten gehören zum Zuckerfest. Vor dem Fest könnten in der Gruppe bunte Bonbonketten (mit einigen Bonbons, vielen Papierblumen, usw.) hergestellt werden:
  eine große Kette für den Kindergarten, kleine Ketten zum Mitnehmen (nach Hause). Auf diese Weise bekommen die Kinder Süßes, aber die Zahl der Bonbons steigt nicht ins Unendliche und die Kinder haben etwas zum „Herzeigen".
- Zubereitung von Helva, eine sehr bekannte türkische Süßspeise. Helva ist auch in Griechenland verbreitet (Halva).

* Das Färben der Handinnenflächen geschieht mit Henna, der Farbe einer Pflanzenwurzel. Dieser Brauch ist auch bei anderen Festlichkeiten üblich, jedoch nicht überall.

Rezept für Helva

Zutaten:
1 Tasse Butter
2 Tassen Zucker
3 Tassen Grieß
4 Tassen Wasser
1 EL Pinienkerne oder Mandeln (Mandelsplitter)

Butter in einer Pfanne erhitzen, Grieß und Mandeln zugeben und rösten (bis Grieß und Mandeln hellbraun werden). Zucker in kaltem Wasser auflösen (4 Tassen). Diese Masse dem heißen, gerösteten Grieß zugeben, ständig umrühren (Vorsicht, brennt leicht an), bis das Wasser verdunstet ist. Topf vom Herd nehmen, mit einem Geschirrtuch zudecken, das Ganze 15 Minuten ziehen lassen. Eventuell mit Zimt bestreuen.

In anderen Varianten wird Milch anstelle von Wasser genommen oder auch Mehl anstelle von Grieß (Grieß ist wesentlich teurer).

Anekdoten – Zuckerfest – Türkei

Nasreddin Hodscha über Helva

Eines Tages sprachen der Hodscha und seine Freunde über Helva. „Ich mag es wirklich", sagte der Hodscha, „aber ich hatte nie die Gelegenheit, es selbst zu machen."

„Warum nicht?" fragten sie.

„Nun, wenn wir Mehl im Haus hatten, hatten wir keine Butter. Und wenn wir Butter hatten, hatten wir kein Mehl", erwiderte der Hodscha.

„Du meinst, du hattest nie beides, Butter und Mehl, während all dieser Jahre zusammen im Haus?"

„Nun, manchmal schon", sagte der Hodscha, „aber dann war ich nicht zu Hause."
Eines Tages bat der Hodscha seine Frau, etwas Helva zuzubereiten. Sie bereitete ziemlich viel zu, und der Hodscha aß fast alles davon auf.

Des Nachts im Bett weckte er sie auf und sagte: „Ich habe gerade einen wunderbaren Gedanken gehabt."

„Was für einen Gedanken?" wollte seine Frau unbedingt von ihm wissen.

„Bringe mir den Rest des Helvas und ich werde es dir sagen."

Sie stand auf und brachte ihm das Helva. Nachdem er alles aufgegessen hatte, sagte sie:

„Nun werde ich aber nicht schlafen können, bevor du mir nicht deinen Gedanken verraten hast."

„Der Gedanke war der", sagte der Hodscha: „Geh niemals schlafen, bevor du nicht alles Helva aufgegessen hast, was an dem Tag zubereitet wurde."

6. Opferfest – Kurban Bayramı – Türkei

1987	1988	1989	*1990*
6. August	26. Juli	15. Juli	5. Juli

Zwei Monate und 10 Tage nach Ramadan-Ende wird in der Türkei das Opferfest gefeiert, neben dem Zuckerfest (siehe Seite 224) das zweite große Fest im Islam.

Das Opferfest wird zur Erinnerung an Abrahams Opferbereitschaft gefeiert. Gott wollte Abraham, (tk: *İbrahim*) den Urvater der Propheten, prüfen und forderte von ihm, er möge ihm seinen Sohn Ismael opfern (nach islamischer Überlieferung war es der Sohn Ismael, nach christlicher Überlieferung der Sohn Isaak). Abraham war zu diesem Opfer bereit, aber Gott schickte ihm kurz vor der Opferung einen Hammel, damit er diesen anstelle des Sohnes opfere.

Dieses große islamische Fest wird in der Türkei vier Tage lang gefeiert. Am ersten Tag früh morgens versammeln sich alle zum Gemeinschaftsgebet in der Moschee. Nach dem Festgebet umarmt und küßt man sich. Die Kinder küssen Eltern und Verwandten die Hände und wünschen ein frohes Fest. Sie erhalten Süßigkeiten, Geld oder andere kleine Geschenke. Zu dem Fest gehören: das rituelle Schlachten des Opfertieres, Spenden für Bedürftige, Festessen und – wie beim Zuckerfest *(Şeker Bayramı)* – Besuche: Vier Tage lang werden Verwandte, Freunde und Nachbarn besucht (vgl. *Brandt/Haase* 1982, Abschnitt 8.2.7).

Auch heute ist Wohltätigkeit Bestandteil des Festes. So können z. B. einige Krankenhäuser erst durch die Spenden notwendige Einrichtungen kaufen; oder Waisenkinder werden beschenkt usw.

Für das rituelle Schlachten gibt es eine Reihe von Vorschriften. Das Opfertier wird meist in drei Teile aufgeteilt: ein Drittel für Arme, ein Drittel für Freunde oder Verwandte, ein Drittel für die Familie, für das eigene Festmahl – das wissen auch türkische Kinder in Deutschland, die aus gläubigen Familien kommen. Häufig sind es Kinder, die die Fleischstücke zu Bedürftigen und Freunden bringen. Dafür bekommen sie meist etwas Süßes.

In der ländlichen Türkei schlachten die meisten Familien noch selbst ihr Opfertier. In den Städten hingegen hat das traditionelle Schlachtritual viele Verwandlungen erfahren. So stiften z.B. einige Familien ihr Opfertier einer Wohlfahrtseinrichtung.

In der Bundesrepublik Deutschland sind die Bedingungen für rituelles Schlachten nicht gegeben – weder rechtlich noch räumlich. Man arrangiert sich. Viele kaufen beim türkischen Metzger nur so viel wie sie selbst verbrauchen können und spenden an türkische Wohlfahrtsorganisationen. Andere schicken das Geld für einen Hammel in die Heimat, damit die Familie dort für sie schlachtet und Anteile an bedürftige Menschen verteilt. Viele Familien gehen auch hier zum Festgebet früh morgens in die Moschee und feiern dann in der Familie mit Freunden und Nachbarn (*Trautsch* 1983, S. 23–27).

7. Tag der Republik – 29. November – Jugoslawien

Will man im Kindergarten oder in der Schule ein „jugoslawisches Fest" feiern, dann bieten sich die nationalen Feiertage und nicht die religiösen Feste an. Seit 1945 gibt es in Jugoslawien nämlich eine strikte Trennung von Staat und Kirche. In den Schulen wird kein Religionsunterricht erteilt, und die kirchlichen Feiertage werden nicht öffentlich-amtlich – auch nicht im Kindergarten – gefeiert. Religiöse Feste werden in der Familie und im regionalen Umkreis, nicht aber als nationale Ereignisse gefeiert, – dies umsomehr, als in Jugoslawien ganz unterschiedliche Religionen vertreten sind (Näheres dazu weiter unten). Landesweit werden folgende Feste gefeiert: Tag der Republik, Tag der Befreiung, Tag der Jugend, Tag der Frau, Tag der Arbeit.

Am 29. November wird in Jugoslawien der „Tag der Republik" – die Gründung des heutigen Staates Jugoslawien – gefeiert.

Die Bedeutung dieses Tages ist ohne die Geschichte des Vielvölkerstaats Jugoslawien nicht nachvollziehbar. Wir haben die Erfahrung gemacht, daß Kenntnisse über die Besonderheiten Jugoslawiens – mit den verschiedenen Sprachen, Republiken und Nationalitäten – für deutsche Pädagogen keine Selbstverständlichkeit sind. So möchten wir mit diesem kurzen Exkurs über Jugoslawien sowohl spezifische Hintergrundinformationen zum Tag der Republik vermitteln, als auch eine allgemeinere Orientierungshilfe für die Zusammenarbeit mit jugoslawischen Familien geben.

Republiken, Nationalitäten, Sprachen

Das heutige Jugoslawien ist ein Vielvölkerstaat mit verschiedenen Republiken und zahlreichen Nationalitäten bzw. ethnischen Gruppen. Die Republiken sind, von Norden nach Süden: Slowenien, Kroatien, Bosnien-Herzegovina, Serbien (mit zwei autonomen Provinzen Vojvodina und Kosovo), Montenegro und Makedonien.

Die Bevölkerung Jugoslawiens setzt sich zusammmen aus sieben großen Nationalitäten (*Büschenfeld* 1981, S. 170): Serben 39,7%, Kroaten 22,1%, Muslime 8,4%, Slowenen 8,2%, Mazedonen 5,8%, Montenegriner 2,5%. Den Status einer Nationalität haben auch die Muslime, obwohl sie keine eigene Sprache haben, sondern nur eine eigene Religion. Neben diesen Nationalitäten gibt es noch eine ganze Reihe von nationalen und ethnischen Minderheiten: Magyaren, Türken, Bulgaren, Rumänen, Italiener, Deutsche. Die Aufteilung in Republiken ist nicht identisch mit der Aufteilung in Nationalitäten; am homogensten sind noch Slowenien und Montenegro, während in allen anderen Republiken meist mehrere Nationalitäten und nationale Minderheiten leben.

In Jugoslawien gelten *drei* Hochsprachen:

– Serbokroatisch – die gemeinsame Sprache der Serben, Kroaten, Montenegriner und Muslime
– Slowenisch
– Makedonisch

In den letzten Jahren ist eine Aufwertung der beiden größten nichtslawischen Sprachen zu beobachten, der Sprache der Albaner und der Magyaren (*Haberl* 1977, S. 147).

In Jugoslawien gibt es zwei Alphabete, das lateinische und das kyrillische Alphabet.

Verschiedenen Religionen und Kulturkreise

Drei verschiedene Glaubensrichtungen sind vertreten: die katholische, die orthodoxe, die islamische. Die Katholiken leben überwiegend in Slowenien, Kroatien, Vojvodina und Montenegro; in Bosnien-Herzegovina, Serbien und Makedonien leben teils Orthodoxe, teils Muslime.

Anhand dieser Angaben wird bereits deutlich, wie in Jugoslawien sowohl westeuropäische als auch osteuropäische Traditionen zusammentreffen. Die verschiedenen Regionen des heutigen Jugoslawien wurden von ganz unterschiedlichen Kulturkreisen geprägt. So waren Slowenen und Kroaten schon früh unter dem Einfluß der Römischen Kirche und lebten später beide unter Habsburgischer Herrschaft – die sich bis 1918 hielt. Serbien wiederum wandte sich, schon aufgrund seiner geographischen Lage, zum Byzantinischen Reich und der Orthodoxie zu. Dann wurde der Südosten des heutigen Jugoslawien zu einer Provinz des Osmanischen Reiches und geriet unter dessen kulturellen und politischen Einfluß. Dabei wurden einige Teile islamisiert (vor allem Bosnien und Makedonien), während andere Teile des Südostens (insbesondere Serbien und Montenegro) versuchten die byzantinisch-orthodoxe Tradition aufrechtzuerhalten. Eine besondere Stellung nahmen die Handelsstädte an der Adriaküste ein. Sie bewahrten sich weitgehende Autonomie und hatten viele Verbindungen zu Rom und später zu den italienischen Handelsstädten (*RAA* 1981, S. 7 und *DIFF* – Jugoslawien, 1985, S. 77).

Wirtschaftlich gesehen spricht man auch im Zusammenhang mit Jugoslawien von einem Nord-Süd-Gefälle (vergleiche Italien) – der Nordwesten gilt als „entwickelt", die südöstlichen Regionen als „unterentwickelt".

Angesichts dieser Vielfalt von Nationalitäten, Sprachen und Kulturen wird jede Verallgemeinerung über *die* jugoslawische Familie oder *den* jugoslawischen Erziehungsstil hinfällig. Generell ist ein Trend zur Kernfamilie zu beobachten. Dennoch bleiben Familientraditionen und Normen der Großfamilie, insbesondere in ländlichen Gebieten, auch dann noch bedeutsam, wenn die verschiedenen Generationen nicht mehr in einem Haushalt leben. Grundsätzlich ist die Familienstruktur z. B. einer ländlichen muslimischen Familie aus dem Südosten mit der einer städtischen katholischen Familie aus Slowenien nicht vergleichbar.

Für die Praxis in multinationalen Kindergruppen muß man also im Auge behalten: Jugoslawische Kinder können aus ganz unterschiedlichen Kulturkreisen kommen und vielleicht auch nicht dieselbe Sprache sprechen. So wird z. B. eine Familie aus Serbien mit einem Kinderbuch in slowenischer Sprache nur wenig anfangen können. Dennoch gibt es so etwas wie ein jugoslawisches Nationalbewußtsein, und dieses Nationalbewußtsein ist Bestandteil der Feierlichkeiten zum „Tag der Republik".

*Jugoslawien als **ein** Staat*

Trotz der Vielfalt der Nationalitäten wuchs auch unter den südslawischen Völkern im Zuge verschiedener gesamteuropäischer Veränderungen das Nationalbewußsein. Zu diesen Veränderungen gehörten u. a.: die Französische Revolution, der Zerfall des Osmanischen Reiches und schließlich die Auflösung der Habsburger Monarchie. Serbien und Montenegro erlangten 1878 ihre Selbständigkeit. Als der erste Weltkrieg beendet war, schloß sich das Königreich Serbien mit Kroatien, Slowenien, Dalmatien, Bosnien, Montenegro und der Herzegovina zum „Königreich der Serben, Kroaten und Slowenen" zusammen. In diesem Zusammenschluß wurde jedoch der Führungsanspruch Serbiens von den anderen Völkern nicht ohne weiteres anerkannt und es kam zu Unruhen, und schließlich herrschten bürgerkriegsähnliche Zustände.

Während des 2. Weltkrieges wurden dann Teile des heutigen Jugoslawien von deutschen und italienischen Armeen besetzt, und Deutschland und Italien verhandelten über die Aufteilung des besiegten Königreichs. Am 4. Juli 1941 rief die illegale Kommunistische Partei Jugoslawiens unter Josip Broz, genannt Tito, zum bewaffneten Kampf gegen die Besatzung auf. Tito war gebürtiger Kroate, hielt sich jedoch aus nationalen und religiösen Streitigkeiten heraus und kämpfte unter dem Motto *„Smrt fasizmu, sloboda narodu!"* (Tod dem Faschismus, Freiheit dem Volk!) (*DIFF* – Jugoslawien, 1985, S. 81). In den folgenden Jahren wurde Tito zum Führer des „Volksbefreiungskampfes" gegen Deutsche, Italiener und Kollaborateure (insbesondere Pavelić) und die Partisanenbewegung erhielt laufend Zuwachs. Erst 1943 wurden die Partisanen auch durch die Alliierten unterstützt.

Am 29. November 1943 wurde schließlich durch den Antifaschistischen Rat in Jajce (Bosnien) der Grundstein für ein neues, sozialistisches und föderatives Jugoslawien gelegt.

Tito wurde zum Marschall Jugoslawiens ernannt. Obwohl erst zwei Jahre später – am 29. November 1945 – die Republik ausgerufen wurde, gilt der 29. 11. 1943 offiziell als Beginn der Republik. So schmückt dieses Datum bis heute das Staatswappen, und dieser Tag wird als Tag der Republik *(Dan Republike)* gefeiert.

Tito blieb über 30 Jahre der Führer Jugoslawiens und er ist auch nach seinem Tod die Symbolfigur mit der das Nationalbewußtsein Jugoslawiens eng verknüpft ist. Er wird über religiöse, ethnische und politische Unterschiede hinweg als Führer der Partisanenbewegung und als Gründer des heutigen Staates Jugoslawien geehrt (*Diskowski/Heuchert* 1983, S. 44). Die Bedeutung Titos ist mit der Bedeutung Atatürks in der Türkei vergleichbar. Zusammen mit der Verehrung Titos wird die Partisanenbewegung zum Symbol des Aufstandes gegen Fremdherrschaft stilisiert – in Schulbüchern, bei öffentlichen Feiern usw.

Sicherlich sind wir heute mißtrauisch gegen Heldenfiguren, aber dennoch darf man die historischen Hintergründe für die Verehrung Titos nicht übersehen.

So haben wir zum Tag der Republik ein einfaches Kinderlied auf Tito ausgewählt. Ältere Kinder können erzählen, aus welchem Teil Jugoslawiens ihre Familie stammt, welcher Nation sie angehören und welche Sprache sie sprechen. Dann könnten einige Worte in den verschiedenen jugoslawischen Sprachen, die in der Kindergruppe vertreten sind, nebeneinander gestellt werden.

Lied – Tito – Jugoslawien (serbokroatisch)

Druže Tito, Ljubičice Bijela
(Kamerad Tito, weiße Veilchen)

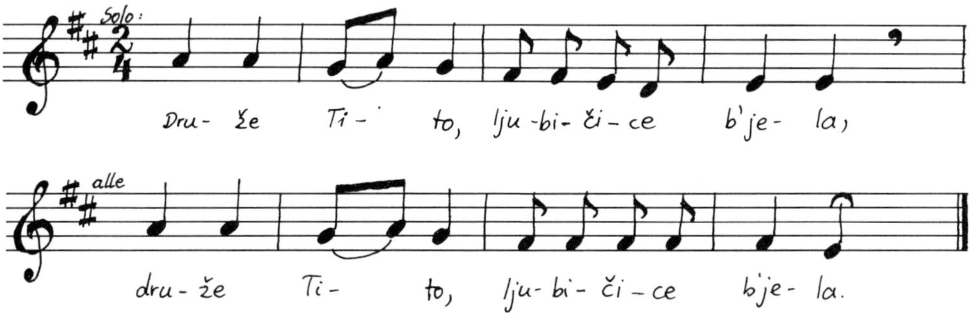

Druže Tito, ljubičice b'jela,
druže Tito, ljubičice b'jela,

Druže Tito, naš narodni sine,
pjevamo ti pjesmu od miline.

Druže Tito, naše rasno crijeće,
cio narod za tobom se kreće.

Druže Tito, naša mila nado,
tebe voli i staro i mlado.

Kamerad Tito, weiße Veilchen,
Kamerad Tito, weiße Veilchen.

Kamerad Tito, Sohn unserer Völker,
Wir singen Dir ein Lied vom Herzen.

Kamerad Tito, unser Tau der Blumen,
Unser Volk bewegt sich mit Dir.

Kamerad Tito, Du bist unsere
Hoffnung,
Dich mögen Alte und Junge.

8. Exkurs

Grundprinzipien des Islam

99% der türkischen Bevölkerung bekennen sich zum Islam. Zu der nicht-muslimischen Bevölkerung gehören vor allem christliche Minderheiten – überwiegend orthodox. Die Christen leben hauptsächlich in den Großstädten (die meisten – griechischer und armenischer Herkunft – in Istanbul) und im Südosten (hauptsächlich Assyrer). Obgleich diese christlichen Minderheiten prozentual kaum ins Gewicht fallen, sollten sich deutsche Pädagogen stets vergewissern, ob die türkischen Kinder in ihrer Gruppe tatsächlich aus muslimischen Familien kommen.

Der Islam ist die jüngste Weltreligion. Er entstand im 7. Jahrhundert nach Chr. – nicht als eine ganz neue Religion: Mohammed (auch Muhammad geschrieben), Prophet und Verkünder des Islam, sah sich selbst in einer Reihe mit den großen Propheten der jüdisch-christlichen Tradition. Heute ist der Islam mit ca. 550–650 Millionen Gläubigen die zweitgrößte Weltreligion nach dem Christentum. Er ist vor allem in Afrika, Asien und Südosteuropa verbreitet.

Traditionell gibt es für den Islam keine Trennung von Staat und Religion. Die Einheit von Staat, Religion und Gesetz war ein Grundpfeiler des islamischen Osmanischen Reiches. Nach dem Untergang des Osmanischen Reiches führte Kemal Atatürk, Gründer der türkischen Republik, für die Türkei den Laizismus ein: Trennung von Staat und Religion, Säkularisierung des öffentlichen Lebens. Atatürks Programm konnte sich nur z. T. durchsetzen.

Allah, Monotheismus

Zentral für den Islam ist das Bekenntnis zu *einem* Gott (Allah). Der Islam ist eine streng monotheistische Religion, die auch die christliche Dreifaltigkeitslehre ablehnt. Gott, so der Islam, ist von seinem Wesen her nicht teilbar. Der christliche Glaube an Jesus als Sohn Gottes ist für Muslime eine Gotteslästerung. Ebenso fremd ist dem Islam der Gedanke der Erbsünde, der Kreuzigung und des Opfertodes Jesu. Jesus wird durchaus anerkannt, aber als Lehrer und Prophet, als Mensch (*DIFF* 1984, S. 81).

Jesus, Lehrer

Aus islamischer Sicht wurde die Offenbarung mehrfach verschiedenen Gesandten mitgeteilt und von ihnen gepredigt, jedoch von den Menschen verfälscht. Erst mit dem Propheten Mohammed konnte die Offenbarung unverfälscht niedergeschrieben werden. Mit ihm ist die Offenbarung Gottes an die Menschheit abgeschlossen und das Erscheinen neuer Propheten überflüssig.

Mohammed

der Koran — Der Koran, die heilige Schrift des Islam – enthält diese Offenbarung und im Rezitieren von Koranversen erlebt der Gläubige den Islam. Der Koran ist ursprünglich in arabischer Sprache und Schrift abgefaßt und in dieser Fassung ist er für Muslime heilig. Aus islamischer Sicht ist der Koran eine Offenbarung, jedes Wort ist Gottes Wort. So ist das Auswendig-lernen und Rezitieren des Korans wesentlicher Teil der religiösen Erziehung – während im Christentum die Auslegung der Bibel, die Vermittlung biblischer Botschaften (z. B. in der Predigt) eine größere Rolle spielt.

Der Koran enthält nicht nur Glaubenssätze, sondern auch praktische Richtlinien für das soziale, rechtliche und politische Leben.

Moschee — Die Moschee ist nicht im engeren Sinne ein „Gotteshaus" wie die christliche Kirche. In der Moschee versammeln sich die Gläubigen zum Gebet, aber auch zu anderen Zwecken. Die Moschee ist ebenso Lehr- und Versammlungsstätte für die Mitglieder der muslimischen Gemeinde, man kann in der Moschee sogar schlafen, ohne sich irgendwie zu versündigen. Die Tatsache, daß Muslime beim Betreten der Moschee die Sandalen ablegen, hat nichts mit einer Heiligkeit des Ortes zu tun, sondern hängt vielmehr mit der rituellen Reinheit des Platzes, an dem ein Gebet verrichtet wird, zusammen.

Das wichtigste Gebot im Islam ist die Befolgung der fünf Hauptpflichten („fünf Säulen des Islam"). Diese sind: das Glaubensbekenntnis, das Gebet, das Fasten, die Almosensteuer, die Pilgerfahrt nach Mekka.

das Glaubensbekenntnis — Das Glaubensbekenntnis, „Ich bekenne, daß es keinen Gott außer Allah gibt, und daß Mohammed der Gesandte Gottes ist", enthält einen Kernsatz des Islam: den Glauben an den einen und einzigen Gott Allah und den Hinweis auf Mohammed, Prophet und Gesandter Gottes. Dieses Bekenntnis ist nicht nur ein Glaubenssatz, sondern auch ein wichtiges Ritual, es soll mehrmals am Tag von jedem Muslim gesprochen werden.

das rituelle Gebet — Als höchste Pflicht eines Muslim wird das Gebet (arabisch: *Salat*) angesehen. Dabei handelt es sich um rituelles Beten, mit klaren Regeln für die Vorbereitung, für den Ablauf und Inhalt des Gebets. Der Gläubige muß fünfmal am Tag beten: am Morgen, zu Mittag, nachmittags, bei Sonnenuntergang und abends. Fünfmal am Tag ruft der Muezzin vom Minarett der Moschee zum Gebet auf. Vorbedingung für ein gültiges Gebet ist zunächst die rituelle Reinheit. Man befreit sich von Unreinheit durch eine rituelle Waschung mit Wasser. So sind viele Plätze, vor allem die Vorlauben der Moscheen, mit Waschgelegenheiten ausgestattet. In einigen reicheren Häusern gibt es auch einen eigenen rituellen Waschraum. Der Betende verbeugt sich in Richtung Mekka. Auch der Boden, auf dem er kniet, muß rein sein, deshalb verwenden Muslime außerhalb der Moschee einen Gebetsteppich. Das gemeinschaftliche Gebet in der Moschee ist am Freitag (Atatürk hat in Angleichung an den Westen den *Sonntag* zum Feiertag erklärt).

Fasten Ramadan — Das Fastengebot gilt für alle erwachsenen Muslime. Ausgenommen sind Kranke, alte Menschen, schwangere Frauen und Kinder. Gefastet wird während des Ramadan, im 9. Monat des muslimischen Mondkalenders. Da das Mondjahr um elf Tage kürzer als das Sonnenjahr ist, verschiebt sich der Fastenmonat nach unserer Zeitrechnung jeweils um 11 Tage pro Jahr.

„Neben dem Gebet ist die Pflicht des Fastens im Monat Ramadan dasjenige religiöse Phänomen, das das öffentliche und private Leben in der islamischen Welt am stärksten in ihrer Gesamtheit prägt und beeinflußt. Auch solche Muslime, die ihrer Gebetspflicht nur lässig nachkommen und auch sonst mit den Regeln des Islam eher großzügig umgehen, nehmen am allgemeinen Fasten teil. Kinder beginnen in der Regel mit etwa 7 Jahren mit ein paar Tagen Fasten (*Brandt/Haase,* 1981 ff., Kap. 9).
Einen Monat lang darf zwischen Sonnenaufgang und Sonnenuntergang nichts getrunken oder gegessen werden. Während dieser Zeit sind auch alle Genußmittel (z. B. Zigaretten) und Geschlechtsverkehr verboten.
Am Abend treffen sich die Familienmitglieder, Nachbarn und Freunde zu einem meist ausgiebigen gemeinsamen Mahl. Der Ramadan ist nicht nur eine Zeit religiöser Besinnung, sondern auch eine Zeit der besonderen Verbundenheit, Solidarität und Geselligkeit unter Muslimen.
Das Ende der Fastenzeit wird mit einem großen Fest – das Zuckerfest (*Şeker Bayramı*, vgl. S. 224) gefeiert.

Almosen

Jeder Muslim soll freiwillige Gaben an Ärmere, wenn immer es ihm möglich ist, verteilen. Darüber hinaus ist es eine Pflicht, jährlich eine Almosensteuer von etwa 2 1/2 % des Nettoeinkommens abzugeben, ein Betrag, der für Arme und Bedürftige bestimmt ist und zugleich der Unterstützung des Staates dient.

Mekka

Die Pilgerfahrt nach Mekka sollte jeder Muslim zumindest einmal im Leben unternehmen, sofern er die finanziellen Mittel dafür aufbringen kann. Die jährliche Wallfahrt nach Mekka gewährt Muslimen das Erlebnis weltweiter Solidarität, denn hier treffen sich Muslime verschiedener Rassen und Erdteile. Mekka ist das religiöse Zentrum des Islam. In vorislamischer Zeit war Mekka ein bedeutender Handelsumschlagplatz der Karawanen auf dem Weg von Jemen nach Syrien. In Mekka empfing Mohammed seine Berufung zum Propheten und die ersten Offenbarungen, Kaaba ist das heilige Gebäude in Mekka. Die Kaaba ist, streng genommen, das einzige „Gotteshaus" im Islam.
Für Muslime gibt es neben den obengenannten Pflichten (die fünf Säulen des Islams) noch eine Reihe von Glaubenssätzen oder Verhaltensregeln, die z. T. im Koran enthalten sind, z. T. aus dem Leben und den Sprüchen des Propheten Mohammed überliefert sind.

Beschneidung

So ist die Beschneidung der Jungen keine im Koran festgelegte Pflicht, sondern eine Empfehlung des Propheten. Fast alle türkischen Jungen werden in der Regel im Alter zwischen 7 und 10 Jahren beschnitten.
Die Beschneidung ist ein festlicher Anlaß für die ganze Verwandtschaft. In ländlichen Gebieten kann ein Beschneidungsfest drei Tage dauern. Dieser Akt kann als Einführungsritual in die Gesellschaft, als erstes gesellschaftliches Ereignis im Leben eines Jungen gesehen werden (für Mädchen hat allenfalls die Hochzeit eine vergleichbare Funktion) (*DIFF* 1984, S. 82).
Auffällig sind die prachtvollen Beschneidungsuniformen in der Türkei. Neben dem Hemd, das während und nach der Operation getragen wird, gehören eine Schärpe und die mit dem Wort *Masallah* bestickte rote Mütze

dazu. Wer es sich leisten kann, schenkt seinem Sohn darüber hinaus eine „Ausgehuniform" im Stil einer der Waffengattungen der türkischen Armee. In einigen Gegenden der Türkei bekommt der Junge noch einen Paten *(kirve)* zur Seite.

Einige türkische Migrantenfamilien fahren zum Beschneidungsfest in die Türkei. Oft wird gewartet, bis mehrere Jungen der Familie das entsprechende Alter erreicht haben, um die doch erheblichen Kosten zu teilen.

Speisen, Kleidung

Zu den hierzulande bekannteren religiösen Sitten der muslimischen Bevölkerung gehören noch die Speise- und Bekleidungsvorschriften. Verboten sind alle berauschenden Speisen (z. B. Alkohol) sowie Schweinefleisch, das Fleisch von reißenden Tieren und von Tieren, die nicht rituell geschlachtet wurden. Zu den Bekleidungsvorschriften gehört u. a. die Kopfbedeckung für Frauen.

Grundsätzlich ist die Religionsausübung für einen frommen Muslim Teil des Alltags – im privaten wie im öffentlichen Leben.

Für weitergehende Informationen über historische, politische und soziokulturelle Entwicklungen des Islam, über regionale Eigenarten usw. müssen wir auf weiterführende Literatur verweisen.

Wir haben hier einige Glaubenssätze des Islam dargelegt, um wenigstens eine erste Orientierung zu ermöglichen. Dies ist lediglich ein Gerüst, das in der pädagogischen Praxis erst gefüllt werden muß – durch weitergehende Informationen über türkische Kultur und Religion, durch Gespräche mit türkischen Familien, Lehrern usw.

Islam in der Migration

Viele Faktoren können für das religiöse Leben in türkischen Familien bestimmend sein.

Es lassen sich dennoch, vorsichtig, einige Kennzeichen des Islams festhalten, die für die religiöse Erziehung türkischer Kinder in einer deutschen Umgebung für die betroffenen Kinder belastend sein könnten:

- Bekleidungs- und Essensvorschriften, die für nicht-türkische Kinder befremdend sein können.
- Der Islam als ein System von Ritualen und Regeln, die den Alltag des gläubigen Muslims bestimmen sollten – im Gegensatz zu einer Umwelt, in der Religion im Alltag kaum eine Rolle spielt.
- Im Kindergarten, in der Schule und im öffentlichen Leben wird insbesondere das Weihnachtsfest lange vorbereitet und gefeiert. Die christliche Lehre von Jesus als Sohn Gottes ist für Muslime eine Gotteslästerung.
- Folgen der Migration und Minoritätensituation: Isolierung und Angst vor Verlust der Herkunftskultur können zur rigiden Betonung traditionell islamischer Wertvorstellungen führen.

Korankurse

Religiöse Erziehung in Korankursen in der Bundesrepublik Deutschland (*DIFF* 1984, S. 90):

In diesen Kursen sollen die Kinder lernen, den Koran in arabischer Sprache zu lesen und Koranverse auf arabisch zu rezitieren. Daneben werden Schülern muslimische Wertvorstellungen vermittelt. Es ist üblich, daß Jungen und Mädchen getrennt unterrichtet werden und daß die Mädchen eine angemessene Kleidung (Kopftuch, langärmlige Kleider, z. T. Hosen zusätzlich zum Rock) tragen müssen. Diese Korankurse sind umstritten und zwar aus mehreren Gründen: In der Türkei können Korankurse nur mit staatlicher Erlaubnis und unter Kontrolle von besonders ausgebildeten Lehrern durchgeführt werden. In der Bundesrepublik Deutschland finden diese Kurse ohne jede Kontrolle statt. In der Türkei werden diese Kurse nicht von jungen Kindern besucht, im Unterschied zur Bundesrepublik Deutschland. Es gibt Anhaltspunkte dafür, daß einige Korankurse von religiös-konservativen, zum Teil extremistischen Kräften beherrscht werden.

J. Lähnemann, Professor für Religionspädagogik schreibt dazu (In: *Brandt/Haase* 1981, Kapitel 2.9):
„Nichts beleuchtet die Situation muslimischer Familien in ihrem Verhältnis zu deutschen Schulen krasser als das Problem der außerschulischen Koranunterweisung. Denn die Korankurse konnten sich in eben dem Maße entfalten, in dem es ein Defizit in der religiösen und kulturellen Sozialisation ausländischer Familien in der Bundesrepublik und West-Berlin gibt ...
Was über die ‚Pädagogik' in solchen Kursen an die Öffentlichkeit drang, war geeignet, verbreitete Vorurteile über den Islam zu bestärken: er sei einseitig ‚rechts', einseitig fanatisch, starr, rückwärtsgewandt – für viele Menschen in der Bundesrepublik bequemer Vorwand dafür, sich mit dem Islam nicht näher befassen zu müssen. – Daß der Zulauf zu den Korankursen im Grunde ein Notsignal darstellt und gleichzeitig eine Herausforderung an unsere Fähigkeit, mit Menschen aus anderen Kulturen und Religionen zusammenzuleben, wurde nicht wahrgenommen ...
So schwierig es ist, auf Integration *und* Verbundenheit mit der Herkunftskultur hinzuarbeiten, so ist hier doch ein Doppeltes eindeutig zum Ausdruck gebracht: daß sowohl einer religiös-kulturellen Entwurzelung entgegenzuwirken ist als auch einer Gettoisierung, die den Nährboden für Fanatismus und soziale Konflikte abgibt."

Religion als Kultur

Abschließend noch einige wichtige Gesichtspunkte zur Wahrnehmung und Einschätzung anderer Religionen:
- Religion ist immer auch Kultur, ein Stück Kultur, das auch dann „weiterlebt", wenn die Gebote und Rituale nicht mehr eingehalten werden;
- Wir neigen dazu, eine uns fremde Religion als homogenes Ganzes, als geschlossenes System von Glaubenssätzen und Geboten zu sehen. Dies gilt ebensowenig für türkische Familien in der Bundesrepublik Deutschland, wie für deutsche katholische Familien in Bayern. So wird z. B. in vielen türkischen Familien das Alkoholverbot ignoriert, das Schweinefleischverbot aber strikt eingehalten; oder in einer Familie spielt der Fastenmonat Ramadan eine große Rolle, während das tägliche Gebet nur selten praktiziert wird; oder man fastet überhaupt nicht mehr, feiert aber das Zuckerfest (am Ende der Fastenzeit) als großes religiöses und geselliges Ereignis.

Nur im persönlichen Gespräch mit türkischen Familien und Kollegen können wir erfahren, welche Regeln, Rituale oder Feste in den Familien eine Rolle spielen.

Christentum – Islam: Ein Vergleich für Kinder

Islamische Feste können ein Anlaß sein, mit Kindern über Gemeinsamkeiten und Unterschiede zwischen Christentum und Islam zu sprechen. Bei diesem Thema sollten, soweit möglich, türkische Kollegen und Eltern miteinbezogen werden. Türkische Kinder im Grundschulalter können gerade beim Thema Islam die Rolle des „Berichterstatters" übernehmen, sie wissen mehr über den Islam als ihre Klassenkameraden. Zur Veranschaulichung der beiden Religionen können bestimmte deutlich sichtbare Symbole verglichen werden (eine Idee aus dem Projekt „Deutsche und Ausländer im Stadtteil" – siehe Literaturhinweise):

Kirche	Moschee
Bibel	Koran
Pfarrer	Imam
christl. Gebetshaltung	muslimische Gebetshaltung

Der Besuch einer Moschee ist auch für jüngere Kinder (ab ca. 5 Jahren) interessant. Es ist zweckmäßig, diesen Besuch vorher anzukündigen, damit der Vorbeter in der Moschee da ist, um die Fragen zu beantworten, oder vielleicht auch in arabischer Sprache zu beten.

Vielleicht sind türkische Kinder im Grundschulalter bereit, ihren Klassenkameraden den Koran zu zeigen und auch einige Verse daraus zu rezitieren.

Zur Veranschaulichung des Gebetsrituals im Islam (mit rituellen Waschungen, usw.) möchten wir den Kurzfilm „Nazmiyes Kopftuch" empfehlen – um so mehr als hier das Gebetsritual nicht isoliert „vorgeführt" wird, sondern im Familienalltag eingebettet ist (Institut für Film und Bild in Wissenschaft und Unterricht (FWU), 8022 Grünwald).

Nasreddin Hodscha und die Religion

Strafe für einen Fuchs

Der Hodscha reiste während der Zeit des Ramadan durch die Dörfer, um Almosen einzusammeln und um eine Anstellung als *Imam** zu finden. Das war der Brauch der heiligen Männer, aber wo immer er auch hinging, wurde ihm nichts gegeben und nirgendwo wurde ein *Imam* benötigt.

Als er das siebte Dorf erreichte, sah er, daß dort eine große Aufregung herrschte. Die Bewohner erzählten ihm, daß in den letzten Monaten ein Fuchs viele Hühner, Enten und Truthähne gestohlen hätte, und nun diskutierten sie, wie sie ihn am besten zu Tode quälen könnten. Alle wollten sich an dem Fuchs rächen, weil er an all diesen Verlusten Schuld

* Imam: Vorbeter in einer Moschee

hatte. Gerade zu der Zeit kam der Hodscha an und die Dorfbewohner baten ihn um seinen Rat.

„Laßt mich die Sache erledigen“, erbot er sich ihnen.

Aufgrund seines weißen Bartes und wegen seiner zuversichtlichen Stimme vertrauten die Dorfbewohner das Schicksal des Fuchses dem Hodscha an.

Daraufhin zog der Hodscha seinen Mantel aus und legte seinen Gelehrten-Turban ab und zog beides dem Fuchs an. Dann ließ er ihn fortlaufen.

„Was hast du getan?“, fragten sie böse, als sie sahen, daß der Fuchs in den Wald entkam.

„Macht euch keine Sorgen“, erwiderte der Hodscha. „Jeder, der ihn sieht, wird ihn mit einem heiligen Mann verwechseln und darum wird er bestimmt nach einer Woche verhungert sein.“

Gebratene Wachteln

Einmal ging der Hodscha zur Jagd und schaffte es, einige Wachteln zu fangen. Er rupfte sie, briet sie und steckte sie in einen großen Topf, legte den Deckel drauf und ging, um einige Freunde zum Mittagessen einzuladen.

Während er draußen war, kam jemand und nahm die gebratenen Wachteln heraus und steckte stattdessen lebendige hinein.

Der Hodscha kam nach einer kurzen Weile mit seinen Freunden zurück und nahm stolz den Deckel vom Topf hoch. Sofort flogen all die Wachteln aus dem Fenster und verschwanden außer Sichtweite.

Der Hodscha war zutiefst schockiert und sagte:

„Oh, mein Gott! Das war wirklich ein Wunder. Oh Herr, ich weiß, daß nur Du Tote lebendig machen kannst. Aber darf ich fragen, wo all die Butter, das Salz, der Pfeffer und die Gewürze geblieben sind?“

Der Ruf zum Gebet

Sobald vom Minarett der Ruf zum Gebet erscholl, wurde der Hodscha gesehen, wie er von der Moschee wegeilte.

Jemand rief ihm nach:

„Wo läufst du hin, Hodscha?“

Der Hodscha schrie zurück:

„Das war der durchdringendste und überführendste Ruf, den ich je gehört habe. Ich gehe so weit ich kann von der Moschee weg, um herauszufinden, aus welcher Entfernung er noch gehört werden kann.“

Die Feigen

Der Hodscha wurde einmal von einem reichen Mann zum Essen eingeladen. Dieser befahl seinen Dienern, verschiedene üppige Gerichte hereinzubringen. Die Diener brachten all die bestellten Gerichte herein, es waren jedoch keine Feigen dabei.

„Bevor du gehst", sagte der Gastgeber zum Hodscha, „lies uns bitte einige Abschnitte aus dem Koran vor, damit unsere Seelen gestärkt werden".

Der Hodscha öffnete den Koran am Abschnitt, der beginnt: ‚Über Feigen und Oliven und dem Berg Sinai'.

„Im Namen des gnädigsten Gottes", las der Hodscha vor. „Über die Oliven und dem Berg Sinai".

Sein Gastgeber unterbrach ihn:

„Du hast die Feigen vergessen!"

„Nein, mein Freund", erwiderte er, „du bist derjenige, der die Feigen vergessen hat".

G. Die Jahreszeiten – Lieder, Tänze, Erzählungen

Illustration: Asun Balzola

Die Jahreszeiten

Jahreszeiten – Jahreskreis – Jahreslauf: dies sind Themen, die in Kindergarten und Grundschule immer wieder vorkommen. Gerade deswegen wollten wir diesen Schwerpunkt auch hier nicht fehlen lassen – denn es bieten sich dadurch zahlreiche Gelegenheiten, an entsprechender Stelle auch ein ausländisches Lied, eine Geschichte und dergleichen in das laufende Angebot einzubauen.

In der vorliegenden Auswahl werden zu den Jahreszeiten verschiedene Länder und Gattungen (Lied, Märchen, Spiellied, Tanz usw.) berücksichtigt. Darüber hinaus kommen wichtige kulturspezifische Motive vor, so z. B.:

Dürre – Regen	Türkei (auch die südeuropäischen Länder)	Die zwei Regenlieder *Yağmur* und *Yağmur Türküsü* und das Märchen vom Igel
Olivenbäume	Portugal (auch Italien, Spanien, Türkei, Griechenland)	Das Lied *Oliveira pequenina*
Strenger, harter Winter	Türkei (Anatolien)	Die Lieder *Kar* und *Kar şarkısı*

In diesem Abschnitt geht es jedoch nicht primär um die Betonung landesspezifischer Eigenarten des Winters oder des Sommers. Wichtiger ist hier das Verbindende zwischen verschiedenen Ländern.

Volkssage – Frühling – Griechenland

Die zwölf Monate und ihr Faß

In alter Zeit waren die zwölf Monate Brüder. Sie hatten ein Faß voller Wein, und das Faß hatte zwölf Zapfhähne. Eines Tages wollten sie den Wein teilen und jeder der Brüder sollte einen Zapfhahn bekommen. Die Hähne lagen alle übereinander.

Bei der Aufteilung sagte der schlaue, alte März zu den anderen: „Bitte überlaßt mir den untersten, denn ich bin alt und kann nicht hochklettern."

Die anderen, die seine List nicht verstanden, überließen ihm den untersten Hahn. Der alte März aber öffnete seinen Hahn und fing an, langsam, langsam zu trinken, während die anderen ihren Anteil aufbewahrten und nicht davon tranken.

Irgendwann aber wollten die anderen Monate auch etwas von ihrem Wein trinken. Der erste öffnete seinen Hahn, doch nichts kam heraus; der zweite öffnete seinen Hahn und es kam wieder nichts, kein Wein war da. Alle öffneten ihre Hähne und aus keinem Hahn floß Wein heraus, nur beim alten März tröpfelte immer noch etwas heraus. Die Dummen verstanden endlich, daß der Alte sie überlistet hatte und verprügelten ihn tüchtig.

Seit dieser Zeit, wenn der März daran denkt, wie er seine Brüder überlistet hat und ihren ganzen Wein trank, lacht er, und das Wetter wird schön und klar. Wenn er aber an seine Prügel denkt, weint er, und dann regnet es.

Aus dem Griechischen übertragen
von Domna Valakas Steininger

Erzählung – Frühling – Spanien

Der Besuch der Frühlingsfee

Es war einmal eine Stadt, in der die Menschen noch nie eine Blume gesehen hatten. In den Blumenschalen wuchsen Artischocken, Lauch und Petersilie. Viele Frauen schmückten ihre Hüte mit Zwiebeln. Und niemand konnte eine Rose von einem Kohlkopf unterscheiden. Schuld daran war die Frühlingsfee. Sie war dort noch nie vorbeigekommen.

Unterdessen langweilte sich die Frühlingsfee in ihrem Schloß und wußte nicht, was sie tun sollte. Sie seufzte und spuckte dabei Rosen, Veilchen und Nelken aus. Sie öffnete ihre Hände und ließ Flieder und Margariten auf den Boden fallen. Sie ging umher. Und wo sie hintrat, wuchsen Schwertlilien und Tulpen.

All dies hätte jedem anderen Freude gemacht. Die Frühlingsfee jedoch langweilte sich fürchterlich. Mit der Zeit hatte sie sich in eine launische Ehefrau verwandelt.

Ihr armer Gemahl mußte immer neue Spiele erfinden, um seine Frau zu unterhalten. Und den ganzen Tag konnte er nichts anderes tun.

Die Frühlingsfee seufzte:

„Lieber Gemahl, was soll ich denn jetzt machen? Ich langweile mich so!“ Der Gemahl kratzte sich am Kopf, dachte eine Weile nach und meinte dann: „Steig' aufs Dach und wirf weiße Blumen hinunter, als ob es schneien würde.“

Die Frühlingsfee stieg aufs Dach, und im Nu war der Hof mit weißen Blüten übersät.

Der Gemahl dachte über ein neues Spiel nach.

Und die Frühlingsfee lehnte sich aus dem Fenster und träumte:

„Ja, früher, wie lustig war es da. Wenn ich in eine Stadt kam, zogen alle ihre Festtagskleider an. Und sie öffneten die Fenster ganz weit, so daß ich Blumen in die Blumentöpfe pflanzen konnte. Die Kinder steckten sich Blumen ins Haar und riefen durch die Straßen: ‚Die Frühlingsfee ist da!‘ Aber jetzt beachtet mich niemand.“

Der Gemahl der Frühlingsfee nahm eine große Weltkugel und sprach: „So zerstreut wie du bist, hast du sicherlich noch eine Stadt vergessen.“

Lange Zeit sahen sie sich den Globus noch einmal ganz genau an. Plötzlich sagte der Gemahl:

„Ich sehe hier eine Stadt – da kennen dich die Menschen noch nicht!“

Die Frühlingsfee legte sich einen Umhang aus Rosenblättern um die Schultern und flog in die Stadt. Alle Leute kamen aus ihren Häusern heraus, um den wunderschönen Umhang zu sehen. Und die Frühlingsfee rief laut: „Es gibt Blumen für alle! Die Frühlingsfee ist da!“ Die Frühlingsfee berührte die Bäume, die sofort anfingen zu blühen. Die Rosensträucher, Geranien und Mandelbäumchen in ihrer Nähe bekamen Knospen. Sie öffnete die Hände, und es fielen Blumentöpfe mit blühenden Blumen heraus. Die Frühlingsfee streute Blumen auf die Felder, in die Gärten und auf die Plätze. Und alle faßten sich an den Händen und sangen und tanzten.

Unterdessen langweilte sich der Gemahl der Frühlingsfee in seinem Schloß. Und er murmelte immer wieder vor sich hin: „Was soll ich nur tun? Meine Frau langweilt sich nicht mehr. Was soll ich jetzt machen? Für wen soll ich Spiele erfinden?“

Und da merkte er auf einmal, daß er von allen Dingen auf der Welt am liebsten Spiele erfand.

Fernando Alonso
Aus dem Spanischen übertragen
von Hildegard Rudolph

Quelle: Fernando Alonso: La visita de la primavera. Madrid: Santillana o. J.

Lied — Frühling — Jugoslawien (serbisch)

Proleće (Frühling)

Visibaba mala
zvoniti je stala:
cin, cin, cin,
don, don, don,
čujte mali zvon!

Tra-ta-ra-ta-ra-ta
jaglac trubu hvata.
Hoja, haj, hoja, haj,
zimi sad je kraj.

Mala ptica ševa
veselo nam peva:
fi-ru-li, fi-ro-lu,
proleće je tu!

Kleines Schneeglöckchen
beginnt zu klingen:
cin, cin, cin,
don, don, don.
Hört, das zarte Klingen.

Tratara tarata!
So trompetet die kleine Glockenblume.
Hoja, haj, hoja, haj!
Jetzt ist der Winter zu Ende!

Die kleine Lerche
singt laut und froh:
firuli, firulu!
Der Frühling ist da!

Tanz – Frühling – Jugoslawien (serbisch)

Prolećno Kolo (Frühlingstanz)

Proleće je procvalo,
sunce s'neba zasjalo,
na livadi zelenoj,
igra kolo veselo.
Hop, hop, skočimo i zapljeskajmo;
trala, la, la, la, la, la, la.

Zapevale ptičice,
zazujale pčelice,
na livadi zelenoj
igra kolo veselo.
Hop, hop, skočimo i zapljeskajmo;
trala, la, la, la, la, la, la.

Frühling ist erblüht,
Die Sonne scheint vom Himmel.
Wir tanzen auf der grünen Wiese,
Wir tanzen lustig im Kreis.
Hopp, hopp, springen und klatschen:
trala, la, la, la, la, la, la.

Vögel singen,
Bienen summen.
Wir tanzen auf der grünen Wiese,
Wir tanzen lustig im Kreis.
Hopp, hopp, springen und klatschen:
trala, la, la, la, la, la, la.

Tanzbeschreibung

Zu den Strophen gemeinsam im Kreis gehen. Beim Refrain: Am Platz zum Liedrhythmus zwei langsame, drei schnelle Stampfer; danach zwei langsame, drei schnelle Klatscher; dann um sich selbst drehen, dabei die Arme hoch halten und die Hände drehen.

Lied – Frühling – Italien

L'inverno è gia passato (Der Winter ist vorüber)

L'inverno è gia passato,
l'aprile non c'e più,
e ritornato e' maggio
al canto del cucù.
Cucù, cucù,
l'aprile non c'e più,
e ritornato e' maggio
al canto del cucù.

Lassù per le montagne
la neve non c'e più
cominicia a fare il nido
il povero cucù.
Cucù, cucù,
l'aprile non c'e più,
e ritornato e' maggio
al canto del cucù.

Der Winter ist vorüber,
vorbei ist der April.
Im Maien heimgekommen,
der Kuckuck bleibt nicht still.
Kuckuck, kuckuck,
vorbei ist der April.
Im Maien heimgekommen,
der Kuckuck bleibt nicht still.

Da droben im Gebirge
ist aller Schnee getaut,
der alte Schelm, der Kuckuck,
schaut, wo ein Nest gebaut.
Kuckuck, kuckuck,
vorbei ist der April.
Im Maien heimgekommen,
der Kuckuck bleibt nicht still.

La bella alla finestra
la guarda in sù e in giù
aspetta il fidanzato
al canto del cucù.
Cucù, cucù,
l'aprile non c'e più,
e ritornato e' maggio
al canto del cucù.

Die Schöne hinterm Fenster
schaut sich die Augen aus
und hofft, daß ihr der Kuckuck
den Liebsten bringt nach Haus.
Kuckuck, kuckuck,
vorbei ist der April.
Im Maien heimgekommen,
der Kuckuck bleibt nicht still.

Bittgesang – Regen – Türkei

Yağmur (Regen)

Yağ yağ yağmur
Teknede hamur,
Tarlada çamur.

Regne, regne oh Regen,
Im Trog der Teig,
Auf dem Feld der Schlamm.

Lied — Regen — Türkei

Yağmur Türküsü (Das Lied vom Regen)

Tral la lal lal lal lara la
lal lara lal lara la lay
Tral la lal lal lal lara la
lal lara lal lara la

Şimşek çakıyor
Gök gürlüyor
Yağmur yağacak
Seller akacak.
Tarlalar sulanacak
Çaylar taşacak
Tarlalar sulanacak
Çaylar taşacak

Tral la lal lal lal lara la
lal lara lal lara la lay
Tral la lal lal lal lara la
lal lara lal lara la

Es blitzt,
es donnert.
Es wird regnen,
es wird gießen.
Die Felder werden gegossen,
die Bäche werden über die Ufer treten.
Die Felder werden gegossen,
die Bäche werden über die Ufer treten.

Tral la lal lal lal lara la
lal lara lal lara la lay
Tral la lal lal lal lara la
lal lara lal lara la

Toprak içecek
Çok çok suyu
Tohum emecek
Ağaç olacak
Her ağaç çiçek açıp
Meyve verecek

Tral la lal lal lal lara la
lal lara lal lara la lay
Tral la lal lal lal lara la
lal lara lal lara la

Tral la lal lal lal lara la
lal lara lal lara la lay
Tral la lal lal lal lara la
lal lara lal lara la

Die Erde wird es trinken,
das viele, viele Wasser.
Der Same wird es saugen,
er wird zu einem Baum wachsen.
An jedem Baum öffnen sich Blüten
und es wird Obst geben.

Tral la lal lal lal lara la
lal lara lal lara la lay
Tral la lal lal lal lara la
lal lara lal lara la

Lied – Regen – Jugoslawien (serbokroatisch)

Na kiši (Im Regen)

Kaplje kiša kapljicama
kap, kap, kap;
gazi gusak baricama
šljap, šljap, šljap.

Vrat je dugi nakrivio
ga, ga, ga
oba krila raširio,
nek se zna.

Pošao je da se kupa,
repić kus
veselo po vodi lupa,
pljus, pljus, pljus.

Der Regen fällt in Tröpfchen
trap, trap, trap,
das Gänschen patscht durch die Pfützen
schlap, schlap, schlap.

Den Hals hat es hochgereckt,
ga, ga, ga,
die Flügel hat es ausgestreckt,
daß man's weiß.

Das Kleine geht zum Baden
und planscht herum,
mit seinem Schwänzchen hüpft es ins
Wasser
pljus, pljus, pljus.

Kunstmärchen – Sommer – Türkei

Das Märchen vom Igel

Einst lebte ein Igel im Wald ... Der hatte so viele Stacheln, daß ihn niemand zum Freund haben wollte. Er spazierte ganz allein im Wald umher. „Vielleicht finde ich einen Freund", dachte er sich. Als die Giraffe ihn sah, sagte sie: „Um Himmelswillen! Verstecken wir uns schnell!" Das Nilpferd meinte: „Tun wir, als ob wir diesen stacheligen Igel nicht bemerkten!" Sogar der Regenwurm verbarg sich hinter einem Baum ... Die Schildkröte und die Schnecke verkrochen sich in ihren Häusern; der Rüsselkäfer vergrub sich in der Erde. Der Uhu sagte: „Bitte, belästigen Sie mich nicht, ich bin müde." Der Igel kehrte nach Hause zurück. Die ganze Nacht über war er traurig: „Ich bin so allein, so allein", dachte er.

Im Land, in dem der Igel wohnte, hatte es lange, lange Zeit nicht geregnet. Als der Tag anbrach, standen die Enten betrübt vor dem ausgetrockneten See, in dem sie nun nicht mehr schwimmen konnten. Der Elefant, benommen von der starken Hitze, war an das Seeufer gekommen, um sich zu duschen; aber am Seegrund war nur mehr so wenig Wasser, daß sein Rüssel voll Schlamm und Erde wurde. Ein alter Vogel sagte: „Unsere Lage ist sehr ernst. Wir müssen ein Mittel gegen diese Dürre finden."

Da kam dem Igel eine Idee. Mühsam kletterte er auf die Spitze des höchsten Berges. Dann stellte er seine Stacheln hoch und sprang und hüpfte mit aller Kraft, bis er am Himmel viele Löcher gemacht hatte. Und aus diesen Löchern begann es tatsächlich in großen Tropfen zu regnen. Der Regen wurde immer heftiger. Es regnete und regnete, mehrere Tage lang. Die Tiere waren sehr erleichtert. „Der Igel hat uns geholfen", sagten sie. Es ist doch nützlich, wenn man Stacheln hat", sagte der alte Vogel, und von dem Tag an hatte der Igel viele Freunde.

Can Göknil
Aus dem Türkischen übertragen
von Adelheid Uzunoğlu

Quelle: Can Göknil: Kirpi Masalı (Das Märchen vom Igel). Istanbul: Redhouse 1974 (Bilderbuch)

Lied – Sommer – Türkei

Al gül mor gül (Rote Rose, purpurrote Rose)

Al gül tak. Mor gül tak.
Al gül mor gül hep gül tak, oy.
Al gül tak. Mor gül tak.
Al gül mor gül hep gül tak.

Rote Rose, steck sie Dir an.
Rote Rose, purpurrote Rose, oy.
Rote Rose, steck sie Dir an.
Schau, die purpurrote Rose,
rote Rose, purpurrote Rose.

Lied – Olivenbaum – Portugal

Oliveira pequenina (Der kleine Olivenbaum)

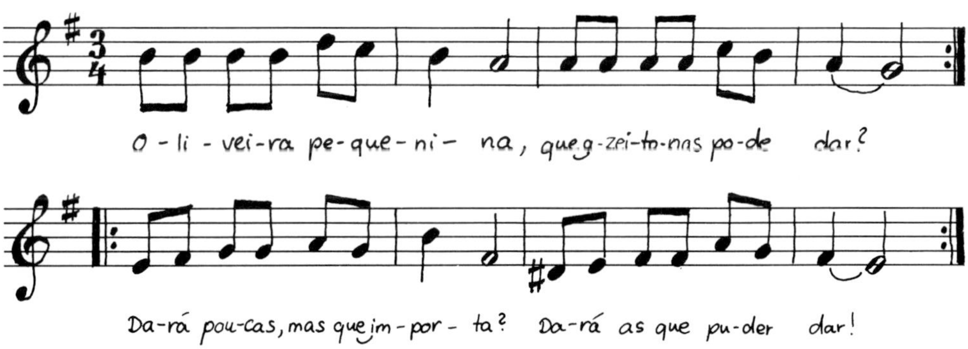

Oliveira pequenina,
Quc azcitonas podc dar?
Dará poucas, mas qu'importa?
Dará as que puder dar!

Der kleine Olivenbaum,
Was hat er für Oliven?
Nur ein paar, aber sei's drum,
er gibt, was er kann.

Spiellied – Türkei

Küçük Oduncular (Die kleinen Holzfäller)

Baltalar elimizde Uzun ip belimizde Biz gideriz ormana hop Ormana	Mit den Äxten in der Hand, Mit dem langen Seil auf dem Rücken Gehen wir in den Wald, hop, In den Wald.
Yaşlı kütük seçeriz Karşılık geçeriz Testereyle biçeriz hop Biçeriz	Wir suchen alte Bäume aus, Stellen uns gegenüber, Mit der Säge sägen wir, hop, Sägen wir.
Ağacın yanında dur Baltayı sağdan savur Bir de sol taraftan vur Kuvetle vur	Stell Dich neben den Baum, Schwing die Axt nach rechts Und schlag einmal nach links, Schlag mit Kraft.
Kışın odun yanınca Alevler parlayınca Şarkı söyler oynarız hop Oynarız	Wenn wir im Winter das Holz brennen, Und die Flammen aufleuchten, Singen und spielen wir, hop, Spielen wir.

In der Regel werden zu diesem Lied Bewegungen nachvollzogen, die dem Inhalt entsprechen, z. B. so:

1. Strophe: Alle Kinder gehen gebückt herum und deuten das Tragen auf dem Rücken an.
2. Strophe: Je zwei Kinder stellen sich gegenüber und ahmen das Sägen nach.
3. Strophe: Mit beiden Armen und dem Oberkörper weit nach rechts und dann nach links ausholen.
4. Strophe: Die Kinder fassen sich an den Händen und hüpfen rundherum.

Spiellied – Herbst – Italien

Evviva le mele! (Hoch die Äpfel!)

L'autunno è già arrivato,
ma cosa ci ha portato:
le mele rosse e gialle
rotonde come palle.

Evviva le mele, le mele, le me!
Evviva le mele, le mele, le me!
Evviva le mele, le mele, le mele
dolci e buone da mangiar!

Der Herbst ist schon da,
was hat er uns mitgebracht?
Äpfel rot und gelb
und rund wie kleine Bälle.

Hoch, die Äpfel, die Äpfel, die Äpf!
Hoch, die Äpfel, die Äpfel, die Äpf!
Hoch, die Äpfel, die Äpfel, die Äpfel
Sie schmecken so süß und gut.

Prima del tramonto
via, diamoci da fare:
cogliamo le mele gialle
rotonde come palle.

Evviva le mele, le mele, le me!
Evviva le mele, le mele, le me!
Evviva le mele, le mele, le mele
che mettiamo nel cestin.

Noch vorm Sonnenuntergang
Auf dem Weg, das sollen wir tun:
Laßt uns die gelben Äpfel pflücken
Rund wie kleine Bälle.

Hoch, die Äpfel, die Äpfel, die Äpf,
Hoch, die Äpfel, die Äpfel, die Äpf,
Hoch, die Äpfel, die Äpfel, die Äpfel
Wir legen sie ins Körbchen.

Bei den letzten zwei Zeilen der ersten Strophe

le mele rosso e gialle
rotondo come palle

nehmen die Kinder Schaumgummibälle o. ä. in die Hand und beim ersten Refrain werfen sie sie in die Höhe und versuchen sie zu fangen. Dann werfen sie sie wieder in die Höhe und lassen sie fallen. Bei den letzten zwei Zeilen der zweiten Strophe

cogliamo le mele gialle
rotonde come palle

sammeln sie die Bälle ein und halten sie in der Hand. Am Schluß des Liedes werfen sie die Bälle in einen Korb.

Illustration: Marcella Fusi

Lied – Herbst – Spanien

Tres hojitas (Drei Blätter)

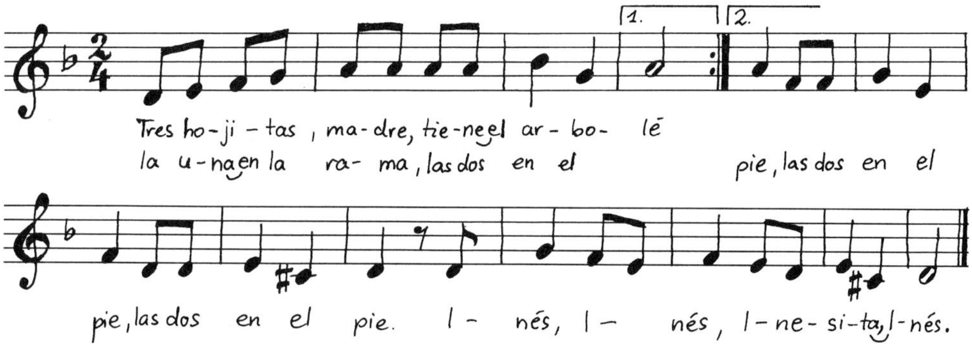

Tres hojitas, madre,
tiene el arbolé;
la una en la rama,
las dos en el pie.
Inés, Inés, Inesita, Inés.
(Dábales el aire
ladeábanse.)

Drei Blätter, Mutter,
hat das Bäumchen.
Ein Blatt hängt hoch oben
Zwei liegen unten.
Inés, Inés, Inesita, Inés.
(Der Wind blies,
sie wiegten sich.)

Illustration: Fina Rifa

Lied – Winter – Türkei

Rüzgâr (Der Wind)

Vu vu vu
Kış geliyor
Vu vu vu
Soğuk esiyor

Vu vu vu
Kar yağıyor
Vu vu vu
Lâpa lâpa kar

Wu, Wu, Wu,
Der Winter kommt.
Wu, wu, wu,
Es weht die Kälte.

Wu, wu, wu
Es schneit.
Wu, wu, wu,
Es schneit dicke Flocken.

Lied – Winter – Türkei

Kar şarkısı (Schneelied)

Kar kar kar, bak kar var,
ak pak olmuş tüm yollar uy.
Kar kar kar, bak kar var,
ak pak olmuş tüm yollar.

Schnee, Schnee, Schnee, es schneit.
Alle Straßen sind weiß geworden.
Schnee, Schnee, Schnee, es schneit.
Alle Straßen sind weiß geworden.

Lied – Winter – Griechenland

Chioni chioni chionisse (Es schneit)

Chioni chioni chionisse,
ta poulia pagonisse,
portes trypes woulosse,
ola ta koukoulosse.

Χιόνι χιόνι χιόνισε,
τα πουλιά παγώνισε,
πόρτες τρύπες βούλωσε,
όλα τα κουκούλωσε.

Es hat geschneit,
die Vögel frieren,
Türen, Fenster sind zugeschneit,
alles ist zugedeckt.

Quelle: Polyxene Mathey: Donia Chelidonia. Athen: Musikos Ikos Georgios Nakos, o. J., S. 34.

H. Familiengeschichten

Illustration: Can Göknil

Einführung: Viele Länder – viele Familien

Im Volksmärchen ist die Familie, die häusliche Umgebung des Kindes kein Thema. Die Hauptfigur geht meist allein und auf sich gestellt in die Welt hinaus. Ganz anders in der Kinderliteratur – in jener, ausdrücklich für Kinder geschriebenen Literatur: die Familie und das häusliche Milieu gehören hier zu den zentralen Themen – sei es im Bilderbuch, im Jugendbuch, oder generell in der Erzählliteratur für Kinder.

Auch in Griechenland, in der Türkei oder im südeuropäischen Raum sind in den letzten Jahrzehnten zahlreiche Kinderbücher zum Thema Familie erschienen. Und ähnlich wie in der Bundesrepublik Deutschland lassen sich die Kinderbücher in diesen Ländern nicht auf ein einziges Familienbild reduzieren. Es wird nicht *die* ideale Familie, oder *die* türkische, *die* italienische Familie propagiert, es entstehen vielmehr unterschiedliche Familienbilder und Perspektiven des Familienlebens. Da gibt es große und kleine Familien, liebevolle und egoistische Mütter, partnerschaftliche und autoritäre Beziehungen, lustige und nörgelnde Großmütter, und vieles mehr.

Eben diese Vielfalt möchten wir mit dieser Auswahl von Geschichten – wenn auch nur andeutungsweise – vermitteln. So können Kinder unterschiedlicher Herkunft in diesen Geschichten Familie als einen Raum mit vielen Möglichkeiten erleben – einen Raum, in dem es Spaß, Freundschaft, Alleinsein, Traurigsein oder auch „Verrücktes“ geben kann.

In diesen Erzählungen gibt es nicht nur die typische Mutter-Vater-Kind-Konstellation, auch Großeltern oder Onkel spielen eine Hauptrolle. Dabei werden ganz unterschiedliche Situationen des Familienlebens beleuchtet, z. B.

- Aufstehen am Wochenende
- ein Familienausflug mit Pannen
- ein Großvater sucht seine abgöttisch geliebte Enkelin
- beim Gute-Nacht-Sagen
- Kinder machen sich Gedanken über ihre Eltern
- im Restaurant

Das Kapitel beginnt mit einer Migrationsgeschichte – „Polikos und Melenia“ (S. 265) – ein Thema, das viele Kinder in einer multinationalen Gruppe unmittelbar betreffen wird. Wir haben zu diesem „realistischen“ Problem bewußt eine Tiergeschichte mit phantastischen Elementen ausgewählt. Mit den vier kleinen Bären können sich türkische, portugiesische oder auch deutsche Kinder identifizieren. Die Geschichte läßt genügend Spielraum für subjektive Projektionen und Wünsche. Und noch wichtiger: hier geht es nicht wie in den meisten „Gastarbeitergeschichten“ um ein Außenseiterkind, sondern um das Heimweh der Eltern. Der Bärenvater kommt aus dem hohen Norden; die Bärenmutter aus dem Süden, beide haben ihre Heimat verlassen und sehnen sich zurück – aber sie sprechen nicht darüber. Die Kinder überlegen gemeinsam, wie sie ihren Eltern helfen könnten, und die Geschichte kommt zu einem glücklichen Ende. Diese Geschichte ist sehr optimistisch – vielleicht zu optimistisch für manche – aber es werden gleichzeitig Gefühle wie Traurigkeit und Heimweh sehr ernst genommen und in konkrete Bilder umgesetzt, und das erschien uns wichtig.

Auch in anderen Geschichten geht es um Gefühle und Beziehungen, aber da geht es meist lustiger zu. So in der Geschichte von Seka und ihrem Onkel, die Geheimnisse teilen, wie sie sonst nur ganz enge Freunde teilen – sie haben sogar eine Geheimsprache („Das kleine Mädchen und die Wölfe", S. 292). Oder die Geschichte vom besorgten Großvater, der auf der Suche nach seiner geliebten Enkelin in der ganzen Welt herumtelephoniert, während die Enkelin sich ganz still unter seinem Bett versteckt hält („Die schönste Enkelin der Welt", S. 287).

Wir haben versucht, Geschichten auszuwählen, in denen keine stereotypen Leitbilder und Geschlechtsrollen zementiert werden. Gleichzeitig sind diese Geschichten nicht im Niemandsland progressiv-utopischer Entwürfe angesiedelt – so wird z. B. in einigen Erzählungen durchaus eine traditionelle Rollenteilung Mann/Frau, Junge/Mädchen deutlich. Diese traditionellen Muster werden jedoch in keiner Geschichte absolut gesetzt, sondern mit vielen anderen Elementen angereichert. Der Bärenvater ist groß und stark, die Bärenmutter ist schön und sanft – wie in einer „Bilderbuchfamilie" – und doch entscheiden sie gemeinsam über ihre Zukunft. Herr Notidis, Familienoberhaupt und Patriarch, wird mit viel Humor und Witz auch als hilfloser Vater und Ehemann porträtiert. Der Opa in „Die schönste Enkelin der Welt" ist sehr betulich und ganz und gar in seine Enkelin vernarrt – gleichzeitig aber „spielt" er mit seiner Rolle und im Hintergrund gibt es eine Oma, die mit bodenständigen Kommentaren die Höhenflüge des Opas in Perspektive rückt.

Am eindringlichsten werden Stereotypen in der türkischen Erzählung „Der Mann, der die Blumen wiederbelebt" (S. 294) in Frage gestellt. In dieser modernen Erzählung werden traditionelle Rollenerwartungen und die entsprechenden Tabus aus der Perspektive eines Kindes erlebt. Der Erzählfluß folgt den Assoziationen und Gedankensprüngen der jungen Şükrüye. Durch diese Einengung der Perspektive gewinnt das Familiengeschehen an Erlebnisnähe und Unmittelbarkeit; gleichzeitig bleibt vieles unausgesprochen oder sogar unklar. Die Perspektive des Kindes Şükrüye wird hier in zweifacher Hinsicht ernst genommen. Einmal handelt die Geschichte von Şükrüyes Versuch, die langjährigen Familientabus und Streitigkeiten zu verstehen und zu verändern. Zum anderen wird durch die besondere Erzählweise vermittelt, daß es hier um ihre Gefühle, ihre subjektive Wahrnehmung geht und nicht um objektive Gegebenheiten.

Andere Geschichten dagegen sind stärker handlungsbetont. Es tut sich was, wie in der Geschichte vom italienischen Vater, der im Schlaf einen Löwen verschluckt hat und dann seinen Kindern im Restaurant alles wegißt. Diese Geschichte von einem Besuch im italienischen Restaurant kann zu einem Gespräch über italienisches Essen oder über Eßlust und Futterneid in der eigenen Familie führen. Die Geschichte kann auch für sich stehen, einfach als eine Geschichte aus Italien. Dasselbe gilt auch für die übrigen Geschichten.

Für deutsche Kinder in einer multinationalen Kindergruppe ist es wichtig zu wissen, daß es in Italien oder Griechenland lustige Geschichten vom Familienalltag gibt. Für ausländische Kinder ist es wichtig zu hören, daß jetzt eine Geschichte aus dem Herkunftsland ihrer Familie erzählt wird. Alles weitere – z. B. die Erzählung über die eigene Oma, die man nur in den Ferien sieht und die kein Deutsch kann – all dies muß sich aus der Situation ergeben. In keiner Geschichte wird dieser realistische Bezug „forciert" – denn es soll vermieden werden, daß ausländische Kinder auf bestimmte Rollen und Problemsituationen festgelegt werden.

Wir haben im Anschluß an die Geschichten die Verwandtschaftsbezeichnungen in der jeweiligen Sprache aufgelistet, so daß die Kinder beim Gespräch über die eigene Oma, Schwester oder Onkel diese Personen jeweils in der Muttersprache benennen können. So kann eine Geschichte aus der Türkei oder aus Italien türkischen oder italienischen Kindern möglicherweise einen direkteren Bezug zu ihrer eigenen Familie vermitteln.

Der Themenkreis Familie gehört inzwischen zu einem der Standardthemen bei Publikationen und Fortbildungen im Bereich der „Ausländerpädagogik". Wir haben im Literaturverzeichnis, S. 351, einige ausgewählte landeskundliche Werke zu diesem Themenkreis genannt. Ursprünglich hatten wir vor, diesem Kapitel Kurzinformationen über Familientraditionen und Formen in den sechs Ländern voranzustellen. Versucht man jedoch, die Familienstruktur in einem Land auf ein paar Seiten zusammenzufassen, kommt es notgedrungen zu sehr globalen und abstrahierenden Aussagen. Diese Verallgemeinerungen würden in krassem Gegensatz zu den Kindergeschichten mit ihren konkreten Bildern und vielschichtigen Aussagen stehen. Um diese Konkretion und Vielschichtigkeit geht es hier. Italienische und deutsche Kinder (und Erwachsene) sollen eine lustige Familiengeschichte aus Italien kennenlernen und nicht Verallgemeinerungen über *die* italienische Familie.

Wir haben darüber hinaus versucht, leichtere und ernstere Geschichten für unterschiedliche Altersgruppen, das heißt, ein breitgefächertes Angebot zusammenzustellen. In der tabellarischen Übersicht der Geschichten auf Seite 266 werden zu jeder Geschichte die Altersstufe, Themenschwerpunkte und die Hauptpersonen (Familienrollen) genannt.

Polikos und Melenia (Griechenland)

Es war einmal ein starker, weißer Bär, der im weißen Land des Eises lebte. Er hieß Polikos. Herr Polikos war dort sehr glücklich. Während des Tages angelte er und machte auf Schlittschuhen Spazierfahrten.

Am Abend lud er seine Freunde, die Seehunde und die Pinguine in seinen Iglu ein. Er bewirtete sie mit Walfett und frischen Fischen. Später tanzten und feierten sie bis in den Morgen.

Zur gleichen Zeit lebte in einem ganz anderen Land eine hübsche, braune Bärin mit sanften Augen. Sie hieß Melenia.

Melenia lebte in einer Höhle, im Herzen eines dichten Waldes. Ich muß euch sagen, daß Melenia schöne Dinge sehr liebte. Jeden Morgen, wenn sie im Wald nach wildem Honig suchen ging, nahm sie sich Zeit, frische Blumen zu pflücken. Sie schmückte damit ihre Höhle mit so gutem Geschmack, daß alle ihre Freundinnen ihr schönes Haus beneideten.

Eines Tages blies ein starker Wind durch die ganze Welt, von einer Richtung zur anderen. Er blies über Stadt und Land die Nachricht: „Habt ihr es gehört? Habt ihr es erfahren? Im Land am Meer gibt es ein großes Volksfest. Es gibt Schaukeln und Karussells; es gibt Ballons und Eis ..."

Familiengeschichten: tabellarische Übersicht

Titel	Alter	Rollen und Beziehungen in der Familie: die Familienmitglieder in der Geschichte	Schwerpunkt	Themen – Stichworte	Herkunftsland
Polikos und Melenia	ab 5	Vater (Polikos) Mutter (Melenia) 4 Kinder: 2 Mädchen (Poli, Nia) 2 Jungen (Iko, Mele)	Migration/ Heimweh	o eine Bärengeschichte o Mischehe – Liebe – Partnerschaft o Heimweh tut wirklich weh, traurige Eltern, Schweigen o Kinder suchen Lösungen o Familienkonferenz: gemeinsam entscheiden	Griechenland
Geremia und die Kinder	ab 5	Großvater Enkel	Beziehung: Kinder – alte Menschen	o Einsamkeit alter Menschen o Was machen meine Großeltern? o Altersheim	Italien
Papa Vielfraß	ab 5	Vater Mutter Kinder	ein verrücktes Familienessen	o italienische Gerichte; Familienessen im Gasthaus o phantastische Ereignisse mit komischen Folgen o ein Vater benimmt sich merkwürdig	Italien
Ein Sonntag mit der Familie Notidis	ab 6	Vater, Ehemann (Herr Notidis) Mutter, Ehefrau (Frau Notidis) Sohn, Bruder (Periklis, Panagakis) Tochter, Schwester (Anastasia) Tante (Aimilia) Oma (Leuki)	Sonntagsausflug in der Großfamilie	o Familienrollen und Stereotypen o Aufwachen am Sonntag o Mittagessen (griechische Gerichte) im Gasthof o humorvolle Skizze einer Großfamilie aus Athen	Griechenland

Titel	Alter	Rollen und Beziehungen in der Familie: die Familienmitglieder in der Geschichte	Schwerpunkt	Themen – Stichworte	Herkunftsland
Die schönste Enkelin der Welt	ab 6	Opa Oma Enkelin (Rita)	ein liebevoller Großvater	o Fürsorge und Liebe eines Großvaters humoristisch-spielerisch beschrieben o mit den Großeltern Spaß haben o portugiesische Ortsnamen o Telefonspiel in verschiedenen Sprachen	Portugal
Das kleine Mädchen und die Wölfe	ab 7	Onkel Nichte (Seka)	Freundschaft in der Familie	o Gute-Nacht-Rituale o Geschichten erzählen und teilen o Geheimsprache, Zeichen	Jugoslawien
Der Mann, der die Blumen wiederbelebt	ab 8	Tochter (Şükrüye) Mutter Vater Großmutter (Vaters Mutter) Großvater (Vaters Vater)	gespannte Familienbeziehungen	o Spannungen und Tabus in der Familie aus der Sicht eines Kindes o traditionelle Rollenerwartungen und Selbstbehauptung eines Mädchens o kindliche Neugierde öffnet Türen	Türkei
Nasreddin Hodscha-Geschichten – Laß uns öfter streiten – Das Genie	ab 8	 Ehemann (Hodscha) Ehefrau Vater (Hodscha) Sohn	 – Ehestreit mit humoristischer Wendung – „Vaterstolz“	o Nasreddin Hodscha-Schwänke o eine bekannte Figur des türkischen Humors	Türkei

Das hörte Polikos, und es drängte ihn, dorthin zu kommen. Er packte seinen Koffer, verabschiedete sich von seinen Freunden und ging. Auch Melenia hörte die Nachricht des Windes.

„Gute Gelegenheit für eine Reise", dachte sie. „Es ist an der Zeit, sich zu entspannen." Also packte auch sie ihren Koffer, kämmte vorsichtig die Haare, zog ihren schönen Schal an und ging.

Und – stellt euch vor – Polikos aus dem Eisland und Melenia aus dem Wald trafen sich auf diesem Volksfest.

„Was für ein starker Bär ...", dachte Melenia, als sie ihn sah. „Und was für ein schöner, weißer Pelz ..."

„Was für schöne, sanfte Augen hat diese Bärin", dachte im gleichen Moment Polikos. „Was für ein schönes Fell ... braun und weich wie Seide ..." Sie wurden Freunde, tanzten viel und feierten zusammen. Am Ende beschlossen sie, beieinander zu bleiben, in diesem schönen Land des Volksfestes, in der Nähe des blauen Meeres.

Sie bauten ein Haus aus weißen Steinen und Kalk. Dort lebten sie glücklich. Sie bekamen vier Kinder und ihr Glück wurde noch viel größer. Die kleinen Bärenkinder waren klug und gutherzig. Ihr erstes Kind, Poli, ein Mädchen, konnte lesen, rechnen und schreiben wie eine Gelehrte. Das zweite Kind, Iko, ein Junge, konnte singen und malen wie ein hervorragender Künstler. Das dritte Kind, Mele, auch ein Junge, konnte mit Nägeln, Säge und Zangen sehr gut umgehen, er war ein geschickter Handwerker. Das jüngste Kind, Nia, ein Mädchen, konnte Blumen und Pflanzen pflegen und hegen wie ein erfahrener Gärtner. Jedesmal gab sie die erste Blüte, die im Blumentopf aufging, ihrer Mutter. Und die romantische Melenia küßte die Blume.

Eines Morgens fand Nia im Garten die schönste Rose, die sie je gesehen hatte. Jedes einzelne Blütenblatt hatte alle Farben, die es gibt. Ihr Staubgefäß roch nach allen Düften, die es gibt. Voller Freude pflückte sie diese seltene Blume und lief zu Melenia. Aber als Melenia die Blume sah, wurde sie traurig. Sie küßte Nia und wandte sich, die Augen voller Tränen, zum Fenster. Nia war erstaunt. Niemals zuvor war die Mutter so gewesen.

Beunruhigt lief sie zu ihren Geschwistern.

„Irgendetwas bedrückt unsere Mutter", sagte sie. „Sie freut sich nicht mehr über Blumen."

„Ich habe es auch gemerkt", sagte Iko. „Vorgestern spielte ich mit der Gitarre und die Mutter, statt sich wie immer zu freuen, begann zu weinen und ging in die Küche."

Mele legte den Hammer aus der Hand und kratzte sich nachdenklich den Kopf.

„Jetzt, wo ihr mir das sagt, fällt mir auch etwas ein. Ich habe einen Hocker für unseren Vater gemacht. Darauf hatte ich einen Seehund geschnitzt. Als der Vater das sah, seufzte er tief und ging traurig hinaus."

„Bestimmt fehlt Vater etwas", sagte Poli. „Ich fragte ihn gestern nach dem Nordpol und seine Augen wurden plötzlich finster."

Die vier kleinen Bären wurden nachdenklich.

„Irgend etwas hat die Mutter", sagten sie sich. „Und den Vater beschäftigt auch etwas."

„Was ist los? ... was ist los? ... Wenn wir nur wüßten ..." „Wenn wir ihre Gedanken lesen könnten ..."

„Das ist es", rief Poli und sprang auf. „Ihre Gedanken lesen können!"

„Ja, aber wie? Wie kann man das?"

„Ich erkläre es euch", sagte Poli und machte ein ernstes Gesicht. „Eines Tages, als ich am Strand spazieren ging, fand ich im Sand eine halbbegrabene kleine Kiste. Ich zog sie heraus, machte sie auf und fand ein altes Buch."

„Ja! und? ja und? ..."

„Ja, ich öffnete das Buch und fing an zu lesen."

„Und was war darin geschrieben? ..."

„Das Buch beschrieb ein Meereskraut, das die Gedanken eines anderen verrät, wenn man es ißt."

„Und wo wächst dieses Meereskraut?" fragte Mele ungeduldig.

„Ich weiß es nicht", antwortete Poli hoffnungslos. „Ich habe das Buch in die Klippen geworfen, ohne weiterzulesen."

„Ach Poli, was hast du getan", riefen die kleinen Bären enttäuscht. „Wie sollen wir dieses Buch jetzt wiederfinden?"

„Vielleicht liegt es noch auf den Klippen. Was meint ihr, gehen wir es suchen?"

„Gehen wir, gehen wir schnell."

Wie ein Wirbelwind liefen die vier Geschwister an den Strand und begannen zu suchen. Poli suchte im Schilf. Iko auf den Klippen. Mele durchwühlte den Sand. Nia schaute neugierig auf einen dicken Baumstamm, der halb von Sand begraben war.

Plötzlich rief sie: „Kommt alle her, da ist es, da ist es, ich habe es gefunden. Es war in dem Baumstamm ..."

Sie liefen alle zu Nia.

Poli nahm das Buch, blätterte darin und fand die Seite mit dem Meereskraut. Sie las:

„Wächst in dunklen Meeresgrotten, dort, wo es gelbe Muscheln und Seeanemonen gibt. Wer das ißt, kann die Gedanken der anderen lesen ..."

„Wenn wir es finden könnten ..."

„Wir müssen es finden."

„Wir müssen es finden und essen, damit wir verstehen können, was Mutter und Vater denken."

„Dann werden wir wissen, was sie quält."

„Was sagt ihr, versuchen wir es?"

Die vier kleinen Bären schauten sich gegenseitig an. Natürlich wollten sie ihren Eltern helfen, aber diese dunklen Meereshöhlen erschreckten sie. In unheimliche Tiefen zu tauchen ist etwas anderes als im seichten Wasser zu planschen oder zu schwimmen. Sie kehrten voller Gedanken nach Hause zurück.

„Wenn ich ehrlich sein soll, ich habe ein bißchen Angst", sagte Iko.

„Und ich erst", fügte Nia hinzu.

„Und wenn eine riesengroße Krabbe kommt und mir in den Fuß beißt", beunruhigte sich Poli.

Nur Mele redete nicht. Er zog sich in eine Ecke zurück.

„Warum sagst du nichts?", fragten ihn seine Geschwister.

„Ich ..., mir ist jetzt schon schwindlig. Ihr wißt doch, wie seekrank ich werden kann."

Die vier kleinen Bären fielen in tiefe Gedanken. Was sollten sie machen?

„Wir müssen das Meereskraut finden."

„Ja, aber das tiefe Wasser ist gefährlich."

„Mutters Lächeln ist alle Gefahren wert."

„Die Wellen sind riesig, wenn es stürmt. Das Zwicken der Krabben tut weh, und vielleicht berührt uns eine Qualle mit ihren ..."

Die vier Bären überlegten und überlegten und faßten schließlich den Entschluß, das Meereskraut zu suchen.

Am nächsten Tag wachte Iko als erster auf. Er stand auf und zog seine Geschwister an den Beinen.

„Eh! Schlafmützen, wacht auf. Wir haben heute viel zu tun. Vergeßt nicht, wir müssen das Meereskraut suchen."

Alle sprangen auf einmal hoch und, ohne Zeit zu verlieren, liefen sie zum Strand. Dort merkten sie erst, daß sie ihre Flossen zu Hause vergessen hatten.

„Und jetzt, wie soll ich schwimmen?" jammerte Nia.

„Komm, denk nicht daran", rief Mele. „Schau, ich springe hinein." Als die anderen Mele sahen, bekamen auch sie Mut, sprangen ins Wasser und schwammen mit schnellen Zügen. Ab und zu tauchten sie und erforschten den Meeresgrund.

Endlich sahen sie die finsteren Meereshöhlen.

Die Bärenkinder zögerten, sie waren ängstlich und unentschlossen. Plötzlich begann Nia weiter zu schwimmen. Ihre Geschwister waren über ihren Mut überrascht und begleiteten sie. Als sie sehr nahe an den Meereshöhlen waren, sahen sie, daß der ganze Grund mit farbigen Algen übersät war. Ein Feld voll mit Meeresanemonen lag da und breitete sich unter ihren Füßen aus. Nia vergaß ihre Angst. „Was für schöne Farben", dachte sie. „Wenn ich einige davon züchten könnte ..." Sie war so in Gedanken vertieft, daß sie nicht den riesigen Oktopus bemerkte, der aus seiner Höhle herauskam. Er sah böse aus. „Nicht einen Moment kann man hier mit Ruhe schlafen", rief er. „Ich glaube, ich muß mir einen anderen Platz suchen."

Nia fuhr vor Schreck zusammen. Doch sie und ihre Geschwister gaben die Suche nach dem Meereskraut nicht auf. Sie hatten die Höhlen gefunden. Sie hatten die Meeresanemonen gefunden. Jetzt mußten sie noch die gelben Muscheln finden.

Sie fanden weiße und rote Muscheln, sie fanden braune und graue, aber die gelben Muscheln fanden sie nicht. Sie waren nahe am Verzweifeln, da entdeckten sie etwas goldgelb Glänzendes zwischen den Algen. Sie sammelten ihre letzten Kräfte und schwammen in die Richtung.

Ungeduldig schoben sie die Algen beiseite, und es zeigte sich ihnen das schönste Bild, das sie je erblickt hatten:

„Da, das Meereskraut!" dachten die Kinder.

Mit ihren Messern schnitten sie ein paar Blätter ab und mit neuer Kraft schwammen sie zurück und eilten nach Hause.

Zu Hause zogen sie erst einmal trockene Kleider an. Behutsam versteckten sie die Blätter unter ihren Pullis und warteten auf das Abendessen. Nach Sonnenuntergang deckte Melenia den Tisch. Das Essen duftete. Die Mutter aber nahm keinen Bissen zu sich. Und auch der Vater aß nichts. Sie rührten mit dem Löffel in ihrem Teller und sprachen kein Wort. Die Bärenkinder aßen mit großem Appetit, blickten sich hin und wieder verstohlen an und warteten ab. Nach dem Abendessen gingen sie gemeinsam in den Garten. Mutter setzte sich traurig unter einen Baum. Der Vater setzte sich auf einen Fels und nahm seinen Kopf nachdenklich zwischen die Hände. *„Jetzt",* sagten die Bärenkinder. Sie zogen heimlich das Kraut heraus und kauten es langsam. Es dauerte keine zwei Minuten, da hörten sie die Gedanken der Eltern.

Der Vater dachte:

„Was soll ich tun, was soll ich tun ... Ich kann nicht mehr hier leben! Ich habe eine wunderbare Frau und vier liebe Kinder. Ich liebe alle sehr. Aber ich kann nicht mit ihnen leben. Ich bin bei den Eisbergen geboren und hier schneit es nie. Ich bin ein anderes Leben gewöhnt. Mir fehlen meine Freunde, die Seehunde und die Pinguine. Ich habe Sehnsucht nach Waltran. Ich will weg, aber ich kann niemanden mitnehmen. Meine Melenia ist woanders geboren, in einem anderen Klima. Sie könnte nie im ewigen Eis leben. Ich will weg, aber ich kann meine Familie nicht verlassen. Ich liebe alle so sehr. Ich will sie nicht verlieren. Was soll ich tun ..."

Die Mutter dachte:

„Mir ist so schwer um's Herz ... Was für eine große Sehnsucht habe ich nach meinem Wald mit den bunten Schmetterlingen und dem wilden Honig! Aber wie soll ich gehen ... Mein Polikos ist in einem anderen Klima geboren, im ewigen Eis. Wenn er mit mir kommt und in meiner Höhle lebt, wird er krank. Und ich liebe ihn so sehr. Ich will ihn nicht verlieren. Ich will weg, aber ich will mich nicht von meiner Familie trennen. Was soll ich tun ... Was soll ich tun?"

Die Bärenkinder sprangen auf.

„Ihr sollt das tun, was euch gefällt", riefen alle vier gleichzeitig. Melenia und Polikos sprangen erschrocken hoch. Wie konnten die Kinder ihre Gedanken lesen? Die Bärenjungen erzählten ihren Eltern vom Meereskraut.

„Ich schlage vor", sagte Iko, „der Vater soll zum Nordpol zurückkehren und die Mutter in ihren Wald."

„Unmöglich", sagte der Vater. „Ich kann ohne Melenia nicht leben." „Ich auch nicht, ohne meinen Polikos. Kein Bär der Welt ist so stark und so nett."

„Aber ihr sollt euch nicht für immer trennen. Ihr sollt alle paar Monate hierher kommen und euch treffen."

„Und ihr?", fragten Polikos und Melenia.

„Wir, wir werden die Gewinner sein. Denn wenn ihr da bleibt, werden wir traurige Eltern haben und werden nur dieses Land kennen. Wenn wir aber mit euch kommen, werden wir glückliche Eltern haben und werden auch andere Länder kennenlernen."

„Wir werden uns teilen. Zwei gehen mit dem Vater zum Nordpol und zwei mit der Mutter in den Wald."

„Aber ...", sagte der Vater.

„Aber ...", entgegnete die Mutter.

„Macht euch keine Sorgen. Das ist die beste Lösung. Vergeßt nicht, daß uns das Meereskraut zu weisen Bären gemacht hat."

„Ich werde mit zum Nordpol gehen", sagte Mele. „Ich will mit Schlittschuhen auf dem Eis laufen."

„Mir ist der Wald lieber", sagte Poli. „Ich will Schmetterlinge sehen."

„Ach, mir gefallen Rehe so gut", meinte Iko.

Die Bärenkinder waren begeistert.

„Poli, kannst du mir deinen roten Pulli leihen", fragte Nia. „Im Wald wirst du ihn nicht brauchen, aber ich, im Eis ..."

„Nimm ihn. Wenn wir uns wieder treffen, vergiß nicht, ihn wieder mitzubringen, denn ich werde nächstes Mal zum Eisland gehen und werde ihn dann brauchen ..."

Polikos und Melenia hörten aufmerksam die Gespräche ihrer Kinder an.

„Was sagst du zu dieser Sache, Polikos?" fragte die Mutter.

„Und du, Melenia, was sagst du? Willst du?" fragte der Vater.

„Es ist die beste Lösung", mischten sich die Kinder ein. „Hört auf uns."

Polikos und Melenia ließen sich überzeugen. So begann die Vorbereitung für die Reise. Sie räumten das Haus auf und putzten es, damit sie es bei ihrer Rückkehr ordentlich vorfinden würden. Dann packten sie ihre Koffer. Nach ein paar Tagen ging Polikos mit Mele und Nia in Richtung Nordpol. Melenia ging zusammen mit Poli und Iko zum Wald.

„Auf Wiedersehen, auf Wiedersehen ... In vier Monaten sind wir wieder hier in unserem weißen Haus."

„Ja ... ja ... auf Wiedersehen ... Viel Vergnügen ..."

Und so geschah es. Nach vier Monaten trafen sie sich wieder. Wie glücklich waren alle! Vaters Stirn hatte keine Falten mehr. Und die Mutter! Sie war viel schöner als früher. Sie hatte wieder ihr nettes, liebliches Lächeln, dieses schöne Lächeln, das sie von allen anderen Müttern unterschied. Und wenn ihr nach den Kindern fragt? Oh! Sie waren überglücklich. Sie reisten und lernten neue Länder kennen, bekamen neue Freunde und hatten Eltern, die glücklich waren. Niemals ist eine Bärenfamilie so glücklich geworden wie diese.

Irini Marra
Aus dem Griechischen
übertragen von
Domna Valakas Steininger

Quelle: Irini Marra: O Polikos ke Melenia (Polikos und Melenia). Athen: Kedros 1983 (2. Aufl.) (Bilderbuch)

Bezeichnungen von Verwandten, die in dieser Geschichte eine Rolle spielen:

Griechisch:		Deutsch:
Πατέρας	Pateras	Vater
Μητέρα	Mitera	Mutter
Γονείς	Ghonis	Eltern
Παιδιά	Pedhia	Kinder
Αδελφός	Adhelfos	Bruder
Αδελφή	Adhelfi	Schwester
Αδέλφια	Adhelfia	Geschwister

Geremia und die Kinder (Italien)

Diese italienische Bilderbuchgeschichte gehört zu unserer Auswahl wegen der schlichten und einfühlsamen Darstellung eines wichtigen menschlichen und sozialen Themas: – Wie leben ältere Menschen in unserer Gesellschaft? – ein Thema, das mit Kindern nur selten angesprochen wird.

GEREMIA
UND DIE
KINDER

GEREMIA È UN VECCHIETTO SOLO. SUA MOGLIE È MORTA DA TEMPO. I SUOI FIGLI SONO TUTTI SPOSATI E ABITANO LONTANO

Geremia ist ein einsamer, alter Mann. Seine Frau ist vor einiger Zeit gestorben. Seine Kinder sind alle verheiratet und wohnen weit weg.

 IN CASA HA LA COMPAGNIA DI UN CANARINO...	Zuhause leistet ihm ein Kanarienvogel Gesellschaft
E DI UNA PIANTA DI GERANIO ROSSA 	– und eine rote Geranie im Topf.

TUTTI I GIORNI VA AI GIARDINI E GUARDA I BAMBINI GIOCARE...

Jeden Tag geht er in den Park und schaut den Kindern beim Spielen zu,

... PERCHÈ GLI RICORDANO I NIPOTINI LONTANI

denn sie erinnern ihn an seine Enkelkinder, die weit weg sind.

UN GIORNO RILANCIA LA PALLA AD UN BAMBINO... 	Eines Tages wirft er einem Jungen den Ball zurück
... E FANNO AMICIZIA... 	und sie werden Freunde.

GEREMIA SI SENTE MENO SOLO.
ANCHE GLI ALTRI BAMBINI PARLANO CON LUI.
— I MIEI NIPOTINI SONO IN UN'ALTRA CITTÀ — DICE GEREMIA.
— I MIEI NONNI, INVECE, VIVONO IN CAMPAGNA — DICE UN BAMBINO

Geremia fühlt sich jetzt nicht mehr so einsam, denn auch die anderen Kinder sprechen mit ihm. „Meine Enkelkinder leben in einer anderen Stadt“ – sagt Geremia; „bei uns ist es umgekehrt“, sagt ein Junge, „meine Großeltern leben auf dem Land.“

LA MIA NONNA ABITA CON NOI:
CURA IL MIO FRATELLINO QUANDO
LA MAMMA LAVORA
CI FA
FILARE
COME
SOLDATI

„Meine Großmutter lebt mit uns. Sie paßt auf meinen kleinen Bruder auf, solange meine Mutter arbeitet. Sie läßt uns parieren wie Soldaten.“

„Mein Großvater ist ein alter Gebirgsjäger und er macht noch Wettläufe“ – sagt ein anderes Kind.

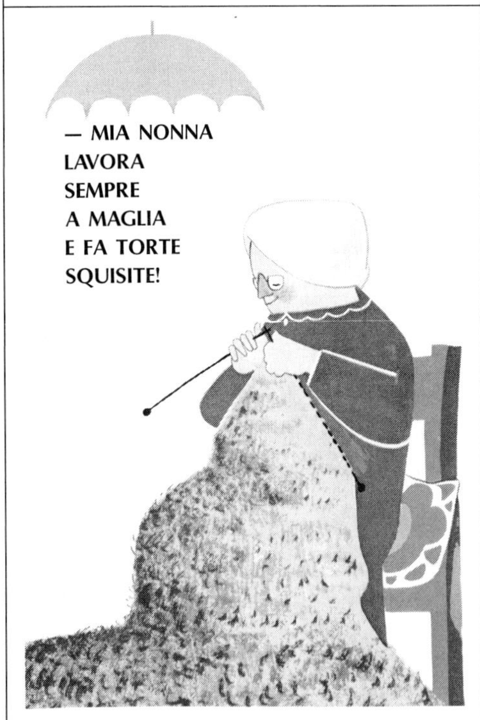

„Meine Großmutter strickt immer und macht wunderbare Torten.“

„Meine Großmutter ist im Altersheim" sagt Luca leise – und senkt verschämt den Kopf.

Quelle: Adriana Pedron Pulvirenti: Geremia e i bambini (Geremia und die Kinder). Brescia: Ed. La Scuola 1978 (Bilderbuch)

Adriana Pedron Pulvirenti
Aus dem Italienischen übertragen von
Anna Lisa Gelli Bigler

Papa Vielfraß (Italien)

Es war einmal ein Vater, der ein wenig gefräßig war. Eines Tages, als er von der Arbeit nach Hause ging, kam er am Stadtpark vorbei. Da er sehr müde war, setzte er sich auf eine Bank und schlief ein.

Ich weiß nicht, wie lange er geschlafen hatte. Doch als er dann aufwachte, hatte er einen Riesenhunger. Er eilte nach Hause und setzte sich sofort mit seinen Kindern zu Tisch. Dann brachte die Mutter eine Schüssel voll von dampfenden Nudeln. Sie hatte nämlich Makkaroni mit Ragout gekocht.

Kaum stand die Schüssel vor dem Vater, da beugte er sich gleich über die Nudeln, und ohne einmal die Gabel zu nehmen – ham ham ham ham – aß er alles auf, ohne eine einzige Nudel übrig zu lassen.

„Ohlala" – die Mutter riß Mund und Augen auf, und die Kinder riefen: „Papa, Papa! Wir haben auch Hunger! Du hast uns keine einzige Nudel übrig gelassen!"

Der Vater schüttelte traurig den Kopf: „Entschuldigt, meine Lieben! Ich weiß nicht, was in mich gefahren ist ... Ich habe Hunger, so einen Riesenhunger! ... Bitte, liebe Frau, was gibt es noch zu essen?" Murrend, und ein wenig irritiert hatte die Mutter schon den Topf mit dem Ragout geholt. Sie stellte ihn mitten auf den Tisch und sagte: „Ja, ja, zum Glück gibt es auch noch die Fleischsoße! Du bist wirklich sehr gefräßig!"

Aber kaum stand der Topf vor dem Vater, da streckte er schon den Kopf vor und – ham ham ham ham – im Handumdrehen war das ganze Ragout weg.

Die Kinder riefen: „Papa, Papa, was machst du da? Vom Ragout hast du uns auch nichts übrig gelassen. Wir haben Hunger! Warum hast du alles aufgegessen?"

Die Mutter war verzweifelt und jammerte: „Nun gibt es nichts mehr, gar nichts. Was sollen wir tun?"

„Entschuldigt, Kinder, entschuldige, liebe Frau!" sagte der Vater. „Ich weiß wirklich nicht, was mit mir los ist. Ich habe einen unvorstellbar großen Hunger. Einfach unvorstellbar groß ... Ich weiß, was wir machen, wir werden im Gasthaus essen. Hier unten ist doch eins, nicht wahr? – das ‚Gasthaus zum Riesenhunger' –. Dort könnt ihr essen, was ihr wollt. Und ich auch. Ich habe so einen Hunger!" Die beiden Kinder, die Mutter und der Vater machten sich auf den Weg zum ‚Gasthaus zum Riesenhunger'. Sie setzten sich an einen Tisch. Der Kellner kam herbei und fragte: „Was möchten Sie Schönes essen?" „Wir möchten eine Portion Risotto!" antworteten die Kinder. „Aber eine große. Oh, wie schön!"

Der Kellner brachte eine riesige Schüssel mit dampfendem Risotto. Aber kaum hatte er sie auf den Tisch gestellt, da steckte der Vater den Kopf in die Schüssel, und – ham ham ham ham – aß er wieder alles auf.

Und die Kinder riefen: „Sogar hier im Gasthaus! Das Risotto hast du auch noch aufgegessen! Warum läßt du uns denn nichts übrig?"

Die Mutter sah den Vater mit weit aufgerissenen Augen an. Wer weiß, was sie dachte. „Was machst du?" sagte sie. „Was hast du bloß gemacht?" Und der Vater antwortete: „Meine Kinder, entschuldigt mich noch einmal. Ich weiß nicht, was mit mir los ist, aber ich habe einen Hunger, einen Hunger ..., daß ich mich einfach nicht zurückhalten kann."

Der Kellner stand wie versteinert da und sah zu. Nicht einmal im ‚Gasthaus zum Riesenhunger' hatte er jemals einen so großen Vielfraß gesehen. Da sagte der Vater stotternd zu ihm:

„B...b...bringen Sie uns – vier ge...ge...gebratene Hühnchen. Eins f...für jeden! Für jeden ein ganzes Hühnchen, ja?"

Der Kellner brachte vier dampfende, knusprig gebratene Hühnchen. Aber kaum standen sie auf dem Tisch – ham ham ham ham – aß der Vater schon sein Hühnchen, dann aß er das Hühnchen der Mutter, dann aß er die Hühnchen der Kinder.

Und als er damit fertig war – kra kra kra kra – aß er auch die Knochen. Dann – kri kri kri kri – aß er auch die Gabeln und die Messer. Dann – krack krack krack krack – aß er auch die Teller und die Gläser. Und dann – krunk krunk krunk krunk – fing er an, auch den Tisch mit dem Tischtuch und den Servietten zu essen. Die Kinder, die Mutter und auch der Kellner waren sehr erschrocken und wußten nicht, was sie tun sollten.

In diesem Augenblick erhob sich ein Mann von einem Tisch in der hinteren Ecke des Lokals. Er hatte einen langen Schnurrbart und trug einen schönen, roten Anzug mit goldenen Knöpfen. Den Schnurrbart drehte er zwischen den Fingern, dann ging er auf den

Vater zu und sagte zu ihm: „Entschuldigen Sie, mein Herr, würden Sie einen Augenblick mit mir hinausgehen?"

Der Vater, aus dessen Mund noch die Servietten hervorquollen, sah ihn erstaunt an, dann stand er auf und folgte ihm. Sobald sie draußen waren, nahm der Mann eine lange Peitsche in die Hand und ließ sie knallen.

Plötzlich hörte man ein lautes Brüllen. Dann sprang aus dem weit aufgesperrten Mund des Vaters ein riesiger Löwe heraus.

Und der Mann mit dem roten Anzug, der – wie du sicher schon erraten hast – ein Tierbändiger war, steckte den Löwen in einen Käfig, der auf einem Wagen stand, nicht weit vom Gasthaus entfernt.

Jetzt wissen wir, warum der Vater einen so fürchterlichen Hunger gehabt hatte: in seinem Bauch war ein Löwe, ein ausgehungerter Löwe. Und das war so geschehen: Wie ich schon erzählt habe, hatte sich der Vater im Stadtpark auf eine Bank gesetzt und war eingeschlafen. Aber er hatte mit offenem Mund geschlafen. Und während er schlief, war dort ganz leise ein Löwe vorbeigeschlichen, der aus einem Zirkus ausgerissen war.

Da der Tierbändiger und die Zirkuswärter überall nach ihm suchten und ihn wieder einfangen wollten und da der Löwe nicht wußte, wo er sich verstecken sollte, war er in den Mund des Vaters gesprungen.

Und ich muß dir auch noch erzählen, daß die Kinder mit der Mutter und dem Vater nachher in ein anderes Gasthaus gingen, das ‚Gasthaus zur Katze', (denn im ‚Gasthaus zum Riesenhunger' waren sie nicht mehr gern gesehen). Und dort aßen sie die leckersten Sachen.

Rate mal, was die Kinder aßen?

Richtig! Sie aßen all die Dinge, die du aufgezählt hast.

Aber am allermeisten aß der Vater. Denn – wie du weißt – was er vorher verschlungen hatte, hatte der Löwe hinuntergeschluckt. So hatte nun auch der Vater einen riesengroßen Hunger. Und außerdem, wie ich schon erzählt habe, war der Vater ein wenig gefräßig.

Pinin Carpi
Aus dem Italienischen
übertragen von
Hildegard Rudolph

Bezeichnungen von Verwandten, die in dieser Geschichte eine Rolle spielen:

Italienisch:	Deutsch:
Papà	Vater
Mamma	Mutter
bambini	Kinder
moglie	(Ehe-)Frau
marito	(Ehe-)Mann

Quelle: Pinin Carpi: Il papa mangione el altre storie dei mei bambini. Milano: Vallardi 1983, S. 11–17.

Ein Sonntag mit Familie Notidis (Griechenland)

Der Kanarienvogel und das Aufwachen

An diesem Sonntag wachte der kleine Panagakis als erster auf. Er sprang aus dem Bett und ging aus seinem Zimmer in das große Wohnzimmer mit den vielen alten Möbeln.

Alle anderen schliefen noch. Herr Notidis und Frau Notidis, Periklis, der ältere Bruder von Panagakis, Anastasia, seine Schwester, die Oma Leuki und die Tante Aimilia. Es war noch sehr früh und die Sonne warf gerade ihre ersten Strahlen zwischen den geschlossenen Balkonläden hinein. Der Kanarienvogel war auch schon wach und machte in seinem Käfig seine Toilette. Er putzte sich mit seinem Schnabel die Flügel, und ab und zu kam aus seiner Kehle ein Zwitschern. Der Kanarienvogel konnte nicht singen und – als ob das nicht genug wäre – hatte er noch einen zerrupften Hals. Kurz gesagt, er war ein armer Vogel.

Panagakis rückte einen Stuhl in die Nähe des Käfigs und kletterte zu dem Vogel hinauf, der hoch oben an einem bronzenen Haken hing. Er öffnete die Türe, steckte seine Hand in den Käfig, und nach einigen Minuten hatte er den Vogel fest in seiner Hand gefangen. Der Arme versuchte verzweifelt, sich zu befreien, er brachte sogar einen Laut heraus, der dem Zwitschern ähnelte, aber Panagakis hielt ihn fest und es kam ihm nicht in den Sinn, ihn frei zu lassen. Nachdem er in Ruhe den zerrupften Hals untersucht hatte und feststellte, daß der Vogel Triefaugen hatte, überlegte er sich, ob dem Vogel ein bißchen Freiheit nicht helfen könnte. Er öffnete seine Hand und der Vogel flog im Raum herum. Er setzte sich auf den Kronleuchter und flog weiter zum verschnörkelten Schrank, dann flog er über die Samtcouch, die er mit Vogelmist beschmutzte und hockte schließlich auf seinem Käfig.

Illustration: Paulos Valassakis

In dem Moment kam Oma Leuki in das Wohnzimmer, sie trug ihren Morgenmantel und hatte Lockenwickler im Haar.

„Was hast Du gemacht, Lausbub!" sagte sie mit ihrer greisen Stimme. „Wie soll der Vogel in seinen Käfig zurückkommen?"

Dann kam Herr Notidis im Schlafanzug herein, dann Anastasia, halb im Schlaf, dann Periklis mit seinen vom Bett durchwühlten Haaren, dann die Tante Aimilia im Nachthemd und als letzte Frau Notidis, und alle fingen an, den armen Vogel zu jagen, um ihn endlich wieder in den Käfig zu stecken.

Tante Aimilia hielt die Tür des Käfigs auf und Herr Notidis versuchte mit einem Schirm, den er irgendwo gefunden hatte, den Vogel in Richtung Käfigtür zu treiben. Periklis hüpfte auf den Tisch und schrie wie ein Wilder, Anastasia weinte leise in einer Ecke, Frau Notidis lachte, die Oma Leuki schüttelte den Kopf.

Der Kanarienvogel flog hin und her voller Angst und Schreck. Er hakte sich in der Gardine fest, dann hockte er auf dem Bilderrahmen, dann flog er wie blind an den Wänden entlang, nur die Türe seines Käfigs fand er nicht.

Im nächsten Moment war alles vorbei. Der Kanarienvogel flog mit aller Kraft, die ihm die Angst gab, durch die Balkontür hinaus. Er flog über die Straße und verschwand zwischen den Bäumen des National-Parks.

„Der Kanarienvogel ist weg!" schrie Panagakis.

„Es lebe die Freiheit!" rief Periklis.

„Jetzt wird ihn irgendeine Katze fressen", sagte bedenklich Tante Aimilia.

„Er soll verschwinden, dieser dumme Vogel", sagte die tierfreundliche Frau Notidis.

„Und ich sage, ihr sollt euch schämen", sagte Oma Leuki streng.

„Seine Qualen sind zu Ende", sagte mitleidig Herr Notidis und wischte seine verschwitzte Stirn.

„Jetzt will ich aber einen Hund haben", schrillte Anastasia.

Dann gingen sie alle aus dem Wohnzimmer heraus, nachdem sie die Balkontür zu und die Käfigtür offen gelassen hatten.

„Komm, mein Kleiner, ich werde dir dein Frühstück machen", sagte Frau Notidis zu Panagakis.

„Wunderbar", murmelte die Oma Leuki und damit endete der Zwischenfall.

Und so begann der Sonntag der Familie Notidis.

Der Ausflug

Die Sonne hatte beinahe ihren Höchststand erreicht, als die Familie Notidis endlich soweit war, ihren Sonntagsausflug zu beginnen. Herr Notidis holte das Auto aus der Garage und parkte es vor der Haustür. Oma Leuki setzte sich als erste auf den hinteren Sitz, zu ihr gesellten sich Periklis und Anastasia, und als letzte stieg die Tante Aimilia hinten hinein. Vorne saß Herr Notidis schon am Steuer und neben ihm seine Frau. Panagakis, der Jüngste, hatte keinen festen Platz. Er turnte zwischen den Füßen der Tante Aimilia und dem Nacken seines Vaters. Das Auto quietschte von dem Gewicht so vieler Menschen, obwohl es dies gewöhnt war.

Endlich kamen sie ans Meer und bogen links auf die Küstenstraße, Richtung Sounio. In dem Moment fing der Kühler an, einen weißen, dicken Rauch auszuspucken.

„Vaki, ich hab's dir gesagt, daß der Kühler ein Loch hat", sagte Frau Notidis vorwurfsvoll.

„Feuer!" brüllte Panagakis.

„Wir sollen die Feuerwehr rufen!" meinte Tante Aimilia.

„Wir werden uns blamieren", sagte Oma Leuki.

„Alle raus", befahl Herr Notidis.

Sie stiegen mitten auf der Straße aus und fingen an, das Auto auf die Seite zu schieben. Der ganze Verkehr blieb stehen. Einige Leute aus anderen Autos kamen zu Hilfe, andere dagegen fuhren weiter und verspotteten sie. Endlich brachten sie das Auto zum Straßenrand. Herrn Notidis stand der Schweiß auf der Stirn, Frau Notidis löste sich in Lachen auf, Anastasia weinte leise am Rand des Bürgersteigs, Tante Aimilia wartete geduldig neben ihr und Oma Leuki schüttelte tadelnd den Kopf.

Inzwischen rauchte der Kühler nicht mehr. Herr Notidis öffnete behutsam die Motorhaube und blickte forschend hinein. „Kein Wasser", sagte er.

„Wie soll er Wasser haben, wenn der Kühler ein Loch hat und Wasser verliert", sagte Frau Notidis. „Ich sagte es dir bereits, Vaki."

„Fahren wir mit dem Taxi zurück", schlug Tante Aimilia vor.

„Ich kehre nicht zurück", brüllte Periklis.

„Vorbei mit unserem Sonntag", winselte Anastasia.

„Gehen wir zu Fuß nach Sounio", meinte Panagakis.

„Wir werden schon gehen, mein Engelchen", sagte Frau Notidis.

„Ihr habt überhaupt kein Hirn", tadelte Oma Leuki.

„Ruhe!" befahl Herr Notidis. „Ich entscheide."

Also, er entschied und sie gingen und holten mit einem Kanister Wasser von der nächsten Tankstelle und füllten den Kühler. Sie starteten und erreichten gerade die nächste Tankstelle, wo sie ihren Kühler wieder mit Wasser füllten. Und so ging das weiter, von Tankstelle zu Tankstelle. Immer wieder qualmte der Kühler, bis es ihnen dann zu dumm wurde, und sie entschlossen sich, vor Sounio stehen zu bleiben und etwas zu essen, nachdem es schon zwei Uhr war.

Sie fanden ein schönes Gartenlokal an der Küstenstraße. Der Kellner rückte zwei Tische unter die Rhododendren zusammen und sie setzten sich. Herr Notidis saß zwischen Oma Leuki und Tante Aimilia. Frau Notidis setzte sich zwischen Periklis und Anastasia. Panagakis hatte keinen festen Platz, er drehte seine Runden zwischen den Tischen. Dann kam der Kellner, um die Bestellung aufzunehmen. Herr Notidis bestellte Mousaka*, einen Braten und einen Salat.

„Du ißt zu viel, Vaki", sagte Frau Notidis.

„Und wenn schon", sagte Herr Notidis. „Ich lebe nur einmal."

Oma Leuki bestellte Kokoretsi**, Tante Aimilia gegrillten Fisch und Periklis einen Braten. Anastasia brauchte sehr lange zum Entscheiden. Zum Schluß bestellte sie auch Kokoretsi, obwohl sie es nicht mochte.

„Ich werde gar nichts nehmen", sagte Frau Notidis. „Ich werde den Rest von Panagakis aufessen."

* Mousaka = Auberginenauflauf

** Kokoretsi = Lamm-Innereien in der Darmhaut gegrillt.

„Damit du den Rest von Panagakis aufessen kannst, mußt du für ihn erst einmal etwas bestellen", sagte Herr Notidis. Panagak-i-i-i-i", rief er. „Wo ist er denn schon wieder hin?"

„Ich gehe ihn suchen", sagte Periklis.

In dem Moment kam Herr Panidis, Freund und Kollege von Herrn Notidis, in seinem tadellosen Anzug mit seiner Frau vorbei. „Was sehe ich!" rief er und näherte sich dem Tisch der Familie Notidis.

„Sie sind auch hier! Wie das?"

„So ein Pech", murmelte Herr Notidis.

„Hör auf, Vaki", schubste ihn Frau Notidis. „Er wird dich hören."

„Ich sehe, ihr seid so viele. Ihr werdet uns erlauben, am nächsten Tisch zu sitzen", sagte Herr Panidis.

„Als ob das mich interessiert, wo du dich hinsetzt", murmelte wieder Herr Notidis.

„Vaki", sagte Frau Notidis vorwurfsvoll.

„Ich kann ihn nicht leiden, diesen Periklis", flüsterte Herr Panidis seiner Frau zu. „Der bereitet mir Magenschmerzen – das Essen wird mir nicht schmecken."

„Leise, sie werden dich hören", zischte Frau Panidis.

„Panagaki-i-i-i-i! wir essen", rief Herr Notidis. „Wo ist er bloß? Jetzt ist Periklis auch verschwunden. Perikli-i-i-i-i!"

„Gott sei Dank! Periklis ist verschwunden", murmelte Herr Panidis.

„Ich gehe die beiden suchen", sagte Anastasia.

„Du sollst da bleiben, wo Du bist", sagte Herr Notidis. „Wir werden essen, und sie sollen als Strafe verhungern. Da! Der Ober kommt."

Der Kellner kam und servierte das Essen und die Getränke.

„Geh und suche die Kinder", flüsterte Tante Aimilia Anastasia zu.

Illustration: Paulos Valassakis

„Ich sagte, sie bleiben ohne Essen!", donnerte Herr Notidis.
„Du sollst nur da, wo es angemessen ist, streng sein", sagte Oma Leuki.
„Der Herr im Haus bin ich", sagte Herr Notidis und nahm einen großen Bissen von seinem Mousaka.

Als Herr Notidis mit seinem Mousaka fertig war und sich gerade über seinen Braten hermachen wollte, hörten sie ein Geschrei.
„Jemand ist ins Wasser gefallen", sagte eine Männerstimme.
„Das Kind!" schrie eine Frauenstimme.
„Mein Engelchen!" rief Frau Notidis und lief in Richtung der Stimmen.

Alle im Restaurant standen auf und liefen zum Meer, um zu sehen, welches Kind ins Wasser gefallen sei.

Mit vollem Mund stand auch Herr Notidis auf.
„Könnte es Panagakis sein", sagte er, ohne es glauben zu wollen.
„Lausbuben", sagte Oma Leuki.
„Es gibt keinen Grund, sich zu fürchten", sagte Tante Aimilia. „Es ist dort seicht."

Auch Herr Panidis sprang erschrocken auf. Er warf seine Serviette auf den Tisch und stürmte ans Meer. Er stieß die versammelten Schaulustigen bei Seite, zog sein Sakko aus und sprang ins Wasser.
„Oh-h-h-h!" riefen alle mit Bewunderung.
„Mein Kind, rettet mein Kind!" schrie herzzerreißend Frau Notidis, die Panagakis fest in ihren Armen hielt.
„Einen Rettungsring!" rief ein anderer.
„Es ist nicht nötig", sagte Herr Panidis aus dem Wasser herauskommend, „das Kind ist gerettet!"

Das Wasser tropfte von überall, und seine Kleidung klebte auf seinem Körper, seine Füße schwammen in den Schuhen.

Mit einer Hand versuchte er, seine auf der Stirn klebenden Haare in Ordnung zu bringen und mit der anderen zog er Periklis, der einen schönen Schrecken gekriegt und eine Menge Wasser geschluckt hatte.
„Mein lieber Gianni", sagte Frau Notidis zu Herrn Panidis, „ich werde dir mein Leben lang Dankbarkeit schulden."
„Jetzt werden wir ihm gegenüber verpflichtet sein", murmelte Herr Notidis.
„Ich will auch baden", brüllte Panagakis.
„Ein Unglück kommt selten allein", sagte Tante Aimilia.
„Lausbuben", sagte Oma Leuki.
„Dachtest Du gar nicht an Deinen Anzug?" fragte Frau Panidis. Nur Anastasia sagte nichts und weinte leise in einer Ecke.

Jetzt blieb ihnen nichts anderes übrig, als nach Athen zurückzukehren. Es war ziemlich dunkel, als sie ankamen. Periklis wurde eingerieben und ins Bett gebracht, und müde wie sie alle waren, machten sie sich dann langsam fürs Bett fertig.
„Unvergeßlich, dieser Sonntag", sagte Oma Leuki und zog ihr Nachthemd und ihre Lockenwickler an.
„Es ist alles vorbei, und es macht nichts", sagte Tante Aimilia.
„Nächsten Sonntag will ich unbedingt baden", sagte Panagakis.
„Ja, mein blondes Engelchen, was Du willst", sagte Frau Notidis.
„Ich habe Euch satt", sagte Herr Notidis.

„Ha ... ha ... ha... hatschi-i-i“, sagte Periklis unter seiner Bettdecke.
„Der Kanarienvogel ist weg und ich will eine Katze“, sagte Anastasia und begann wieder einmal herzzerreißend zu weinen.

Paulos Valassakis
Aus dem Griechischen übertragen
von Domna Valakas Steininger
(gekürzte Fassung)

Bezeichnungen von Verwandten, die in dieser Geschichte eine Rolle spielen:

Griechisch:		Deutsch:
Οικογένεια	Ikojenia	Familie
Πατέρας (Μπαμπάς)	Pateras (Babas)	Vater (Papa)
Μητέρα (μαμά)	Mitera (Mama)	Mutter (Mama)
Γυιός	Jios	Sohn
Θυγατέρα (Κόρη)	Thighatera (Kori)	Tochter
Θεία	Thia	Tante
Γιαγιά	Jiajia	Großmutter (Oma)

Quelle: Auszüge aus: Paulos Valassakis: Mia Kyriake me ten oikogeneia Notide (Ein Sonntag mit der Familie Notidis). Athen: Lychnos 1978 (2. Aufl.)

Die schönste Enkelin der Welt (Portugal)

Als der Opa merkte, daß seine Enkelin verschwunden war, machte er sich Sorgen. Er begann sogleich herumzutelefonieren, ein Telefongespräch nach dem anderen. Alle Nachbarn wurden der Reihe nach angerufen:

– Hallo, spricht dort Senhor Baptista? ... Entschuldigen Sie bitte, ist meine Enkelin bei Ihnen? ... Nicht bei Ihnen ... Sie sagen, meine Enkelin sei nicht bei Ihnen, aber wissen Sie, Senhor Baptista, Sie sehen doch in letzter Zeit so schlecht, vielleicht sollten Sie doch sicherheitshalber Dona Jolanda fragen, vielleicht hat sie meine Enkelin gesehen ... Nein, sie weiß von nichts ... Sie ist sicherlich nicht weit von hier, da haben Sie recht ... Vielen Dank für Ihre Aufmerksamkeit, auf Wiedersehen. Hallo Dona Aurora, sind Sie es? Wissen Sie, meine Rita ist weg ... Um diese Zeit ... Wieso, wieviel Uhr ist es denn jetzt? ... So früh ... na ja, für Rita ist jede Zeit recht, um mir einen Streich zu spielen ...

Es war tatsächlich noch ganz früh. Rita hatte bei ihren Großeltern übernachtet und war gleich in der Früh zu Oma und Opa ins Bett gehüpft. Plötzlich war sie verschwunden. Nun war der Opa sehr besorgt, denn vielleicht hatte sie sich verlaufen.

Die Oma war um diese Zeit schon auf. Sie hatte ihre Enkelin auch sehr lieb, ist ja klar, aber sie machte sich nicht solche Sorgen, sie war nicht so beunruhigt wie der Opa.
– Mach Dir keine Sorgen – sagte sie zu ihrem Mann, – Du kennst sie doch: mal hier, mal fort, und plötzlich taucht sie wieder auf.

Rita war mit ihren fünf Jahren schon ziemlich eigensinnig und sie hatte ihren Großeltern schon oft einen Streich gespielt. Dieses Mal war es aber doch etwas anderes, der Opa hatte sie jetzt schon länger nicht mehr gesehen.
– Was heißt da, mach Dir keine Sorgen –, brummte der Opa vor sich hin, vonwegen, ich rufe jetzt einfach bei der Polizei an, vielleicht wissen die etwas.

– Hallo, ist dort die Polizeistation? Haben die Herrschaften zufällig irgend eine Nachricht von Rita? Welche Rita ... Also Sie sind gut! Rita ist die schönste Enkelin von Lissabon. Von Lissabon – was rede ich für dummes Zeug – die schönste Enkelin der Welt ist sie. Sie wissen nicht, wo sie sein könnte? ... Haben Sie schon alles abgesucht, von *Beato* bis *Dafundo*? ... Ist sie weder im *Miradouro do Monte,* noch in *Alameda da Fonte?* ... Auch nicht in *Belém?* ... Sind Sie ganz sicher? ... Auch nicht in der *Graça* oder in *São Vincente?* Ich sage Ihnen etwas, Sie sollten einfach alle Leute auf der Straße fragen ... Vielleicht ist sie im *Poço do Bispo* oder oben in der *Estrela* ... Ich würde soviel darum geben, sie hier bei mir zu haben. Vielleicht ist sie in der *Alfama* oder in der *Moraria* oder in der *Avenida*? ... Wer hätte das gedacht, daß sie sich so verlaufen würde. Sie ist eine ganz liebe Enkelin, meine Enkelin, die schönste Enkelin der Welt, das sage ich Ihnen. Vielleicht ist sie im *Coliseu* bei einer Zirkusvorstellung, oder unten am *Tejo* und schaut den Möwen zu. Und im *Terreiro do Paço* ist sie auch nicht ... o weh, was soll ich jetzt bloß tun, sagen Sie mir es doch, was soll ich denn tun?

Die Polizei meinte, er solle die Hoffnung nicht aufgeben und die Oma, die gerade ins Zimmer gekommen war, meinte das auch.
– Aber weißt Du, die Polizei hat bereits ganz Lissabon durchsucht – sagte der Opa – und nichts gefunden, keine Spur von Rita, weder in *Algés* noch am *Rossio.* O weh, o weh, mein Herz ist schwer.
Die Oma meinte mit ganz ruhiger Stimme:
–Vielleicht ist sie in *Porto* gelandet.
– In *Porto?* Wieso in *Porto*, rief der Opa erstaunt – wie sollte sie denn in so kurzer Zeit dahin kommen?
– Mit dem Flugzeug natürlich – meinte die Oma.
– Da hast Du recht, daran hatte ich noch gar nicht gedacht.
Und er wählte sofort die Zentrale im Flughafen an:
– Hallo, haben Sie zufällig meine Enkelin gesehen? Welche Enkelin? ... Na, so was! Die schönste und liebste Enkelin der Welt, die Rita, meine Enkelin. Sie ist verschwunden. Und da sie für ihr Leben gern fliegt, wollte ich mich bei Ihnen erkundigen, ob sie vielleicht nach *Porto* geflogen ist. Nach *Porto* unmöglich, sagen Sie ... Nach Paris! Wie bitte, was sagen Sie da, ein Flug nach Paris und ein Flug nach China ... Unvorstellbar, vielleicht ist sie jezt in China! Und sie ist doch noch so klein und sie kann kein Wort chinesisch ... Was wird bloß aus mir! O jeh, was glauben Sie, sollte ich vielleicht in Peking anrufen?

Die Oma unterbrach ihn:
– Du wirst doch nicht in China anrufen! Erstens haben wir kein Geld für so etwas, zweitens kann Rita unmöglich schon dort angekommen sein und drittens glaube ich, daß sie unter ...
Diesmal unterbrach der Opa die Oma. Er tippte sich mit dem Telefonhörer an die Stirn und rief:

Illustration: Paula Amaral

– Ja natürlich, wie dumm von mir! Sie wird unten an der *Algarve* sein. Bei dieser Hitze ist sie sicherlich am Strand und da sie ja schwimmen kann, ist sie längst im Wasser, vielleicht schon ganz weit draußen. Wie konnte ich nur so dumm sein.
Die Oma beschloß, sich auf das Spiel einzulassen:
– Ich würde an Deiner Stelle in der *Marinha* anrufen.
Der Opa rief sofort dort an:
– Hallo, ist dort die *Algarve*, die *Marinha?*
Könnten Sie mich bitte mit allen Booten an der Küste verbinden, vielleicht wurde meine Enkelin von einem der Boote gesichtet. Welche Enkelin? . . . Sie sind gut. Haben Sie noch nie etwas von der schönsten Enkelin der Welt gehört? Na klar, die Rita, natürlich. Sie war hier bei uns im Bett und plötzlich war sie verschwunden, und wir, die Oma und ich, dachten, daß sie vielleicht bei Ihnen unten in der *Algarve* gelandet ist. Ja, ja, die Oma ist auch verrückt, nicht nur ich. Wissen Sie, wir lieben unsere Enkelin sehr und machen uns jetzt große Sorgen um sie. Was sollen wir außerdem den Eltern sagen? Und, und . . .
Hallo! Hallo?
Der hat abgehängt! – murmelte der Opa und schaute dabei ganz traurig.

Die Oma meinte:
– Wahrscheinlich dachte der Mann: „Das ist ein Verrückter."
Der Opa antwortete:
– Genau das hat er gesagt.
– Er hat sicherlich recht – meinte die Oma.
– Und ich finde, daß er sicherlich keine Enkel hat, sonst hätte er mehr Verständnis für unsere Lage. Den möchte ich einmal sehen, wenn ihm die Enkelin anvertraut worden ist – und obendrein noch die schönste Enkelin der Welt – und plötzlich ist sie verschwunden, kein Mensch weiß wohin.
– Du übertreibst – schimpfte ihn die Oma.
– So, so, ich übertreibe, – meinte der Opa gereizt – und wo glaubst Du, wo unsere Rita sein könnte?
– Ich weiß es nicht, aber ich weiß, wer es wissen könnte – antwortete die Oma.
– So, so, Du weißt es und bist ganz still.
– Ja, ich weiß es. Rate mal.
– Komm', sag' es mir bitte, schnell.
– Die Eule, die weise Eule, weiß es.
– Ja natürlich, ich Schafskopf, die Eule.
– Das sagst Du doch selbst immer, daß die Eule alles weiß.
– Na klar, deshalb nennen sie ja alle Leute Frau Eule, die Gelehrte.
– Na also, wenn sie alles weiß, dann weiß sie auch, wo unsere Enkelin stecken könnte.
– Ja, unsere Enkelin, die schönste Enkelin der Welt!
– Na ja, das sagen alle Omas und Opas von ihren Enkeln.
– Aber unsere ist tatsächlich die schönste Enkelin der Welt. Sag bloß, das stimmt nicht.
– Schon gut ... schon gut ... sieh zu, daß Du Frau Eule anrufst und steh' jetzt endlich auf, damit ich das Bett machen kann.
– Du hast völlig recht ... Ich rufe jetzt sofort bei der Eule an.
– Das hättest Du schon viel früher tun können ...
– Dann wäre unsere Geschichte viel kürzer gewesen.
– Mann, jetzt beeil' dich bitte mal.
... Der Opa wurde ganz nervös. Er wählte die Nummer von Frau Eule im Wald und seine Freude war groß, als er am anderen Ende die Stimme von Frau Professor Doktor Eule hörte ...
– Entschuldigen Sie bitte die Störung ... Ach, Sie wissen schon ... Wieso, ich hatte Sie doch noch gar nicht angerufen ... Ach ja, natürlich, entschuldigen Sie bitte Frau Professor Eule, Sie wissen ja alles. Sie wissen also, daß ich die schönste Enkelin der Welt suche ... Na klar hört sie das nicht mit, Sie haben völlig recht, diese Dinge sollte man nicht vor den Kindern sagen, sonst werden sie furchtbar eitel – aber Sie wissen schon, Frau Eule, Großeltern sind immer ein bißchen verrückt ...
– Du bist verrückt, ich nicht – unterbrach ihn die Oma, aber der Opa machte ihr ein Zeichen, sie solle doch bitte den Mund halten und fuhr fort:
– Nun Frau Eule, Frau Professor, Sie sind so liebenswürdig und so klug und so weise, aber Sie haben mir immer noch nicht gesagt, wo meine Enkelin stecken könnte ... Was sagen Sie da? ... Das ist unmöglich, das glaube ich nicht! Ehrenwort? Sagen Sie bloß, sie ist gleich hier neben mir, während ich in der ganzen Welt herumtelefoniere! Wie ich Sie bewundere Frau Eule, Sie und Ihre Kunst. Also Sie meinen, die Rita ist unterm Bett ...

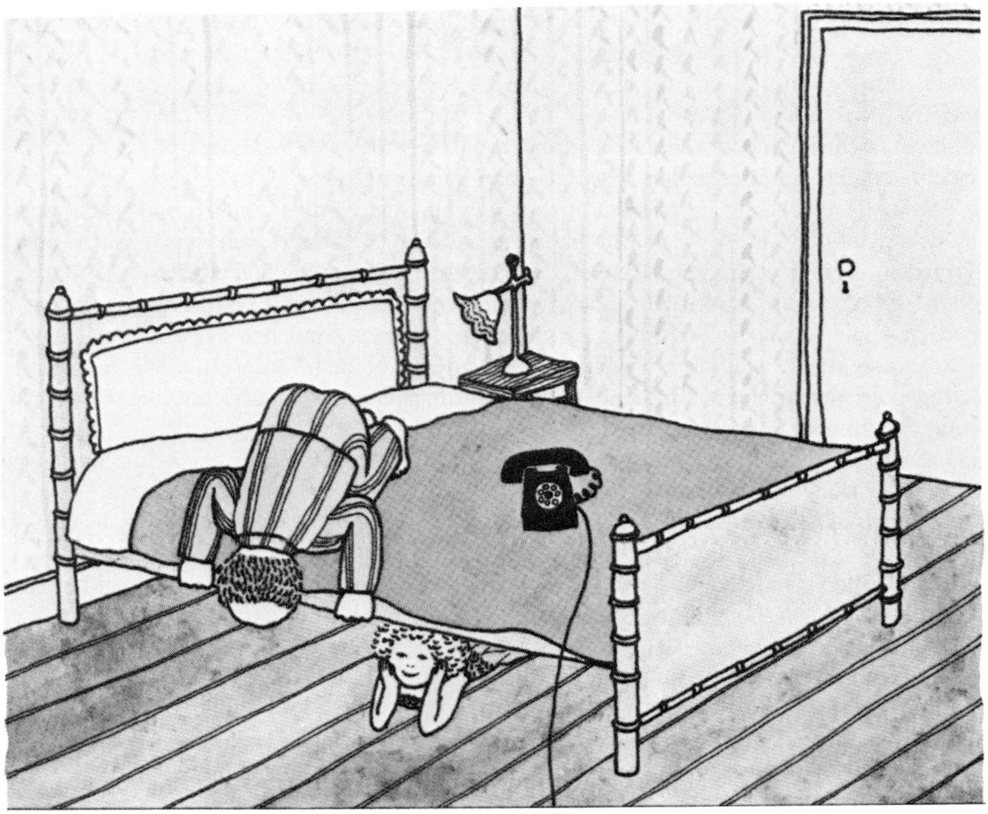

Illustration: Paula Amaral

Der Opa verabschiedete sich und bedankte sich bei der Eule. Er beugte sich hinunter, schaute unter das Bett. Er atmete auf: da lag Rita, ganz klein eingerollt und lachte.
– Na also! Wußtest Du wirklich nicht, daß ich hier bin? Die Oma hat recht, Du bist ganz schön dumm. Sag mal ehrlich, wußtest Du es oder nicht?

Der Opa kratzte sich am Kopf und wußte nicht, was er darauf antworten sollte.

Carlos Pinhão
Aus dem Portugiesischen
übertragen von Michaela Ulich

Bezeichnungen von Verwandten, die in dieser Geschichte eine Rolle spielen:

Portugiesisch:	Deutsch:
avô	Großvater
avó	Großmutter
neta	Enkelin

Quelle: Carlos Pinhão: A neta mais linda do mundo. In: A onda grande e boa. Lisboa: Livros Horizonte 1981, S. 19–32.

Das kleine Mädchen und die Wölfe (Jugoslawien, serbisch)

Der helle Abend senkt sich herab, am Himmel sind nur weiße Wölkchen, die die Sterne nicht verdecken können. Sie glitzern, und mir kommt es so vor, als ob sich die Sterne, so klein, wie sie sind, im Dunkeln fürchten und sich deshalb gegenseitig Mut machen, indem sie sich zublinzeln: Ich bin ja da, hab keine Angst.

Seka und ich schauen zum Fenster hinaus. Ich bin Sekas Onkel, und sie ist das schönste Mädchen auf der ganzen Welt. Das finde ich wirklich, nicht nur, weil ich ihr Onkel bin. Trotzdem, wenn jetzt irgendein Onkel, der Franzose ist oder Engländer, Russe, Afrikaner oder Eskimo, sagen würde, daß seine Seka die Schönste sei – wir würden uns nicht zanken. Wir alle sagen die Wahrheit. Es gibt viele schönste Mädchen auf der Welt.

Seka mag mich, weil ich groß bin und weil mir die beiden Vorderzähne fehlen. Wenn ich meinen Nachmittagsschlaf mache, höre ich manchmal, wie vorsichtig die Türe aufgeht. Sie kommt mit ihrer Freundin herein und flüstert ihr geheimnisvoll zu: „Komm, Du mußt Dir meinen Onkel anschauen. Ihm fehlen die beiden Vorderzähne.“ Und dann bin ich so froh, daß sie mir fehlen!
Manchmal sagt sie einfach: „Mein Onkel schläft. Komm, schau mal, wie komisch er aussieht.“

Seka ist lieb. Oft schenkt sie ihr ganzes Spielzeug ihren Freundinnen. Einmal hat sie sogar mich weggeschenkt. Aber nicht ganz. Weil sie mich mag, hat sie es nicht ganz tun können. Sie kam, Hand in Hand mit ihrer Freundin und sagte ganz aufgeregt: „Dragana hat keinen Onkel.“
„Ich weiß“, sagte ich.
„Willst Du von heute ab auch ihr Onkel sein? Sie tut mir so leid, daß sie keinen Onkel hat. Sei Du Onkel für uns beide, halbe-halbe.“ So bin ich ein Halbe-halbe-Onkel geworden, halb für Seka, halb für Dragana.

Aber jetzt gerade sind wir allein zu Hause und schauen zu, wie der Abend kommt. Damit es uns nicht langweilig wird, teilen wir uns die Wolken. Die ist für mich. Die da für Seka. So haben wir auf einmal jeder sieben Wolken, kleine, weiße. Dann klappert Seka mit ihren Töpfen und Tellern, und ich lese Zeitung. Ich weiß, sie wartet nur darauf, daß wir ein Gespräch anfangen, aber ich will nichts sagen, kein Wörtchen. Ich möchte wissen, wie sie wohl anfangen wird. „Ich habe einen Glückskäfer gesehen, der war so groß wie eine Taube“, sagte Seka.
„Sieh mir in die Augen“, sagte ich.
„Onkel, kann ich Dir auch in ein Auge sehen?“
Da sage ich: „Ich habe eine Taube gesehen, die war so klein, wie ein Glückskäfer.“
„Onkel, sieh mir in die Augen.“
„Seka, kann ich Dir auch in ein Auge sehen?“
Das haben wir erfunden, damit wir uns, wenn wir ein klein bißchen mogeln, beim Mogeln erwischen können, sie mich oder ich sie, und damit die anderen nicht wissen, daß wir gemogelt haben.

Seka fängt an zu gähnen. Das bedeutet, es ist viertel neun Uhr abends. Sie fängt immer um viertel neun Uhr abends an zu gähnen. Das geht bei uns alles nach Programm: Sie will sich dann fünf Minuten lang nicht die Hände waschen, dann tut sie es doch. Fünf Minuten lang will sie sich einfach nicht hinlegen, dann tut sie es doch, und dann muß ich ihr etwas erzählen.

Am meisten erzählen wir beide von dem Wolf. Wölfe gibt es nicht bei uns in der Stadt. Der Bus hält direkt vor unserem Haus. Es ist eine große Stadt. Einen Wolf kann Seka höchstens im Zoologischen Garten sehen. Sie ist aber noch nie dort gewesen (wirklich, ich muß sie einmal mitnehmen), sie hat den Wolf bisher nur in ihrem Bilderbuch gesehen, und sie hat auch einen Spielzeugwolf, dem hat sie ein Ohr abgerissen.

„Seka, wenn Du nicht in zweieinhalb Minuten eingeschlafen bist, rufe ich den großen Wolf aus dem Wald!“ drohe ich ihr.

Sie versteckt sich schnell unter der Bettdecke, bleibt zwei, drei Sekunden darunter, dann kommt sie wieder hervor: zuerst ihre schwarzen Haare, dann kommt die Stirn, dann kommen ihre lachenden Augen. Sie fragt: „Ist der Wolf wieder weg?“

„Ja, er ist weg.“

Seka will, daß ich ihr noch etwas erzähle, aber ich denke gar nicht daran.

„Wenn Du mir nicht noch etwas erzählst, dann rufe ich den großen Wolf aus dem Wald“, droht sie mir.

Bis heute habe ich mich dann immer versteckt und habe gefragt: Ist der Wolf wieder weg? Aber heute abend, ich weiß selbst nicht, warum, vielleicht habe ich mich ein bißchen geschämt, daß ich Angst vor dem großen Wolf aus dem Wald hatte, denn ich bin doch schon groß, und wir wohnen direkt an der Bushaltestelle, und wenn der Wolf wirklich käme, könnte ich ja auch schreien – diesmal also sage ich zu Seka, gegen alle unsere Spielregeln: „Ich habe keine Angst vor dem Wolf.“

„Aber der Wolf ist groß. So groß wie zwei Handtücher zusammen.“

Ich weiß selbst nicht, warum ich so habe angeben müssen. „Egal, ich bin auch so groß wie die zwei Handtücher im Badezimmer. Aus diesem Wolf mache ich Hackfleisch.“

„Wie kannst Du aus dem Wolf Hackfleisch machen?“

Mit Müh und Not habe ich irgendeine Ausrede gefunden.

„Und wenn zwei Wölfe kommen?“

„Ich habe keine Angst.“

„Und wenn ich alle Wölfe rufe?“

„Dann schlage ich sie alle tot, alle Wölfe der Welt.“

„Aber bei den Wölfen ist auch ein kleiner Wolf, ein klitzekleiner.“

In meiner großen Tapferkeit war ich auf einmal ganz unbarmherzig. Da fängt Seka an zu weinen, und ich werde verlegen und frage sie: „Was hast Du denn?“

„Warum willst Du auch den kleinen Wolf totschlagen? Dieser kleine Wolf ist lieb.“

„Das hast Du mir nicht gesagt.“

„Nein, Du willst auch den kleinen, klitzekleinen Wolf totschlagen, aber der ist lieb.“

Ich habe schwören müssen, daß ich dem kleinen Wolf kein Haar krümme, und sie wurde wieder ruhig. Auf einmal schaute sie mich listig an und sagte: „Onkel, sieh mir in die Augen!“

„Warum?“

„Wegen der Wölfe.“

„Seka, kann ich Dir auch in ein Auge sehen?“

Da lachte sie, und mit diesem Lachen im Gesicht schlief sie ein. Ich blieb noch ein Weilchen am Fenster stehen. Ich schaute zu, wie die Sterne blinzelten, und mir kam es vor, als ob sie zueinander sagten: Ich bin ja da, hab keine Angst.

Brana Crnčević

Aus dem Serbischen übertragen von Peter Urban

Bezeichnungen von Verwandten, die in dieser Geschichte eine Rolle spielen:

Serbokroatisch:		Deutsch:
Ujak	(mütterlicherseits)	Onkel
Stric Čika	(väterlicherseits)	Onkel
Nećàkinja		Nichte

Slowenisch:	Deutsch:
Stríc	Onkel
Nečákinja	Nichte

Quelle: Brana Crnčević: Das kleine Mädchen und die Wölfe.
In: Dichter Europas erzählen Kindern. Hrsg. von Gertraud Middelhauve. München: dtv o.J. S. 100–102.

Der Mann, der die Blumen wiederbelebt (Türkei)

Şükrüye saß am Fenster, die Ellbogen auf dem Fensterbrett. Es hatte den ganzen Tag geregnet. Die Ziegel auf den Dächern hatten geklappert und der Wind in den Dachrinnen und Verschalungen gewirbelt. Aber jetzt war es wieder schön. Die Sonne zitterte noch ein wenig, sie hatte einen Kreis zwischen zwei Wolken gezogen. Kopfbedeckte Frauen gingen vorbei. Das Wasser auf den Steinen war getrocknet. Drei Autos fuhren vorbei. „Zwei sind privat, die kann man nicht zählen. Das letzte ist meins", sagte Şükrüye, „das zählt!" Sie spuckte auf das Fensterbrett.

Die Mutter saß mit angewinkelten Beinen auf der Polsterbank. Sie beobachtete im Spiegel ihr Gesicht. Şükrüye überlegte, ob ihre Mutter schön oder häßlich sei. Sie hatte einmal den Vater gefragt; „Schön", war seine Antwort. Die Mutter hatte den Pickel auf ihrem Kinn zerdrückt, die Hand an ihrer Schürze abgewischt.

Şükrüye drehte sich wieder zum Fenster. „Mein Vater wird bald da sein. Jeden Sonntag gehen wir ins Kino, und ab und zu gehen wir zur Großmutter*", sagte Şükrüye ganz leise, damit die Mutter es nicht hören konnte. Dann hob sie ihre Stimme ein wenig und wiederholte: „ . . . ab und zu gehen wir zur Großmutter." Sie drehte den Kopf und schaute. Ihre Mutter bohrte mit den Haarnadeln in ihrem runden Haarknoten. Şükrüye fiel nie etwas ein, was sie ihrer Mutter erzählen könnte. Immer wenn sie mit ihrer Mutter allein war, schwieg sie. Ihre Zähne waren stumpf geworden. „Mein Vater wird bald da sein." Şükrüye wurde es langweilig, sie nahm Wasser aus der Kanne, füllte ein Glas und trank es aus, nur um etwas zu tun.
„Kommst Du auch mit uns?" fragte sie die Mutter.
„Nein, ich habe etwas vor", antwortete die Mutter, „später werde ich zu den Resitis gehen." „Immer wenn sie das sagt, gehen Vater und ich zur Großmutter" dachte Şükrüye und spürte einen Knoten im Hals. Sie zählte, wie oft sie bis jetzt geweint hatte. Vierzehnmal kam heraus. Sie entschloß sich bis zum zwanzigsten Mal nicht den Mund aufzumachen.

Draußen auf der Straße gingen Menschen mit ihren Schirmen vorbei, pechschwarze Regenschirme; sie hatten den Regen verpaßt. Die Tür ging auf. Ihr Vater kam herein.

* Großmutter = Vaters Mutter

„Du hast wieder vergessen, die Tür einzuölen", sagte die Mutter.
„Was gibt es Neues?"
„Ich habe mich verspätet, entschuldige bitte. Also Şükrüye, Nazan, gehen wir ins Kino?"
„Ich kann nicht", sagte die Mutter, „ich habe etwas vor. Könnt ihr nicht zu Hause bleiben? Das Kind wird sich erkälten."
Şükrüye zählte, wie oft sie sich erkältet hatte, neun mal kam heraus.

Sie ging mit ihrem Vater zur Tür hinaus und hielt seine Hand ganz fest. Sie ließ die Hand des Vaters nicht mehr los, nur ein paar Mal, um sich an der Nase zu kratzen. Şükrüye fand einen Strich auf den nassen Steinen, wo sie entlang gehen konnte. Es gab keine bessere als sie, die so einen Strich auf jeder Straße finden konnte. Gedichte sagen konnte sie nicht. „Bis ‚H' kann ich das Alphabet aufsagen, weiter nicht", dachte sie. Die Großmutter bat sie, vor ihren Nachbarinnen bis ‚H' aufzusagen. Sie schämte sich. „Wie schön sie es kann!" riefen sie. Wenn man von der Großmutter sprach, dachte Şükrüye immer zuerst an die Wohnung, dann an ihr Gesicht. Großmutter war schön. Sie trug ihre Haare in der Mitte geteilt, mit Zitronenduft zurechtgelegt. Ein Bund mit zwei Schlüsseln hing immer an ihrem Hals.
Şükrüye schaute ihren Vater an. Sie liebte ihre Mutter, aber den Vater noch mehr. Er hatte eine harte Hand, die Fingernägel gelb. Er war größer als der Vater von Filiz. Filiz – das war vielleicht eine. Die geht allen auf die Nerven. Sie schreibt immer zweimal ihre Hausaufgaben und noch einmal ins Reine: dreimal. Aber ihr Vater wird bestimmt nicht lange leben. Seine Haare fallen schon aus.

Immer in der Nähe des Krämerladens sagte ihr Vater: „Wir sagen Deiner Mutter, daß wir im Kino waren, sonst hat sie Angst, daß Du Dich bei der Oma erkältest." Ohne ihm zu glauben, hörte sie die Worte ihres Vaters. Şükrüye war stolz, mit ihm etwas Geheimes zu teilen. Am Abend, beim Essen würde sie seine Hand unter dem Tisch halten. „Der Film war schön", würde sie ihrer Mutter erzählen, „drei Menschen sind gestorben. Ich habe so geweint." Und damit ihr Vater lachen konnte, würde sie noch glaubhafter, noch genauer erzählen. „Der Micky-Maus Film ganz am Anfang war in Farbe", würde sie sagen. Dann würde der Vater zu lachen beginnen, genau so wie er es immer tat, wenn sie bis „H" das Alphabet aufsagte. Seine Augen waren sehr engstehend, die Augenbrauen mit einem dicken Strich verbunden, aber wenn er lachte, sah man nur seine Zähne.

Kurz vor der Tür begann Şükrüye auf einem Bein zu hüpfen. Wenn sie auch immer bis hierher rannte, so begann sie kurz vor der Tür zu hüpfen, als ob sie den Weg verlängern wollte. Warum eigentlich? Aus Freude, oder schämte sie sich?

Vor der Tür mußten sie eine Weile warten. „Willkommen, mein Sohn", sagte die Oma, „ich komme." Die Stimme der Großmutter hallte in dem steinigen Innenhof wie ein offener Wasserhahn. Sie sah jünger aus. In allen vier Ecken des Steinhofes standen Blumen. Korb neben Korb. Lilien, Levkojen, Schwertlilien, Rosen, Veilchen ... Alle Blumen dufteten zugleich.

„Du kannst Dir eine Nelke abschneiden, Şükrüye", sagte sie. Sie hatte eine Rose in ihre Haare gesteckt. Ihr Gesicht war auch rosa.

Als sie drinnen waren, sagte die Oma „Vergiß nicht, die Schuhe auszuziehen, mein Kind, Şükrüye." Dann ging sie in die Küche, um Kaffee zu machen und kam wieder. Sie ging dauernd in die Küche, rein und raus. Sie brachte einen großen Teller mit Kuchen, ein Glas Wasser, Kaffee. Großmutter hatte grün geblümte Tassen. Die Teller, die Tassen, alles roch nach grüner Seife. Vater trank seinen Kaffee mit wenig Zucker. Şükrüye warf das eine Bein über das andere und blies in ihren Kaffee, bis die Haare auf ihrer Oberlippe aufhörten, sich zu bewegen, dann begann sie zu trinken.

„Magst Du einen *simit*?“ (Sesambrezel) fragte die Großmutter. „Nein“. Die Mutter würde sich sonst ärgern, wenn sie am Abend nicht mehr essen könnte. Das zählt nicht, was man dazwischen ißt.

Der Vater sagte wie immer: „Nazan geht es gut, sie hatte etwas vor und konnte nicht mitkommen. Du hast Dir so viel Mühe gemacht. Nächste Woche kommt Nazan sicherlich auch.“ Alle drei wußten, daß sie nicht kommen würde.

Und wie immer sagte die Großmutter zum Vater: „Dein Vater ist krank, er liegt“, und dann sagte sie noch „Şükrüye, geh spielen, ich möchte mich mit Deinem Vater unterhalten. Faß die Blumen nur nicht an.“ Şükrüye ging hinaus und hörte die Großmutter flüstern. „Küß die Hand Deines Vaters, mein Sohn, eine Verstimmung zwischen Vater und Sohn ist nicht gut.“

Şükrüye hatte ihren Opa noch nie gesehen. In dem langen Flur gab es eine Tür, in die sie noch nie hineingegangen war. Ob sie sie aufmachen sollte? Ob der Opa wohl da drinnen war? Sie ging hin und blieb davor stehen. Sie hatte ganz starkes Herzklopfen und drehte ganz vorsichtig am Griff. Die Tür ging auf und eine Zeitlang sah sie gar nichts. Aber allmählich gewöhnten sich ihre Augen an die Dunkelheit und sie sah zwei Stühle und einen Holztisch. Ein Jugendbild der Großmutter in einem weißen Kleid hing an der Wand. Ihre Haare waren geflochten. Ein gestreifter Mann saß auf einem Stuhl neben dem Bett.

„Wer bist Du?“

Şükrüye wollte antworten, aber es ging nicht. Sie blieb stehen, ohne sich zu bewegen. Der alte Mann streckte seine Hand aus.

„Du bist wahrscheinlich Şükriye? Komm her. Komm näher. Öffne aber zuerst das Fenster, damit ich Dein Gesicht sehen kann.“

Şükrüye näherte sich zögernd dem Fenster, ging auf Zehenspitzen und öffnete das Fenster. Das Licht erhellte die grauen Haare, die nach unten neigenden schwarzen Augenbrauen und den üppigen Schnurrbart des alten Mannes.

„Wann bist Du hierher gekommen, Şükriye?“

„Vor kurzem.“ Damit hoffte sie ihre Schuld vermindert zu haben. Es kam ihr vor, als ob im Gesicht des alten Mannes Wut versteckt war. Besonders an den Mundwinkeln.

„Setz Dich hin“, sagte er. „Da, setz Dich.“

„Ein alter Mann weiß nicht, was er ein kleines Mädchen fragen soll,“ dachte Şükrüye. Sie zwang sich zu sprechen.

„Ich fange nächstes Jahr mit der Schule an. Mein Name ist nicht Şükriye, sondern Şükrüye. Sind Sie krank?“

„Ja, ich habe mich erkältet.“

„Es ist nicht gut sich zu erkälten, meine Mutter ...“ Sie ahnte, daß das dem Großvater nicht gefallen würde und schwieg. Dann: „Sind das Ihre Blumen?“

„Ja, meine.“

„Alle?“

„Alle.“

„Was machen Sie mit so vielen Blumen?“

„Ich pflege sie und verkaufe sie dann. Schau: Jeden Abend nehme ich einen großen Eimer. Ich schneide die verfaulten Stiele ab und die verwelkten Blätter. Ich schneide den

untersten Teil und lasse die Blumen im Eimer ausruhen. In der Früh sind sie wiederbelebt."
„Also, das heißt, Sie sind ein Wiederbeleber", sagte Şükrüye. „Ich habe einmal bei uns um die Ecke jemanden getroffen, der eine Vase verkaufte; er hielt eine riesige Vase mit Blumen in seinem Arm und führte sie spazieren. Wenn ich Geld gehabt hätte, hätte ich sie ihm abgekauft."
Der Alte sagte: „Du bist ein gutes Mädchen, Şükrüye. Das hast Du von Deinem Vater. Ist er drin? So ein Esel, ich habe ihn seit langem nicht mehr gesehen."
Şükrüye schämte sich, aber sie war nicht böse.
Der Schnurrbart des alten Mannes zitterte.
„Du wirst ein tolles Mädchen werden, Şükrüye. So sieht es aus. Weißt Du, am Anfang konnte ich meine Blumen nicht verkaufen. Ich brachte es nicht übers Herz. Damals war ich noch jung. Ich war der Schönheit noch nicht überdrüssig."
„Kann ich auch die Wurzeln und die Blätter kennenlernen?"
„Das kannst Du", sagte der Alte. „Du kannst auch noch lernen, wie Du Deine Ware los wirst. Ab und zu wird es Dir weh tun, aber das vergeht. Du mußt kaltblütig sein. Unsere Arbeit ist schwer. Sie ähnelt keiner anderen. Das ist kein Beruf, der in den kleinen Annoncen der Zeitungen steht."
„Mein Vater liest mir immer die Zeitung vor", sagte Şükrüye.
„Morgens vor seiner Arbeit. Und wissen Sie was? Ihre Arbeit kann nicht jeder machen."
Der alte Mann war beeindruckt. Seine Brust unter dem offenen Schlafanzug hob und senkte sich.
„Wie ein Rosettenverkäufer", sagte er keuchend.
„Wie ein Seifenblasenverkäufer", rief Şükrüye.
„Wie der Hexenschußgesundmacher", sagte der Alte.
„Wie der Vasen-spazierenführende-Mann", sagte Şükrüye.
„Ein außergewöhnlicher Beruf ..." sagte der Alte. „Aber am Ende kann man plötzlich alles verlieren, alles, auf das man sich verlassen hat. Plötzlich ist es nicht mehr da. So wie bei Deinem Vater. An dem Tag, als er die Tür hinter sich zuknallte und verschwand, war ich erschüttert. Er hatte sich in den Kopf gesetzt, die Tochter dieses Kaufmanns zu heiraten. Er hat nicht auf mich gehört. Bis jetzt hat er meine Hand noch nicht geküßt."
Şükrüye kratzte ihre Nase, um nicht zu weinen.
„Ich bin müde ..." sagte der Opa. „Geh jetzt, sonst machen sie sich Sorgen um Dich. Du bist ein gutes Mädchen, komm wieder zu mir, geht das?"
„Ich werde kommen", sagte Şükrüye, „das verspreche ich Dir."
Der alte Mann setzte sich hustend ins Bett. Şükrüye beobachtete ihn, bis er unter der Decke verschwand.

Auf dem Weg nach Hause unterhielt sie sich nicht mit ihrem Vater. Şükrüye dachte dauernd an ihren Großvater. Zuhause saß die Mutter auf der Couch und lackierte ihre Fingernägel. Sie fragte: „Was habt Ihr gemacht? Wie war der Film?"
„Wir sind bei der Großmutter gewesen", sagte Şükrüye, „ich habe den Großvater sehr lieb."

Tomris Uyar
Aus dem Türkischen übertragen von Domna Valakis Steininger

Quelle: Tomris Uyar: „Çiçek Dirilticileri". In: Mehmet *Seyda*: Cumhuriyet Yazarlarından Cumhuriyet Çocuklarına Hikâyeler. 2. baski. Istanbul: Karacan Yayınları 1981,S. 274–287

Bezeichnungen von Verwandten, die in dieser Geschichte eine Rolle spielen:

Türkisch:	Deutsch:
anne	Mutter
baba	Vater
oğlan	Sohn
kız	Tochter (Mädchen)
dede	Großvater (Opa)
babaanne	Großmutter (väterlicherseits)
anneanne	Großmutter mütterlicherseits (Mutter der Mutter)
nine	Großmutter, altes Mütterchen (allgemein für ältere Frauen)

Im Türkischen gibt es für die Verwandten der Frau und des Mannes jeweils verschiedene Begriffe; für den ältesten Bruder und für die älteste Schwester gibt es ebenfalls spezifische Begriffe.

abi, ağabey	ältester Bruder
abla	älteste Schwester

Şükrüye, der Name der Hauptperson ist ein Wort arabischen Ursprungs, *Şükran* bedeutet „Danksagung“.

„Der Vorname wird einem türkischen Kind niemals unbedacht gegeben. Sehr verschiedene Überlegungen spielen eine Rolle: Tag, Zeit, Monat, Jahreszeit der Geburt (z. B. *Ramazan, Bayram* = Opfer- oder Zuckerfest, *kasım* = November), Ort der Geburt (z. B. *deniz* = Meer), besondere Ereignisse am Tag der Geburt (ein Kind, das am Tag der Amnestierung seines Vaters geboren wurde, erhielt den Namen *af* = Vergebung, Amnestie). Es werden Namen der Propheten, bekannter Persönlichkeiten oder besonders geachteter Familienmitglieder, Namen von Tieren, Pflanzen oder Mineralien (z. B. viele Zusammensetzungen mit *gül* = Rose) oder Eigenschaften (z. B. Zusammensetzungen mit *nur* = Glanz, *can* = Seele) ausgewählt. Häufig wird auch darauf geachtet, daß die Namen der Kinder einer Familie gut harmonieren“ (*DIFF* 1984, S. 32).

Einige türkische Vornamen:

Akgün (masc.)	glücklicher Tag
Aycan (masc.)	Mond-Leben
Aynur (fem.)	Mondschein
Bingül (fem.)	Tausendrosen
Emre (masc.)	Freund
Gökçe (masc.)	Himmel, Himmelblau
Gönül (fem.)	Herz, Liebe
Ipek (fem.)	Seide
Kaya (masc.)	Fels
Yavuz (masc.)	tapfer
Güneş (masc.)	Sonne
Bahar (fem.)	Frühling

Nasreddin-Hodscha-Anekdoten

Laßt uns öfter streiten

Eines Nachts hatte Nasreddin Hodscha mit seiner Frau einen heftigen Streit und schrie sie an. Er war so böse, daß sie zum Schutz in das Nachbarhaus lief. In dem Nachbarhaus wurde gerade ein Hochzeitsfest gefeiert, und der Gastgeber tat alles, was er konnte, um die Frau des Hodscha zu beruhigen und zu trösten. Ein wenig später kam auch der Hodscha auf der Suche nach seiner Frau in des Nachbars Haus, und auch er wurde mit einer solchen Freundlichkeit und Sanftheit behandelt, daß er bald seinen Ärger vergaß. Er setzte sich neben seine Frau und aß einige köstliche Delikatessen. Dann sah er sie an und sagte:
„Liebling, das ist großartig! Laß uns doch öfter miteinander streiten!"

Das Genie

Eines Tages meinte der kleine Sohn des Nasreddin Hodscha:
„Vater, ich kann mich an den Tag erinnern, als Du geboren wurdest."
Der Hodscha blickte stolz zu seiner Frau und sagte:
„Unser Sohn, ist er nicht ein Genie?"

I. Schulgeschichten

Illustration: Daniel Demšar

Schulgeschichten

Kindergeschichten zum Thema „Schule" sind längst nicht so zahlreich vorhanden – und das gilt für jedes Land – wie Geschichten über das Familienleben (vgl. vorhergehenden Abschnitt dieses Buches). Die Schule ist jedoch für alle Kinder ein wichtiger Lebensbereich; gerade deswegen wollten wir dieses Thema nicht fehlen lassen. Unsere Auswahl berücksichtigt kulturspezifische Bezugspunkte zum Thema (so die Anekdoten der zwei bekannten türkischen Figuren, Keloglan und Nasreddin Hodscha) sowie verschiedene ernste und lustige Aspekte des Schullebens: eine jugoslawische Kurzgeschichte zum Schulanfang, der Text eines italienischen Bilderbuches über soziale Anerkennung in der Schulklasse und eine humorvolle Tiergeschichte aus Portugal über das Lesen-Lernen. Den Abschluß bildet ein Zeichenspiel in Reimform aus Spanien.

Keloglan geht in die Schule (Türkei)

Es war einmal, es war keinmal. Es war einmal ein Keloglan. Keloglan liebte das Spiel und die Spaziergänge auf Feldern und Wiesen.

Alle Freunde Keloglans gingen in die Schule. Keloglan wollte aber nicht hingehen. „In der Schule wird es mir langweilig. Was gibt es Besseres als spazierengehen und spielen auf den Wiesen?" dachte er sich.

Eines Tages ging Keloglan wieder auf die Felder zum Spielen. Er wollte sich auf einen Zaun setzen. An dem Zaun hing ein Schild: „VORSICHT! FRISCH GESTRICHEN!"

Nachdem aber Keloglan nicht in die Schule ging, konnte er ja die Schrift auf dem Schild nicht lesen.

So kletterte er auf den Zaun, und im Nu war sein Hosenboden voller Lackfarbe. „Hängt das mit dem Schild zusammen?", dachte sich Keloglan.

Am nächsten Tag sah er am Briefkasten vor seiner Tür einen Zettel hängen. „Wahrscheinlich steht auf dem Zettel auch FRISCH GESTRICHEN. Jemand hat unseren Kasten angemalt. Ich fasse ihn lieber nicht an, damit ich nicht wieder voller Farbe werde", sagte er sich.

Am Nachmittag saß Keloglan unter einem Baum. Er wußte nicht mehr, was er spielen sollte und langweilte sich. „Was soll ich tun?" überlegte er. Da hörte er von weitem seine Freunde und sah, wie sie mit Eßkörben in der Hand vorbeigingen.

„Alle meine Freunde gehen zum Picknick. Aber warum haben sie mich nicht eingeladen?" fragte er sich.

Er ging hinter seinen Freunden her, ohne gesehen zu werden. Die Kinder fanden nach einiger Zeit einen passenden Platz unter den Bäumen und setzten sich hin.

Sie nahmen aus ihren Körben verschiedene Speisen und begannen zu essen.

Keloglan, versteckt hinter einem Baum, beobachtete sie. Da überfiel ihn eine große Traurigkeit, weil sie ihn vergessen hatten. Er begann zu weinen, zunächst sehr leise, aber nach einiger Zeit wurde sein Weinen immer lauter und lauter.

Seine Freunde sagten: „Wo kommt dieses Weinen her?" Sie suchten herum und fanden ihren Freund Keloglan hinter einem Baum.

Sie gingen alle sofort zu ihm. „Warum weinst Du? Warum bist Du hinter diesem Baum versteckt? Warum kommst Du nicht zu unserem gedeckten Platz?" fragten sie ihn.

„Mich hat niemand eingeladen, deswegen weine ich", sagte Keloglan. „Wie ist das möglich", sagte eines der Kinder, „wir haben Dich eingeladen. Die Einladung habe ich mit eigenen Händen an Deinen Briefkasten gehängt!"

„Ach so, und ich dachte, auf dem Zettel steht FRISCH GESTRICHEN! Das war doch ein großer Fehler, nicht mit Euch in die Schule zu gehen, um das Lesen und Schreiben zu lernen. Morgen werde ich aber mitkommen", sagte Keloglan.

Und tatsächlich ging Keloglan am nächsten Tag in die Schule. Er liebte seine Schule und seinen Lehrer. Er wurde ein guter Schüler und bestand sogar die Klasse.

Nacherzählt von Olcay Göçmen
Aus dem Türkischen übertragen von
Domna Valakas Steininger

Quelle: Keloğlan Okula Gidiyor, bearbeitet v. Olcay Göçmen. Istanbul: Oda Yayınları 1981.

Nasreddin-Hodscha-Anekdoten

Von der Nützlichkeit der Sonne und des Mondes

„Allah hat der Sonne das Licht gegeben und dem Mond den hellen Schein", sagte der Lehrer in der Dorfschule, die Nasreddin besuchte. „Was meint Ihr, welcher Stern ist Eurer Meinung nach der nützlichere von den beiden?"

Nasreddin rief stolz und ohne zu zögern: „Ich weiß die Antwort: der Mond."

„Warum sagst Du das mit solcher Bestimmtheit?" fragte der Lehrer. „Na, die Sonne zeigt sich nur, wenn es Tag ist und hell. Aber der Mond bescheint die Erde, wenn es Nacht ist! Also ist er nützlicher."

Ein gelehrter Mann

Eines Tages brachte ein Bauer dem Hodscha einen Brief und fragte ihn, ob er ihm den Brief vorlesen könnte.

„Die Handschrift ist so schlecht, daß ich es nicht lesen kann", sagte der Hodscha.

Der Mann wurde böse und sagte:

„Du trägst den Turban eines Gelehrten und kannst noch nicht einmal einen Brief lesen."

Der Hodscha setzte seinen Turban ab, legte ihn vor sich hin und sagte: „Wenn Du denkst, daß jeder, der einen Turban trägt, ein Gelehrter ist, dann setz Du ihn auf und sieh, ob Du den Brief lesen kannst."

Arabisch-Lektionen

Eines Tages hörte Nasreddin Hodscha, daß ein Freund die arabische Sprache erlernen wollte. So bot er sich dem Freund als Lehrer an, obgleich er selbst nur wenige Worte arabisch sprach. Die Lektion begann. „Wie sagt man bitte ‚kalte Suppe' auf arabisch?" wollte der Freund wissen.

„Oh", erwiderte Hodscha, „es ist nicht notwendig, das zu lernen. Du wirst niemals ‚kalte Suppe' sagen müssen. Die Araber mögen ihre Suppe heiß."

Pika kommt in die Schule (Jugoslawien, slowenisch)

Im Herbst dieses Jahres kommt Pika in die Schule. Sie kennt bereits die Hälfte des Abc und noch dazu die Buchstaben U und S: genug, um die Worte MUCA (Katze) und MIŠ (Maus) schreiben zu können. All das hat sie von ihrer großen Schwester Alenka gelernt, wie es in der Regel oft geschieht.

So fragt eines Tages Pikas Mutter: „Was wirst Du bloß in der Schule anfangen? Du weißt ja schon so viel, Pika! Du wirst Dich sicher langweilen."

Pika dachte schnell nach, dann machte sie eine abwehrende Handbewegung, drehte sich auf dem Absatz um und sagte: „Ich werde so tun, als ob ich überhaupt nichts wüßte und könnte, und das ganze Abc von Neuem mitmachen."

Cvetko Zagorski
Aus dem Slowenischen übertragen von
Vladimir Meula

9 mal 9 ist 81, viele Affen, einer macht sich (Portugal)

Es war einmal ein Affe, der wollte lesen. Das hatte er bei den Menschen gesehen. Die nahmen etwas in die Hand das hieß ‚Buch', strichen über die Seiten, wischten den Staub zwischen den Zeilen ab und lasen ... sie nickten ab und zu mit dem Kopf und das war sicherlich ein Zeichen von großer Weisheit. Und so blieben sie stundenlang, mit dem Buch auf dem Schoß und blätterten, eine Seite nach der anderen, und alle Seiten sahen gleich aus, voll mit Buchstaben. Das mußte doch etwas Interessantes sein.

So dachte der Affe in dieser Geschichte und nahm ein Buch in die Hand. Er klappte es auf und sah sich eine Seite genauer an, was sie ihm zu berichten habe. Nichts, gar nichts. Er drehte das Buch um, vielleicht würde das helfen. Es half nichts. Er blätterte auf die nächste Seite – erstaunlich, sie sah genau wie die vorhergehende Seite aus. Der Affe stand auf, neigte den Kopf ein wenig nach rechts, dann nach links. Nein, das war es auch noch nicht, er hatte den Dreh noch nicht raus. Dann legte er sich flach auf den Boden und hielt das Buch ganz dicht an die Nase. Nichts. Dann legte er das Buch auf den Boden, nahm Anlauf, zielte und machte genau auf der ersten Seite einen Handstand mit Überschlag. Es passierte nichts.

Es war so, als wollten die Buchstaben weglaufen. Mal waren sie ganz nah, alle auf einem Haufen, mal liefen sie alle weg, als ob sie es sehr eilig hätten. „Diese affigen Buchstaben! Die können nicht stillhalten!" schimpfte der Affe. Er kratzte an den Buchstaben, er versuchte sie wegzublasen und wegzuschnipsen. Nichts half.

Jetzt war er so wütend, daß er anfing zu weinen und da begannen die Buchstaben zu tanzen, sie ertranken fast in seinen Augen. „Weine nicht, sonst kannst Du erst recht nicht lesen" flüsterte ihm Frau Kaktus-Tausend-Blume zu, die immer in allen Geschichten Ratschläge erteilt, auch wenn sie gar nicht gefragt wird. „Mit müden Augen kann man nicht lesen", flüsterte sie.

Da flog das Glühwürmchen vorbei, und der Affe konnte die Buchstaben wieder erkennen. Das war es wohl. Seine Augen waren nicht in Ordnung. Wer weiß, vielleicht brauchte er so ein Gestell auf der Nase, wie es die Menschen tragen. So beschloß der Affe einen Augendoktor aufzusuchen, bzw. einen „Facharzt für Augenheilkunde" – was das gleiche ist, nur ein bißchen schwieriger.

So ging er zum Doktor. „Was fehlt Ihnen denn?" fragte der Herr im weißen Kittel.

„Ich sehe zur Zeit so schlecht Herr Doktor, ich kann kaum noch lesen. Die Buchstaben tanzen hin und her, mal alle auf einem Haufen, dann wieder fliehen sie nach rechts und nach links. Auf jeden Fall halten sie nie still, wie sie es eigentlich tun sollten. Vielleicht kann der Herr Doktor mir etwas verschreiben, damit die Buchstaben wieder in Reih und Glied bleiben."

Der Doktor kratzte sich am Kinn. Es gibt auch Doktoren, die sich am Kopf kratzen, oder solche, die sich am Kinn *und* am Kopf kratzen, aber die sind recht selten. Dieser Doktor kratzte sich am Kinn und meinte: „Der Fall ist schwierig, wir müssen ihn genauer untersuchen. Setzen Sie sich bitte auf diesen Stuhl." Er zeigte auf einen Stuhl, ging zum anderen Ende des Raumes und knipste ein Licht an. Auf einer Tafel erschienen viele Buchstaben, große und kleine Buchstaben, für jeden Geschmack etwas.

„Bitte, lesen Sie", sagte der Doktor zu dem Affen.

Der Affe las nicht.

Da setzte der Doktor dem Affen ein Gestell auf die Nase und band es an den Ohren fest, denn es rutschte. Er schob ein Glas nach dem anderen in das Gestell und wiederholte jedesmal den Satz „Bitte lesen Sie jetzt".

Aber der Affe las nicht.

Die Sprechstunde dauerte sehr lange und der Arzt kratzte sich immer wieder am Kinn, bis er sich schließlich an den Schreibtisch setzte und zu schreiben begann.

„Meinen Sie, daß das wieder vorbeigeht?" unterbrach ihn der Affe beunruhigt. „Ich denke schon", antwortete der Doktor, „wenn Sie sich genau an das Rezept halten." Und er überreichte dem Affen das Rezept. „Gehen Sie zur Gemüsegasse und fragen Sie dort nach Frau Madalena Geduld. Sie wird sich um das Rezept kümmern." Der Doktor verabschiedete sich und wünschte dem Affen „gute Besserung". Wißt Ihr, was auf dem Rezept stand?

> Sehr verehrte Dona Madalena,
> ich möchte Ihnen diesen neuen Schüler empfehlen und Sie bitten, ihn gut zu behandeln. Er ist kein dummer Esel, sondern ein Affe.
> Mit freundlichen Grüßen
>
> Ihr Doktor Olarilas

Und so kam der Affe in die Schule. Von diesem Tag an trug er einen Kittel – aber nicht lang und hinten zugeknöpft wie der Kittel des Doktors, sondern knielang und vorne geknöpft, wie die der Schulkinder. Sehr schön war er nicht in diesem Kittel, aber er sah annehmbar aus.

In der Pause war er der beste Schüler. Er übertraf alle beim Seilhüpfen, beim Bockspringen oder Streiche ausdenken.

Im Unterricht, ja, im Unterricht war er nicht ganz so gut. Sein Betragen allerdings war vorbildlich – er schwätzte nicht und paßte immer auf. Streiche im Unterricht, nein, das konnte er sich nicht leisten. Er mußte viel lernen, denn er war ja schließlich auf Empfehlung eines Doktors in die Schule gekommen.

Dona Madalena Geduld war sehr geduldig mit ihm. Und tatsächlich lernte er einiges. Beim Rechnen zum Beispiel hatte er schon gelernt: „9 mal 9 ist 81, viele Affen, einer macht sich." Beim Lesen und Schreiben machte er ebenfalls Fortschritte. Er konnte schon „Banane" lesen, aber nur stückweise, so: Ba-na-ne. Und sobald er das Wort ganz gelesen hatte, leckte er sich die Lippen.

„Lies bitte noch einmal", bat ihn die Lehrerin Dona Madalena.

„Nein danke, Fräulein Lehrerin, ich bin schon satt", antwortete der Affe höflich, denn er wollte die Lehrerin nicht ausnutzen.

Uns wurde berichtet, daß der Affe sich weiterhin große Mühe gibt. Vielleicht kann er eines Tages diese Geschichte lesen.

António Torrado
Aus dem Portugiesischen
übertragen von
Michaela Ulich

Ein bekannter Auszählreim zum Titel dieser Geschichte:

Nove vezes nove	Neun mal neun
Oitenta e um	macht einundachtzig,
sete macacos	sieben Affen,
tu és um	und Du bist einer,
fora eu que não sou nenhum.	aber ich bin keiner.

Quelle: António Torrado. Nove vezes nove? Oitenta e um, sete macacos e tu és um. In: O jardim zoológico em casa. Lisboa: Plátano o. J.

Das Wunderkind (Italien)

Aldo hieß er, und er war anders als die anderen Jungen. Er hatte eine schwarze Mütze, viel zu große Hosen, vier Geschwister und eine Mama, die den ganzen Tag arbeitete.

Als er in die Schule kam, wollte er gerne mit den anderen Kindern Freundschaft schließen. Er bastelte Papierflugzeuge und warf sie durch das ganze Klassenzimmer, damit die anderen etwas zu lachen hatten. „Aldino", sagte die Lehrerin, „das tut man nicht, laß das sein."

Aldo war nicht sehr beliebt. Wenn er einen anderen Jungen leicht berührte, glaubte der gleich, er wollte ihn pieksen und fing das Brüllen an.

„Aldo, in die Ecke," sagte die Lehrerin. Und alle begannen ihm aus dem Weg zu gehen – in der Pause, im Bus, beim Anstellen.

Eines Tages kamen die Maler in die Schule, um die Schule neu anzustreichen. Sie stellten ihre Farben hin – blau, rot, gelb, schwarz und weiß, dazu Spachtel, Leim und Leiter. Als der Gong nach der letzten Stunde läutete, gingen alle Kinder nach Hause zu ihren Eltern, die auf sie warteten. Niemand bemerkte, daß Aldo in der Schule geblieben war.

Er war allein mit den Farben. Die Versuchung war sehr groß, er konnte nicht widerstehen. Er nahm den Pinsel und machte einen dicken blauen Strich an die hintere Wand des Klassenzimmers. Er malte bis zum Abend, alle vier Wände, bis oben hin. Ganz zum Schluß malte er noch die Decke an. Als er fertig war, kletterte er aus dem Fenster und ging schnell nach Hause. Er kam gerade noch rechtzeitig, um die Suppe zu essen.

Am anderen Morgen blieb allen, die das Klassenzimmer betraten, der Mund offen stehen. Niemand, auch nicht der Direktor, konnte so schön malen. Alle Lehrer versammelten sich im Klassenzimmer. Die hohen Damen und Herren aus der Stadt wurden gerufen, bis hin zum Bürgermeister und Pfarrer.

Wer hatte das gemacht?

Die Lehrerin sah, wie Aldo sich in einer Ecke versteckt hielt, an seinem Kittel waren Farbflecken.

„Aldo war es," sagte die Lehrerin.

Und alle schauten zu ihm hin und sie dachten: Aldo ist tatsächlich nicht wie die anderen Kinder: er ist ein Wunderkind.

Adriana Pedron Pulvirenti
Aus dem Italienischen übertragen
von Michaela Ulich

Quelle: Adriana Pedron Pulvirenti: Il bambino meraviglia (Das Wunderkind). Brescia: Editrice La Scuola 1978 (Bilderbuch)

Zeichenspiel – Spanien

Como se dibuja un señor (So zeichnet man Don Miguel)

Se dibuja un redondel,
y ya está la cabeza de Don Miguel
– ¡Ya tenemos la cabeza!
Ahora las orejas,
después las dos cejas,
ojos redondones,
boca, sonriente
(con un diente),
nariz prominente,
bigote imponente,
– mucho bigote –
y un lacito en el cogote.
Para el pelo, rayas tiesas ...
– ¡Ya tenemos la cabeza!

Ahora el cuerpo,
la chaqueta,
los botones,
la cadena,
la corbata,
una manga,
otra manga,
una mano,
otra mano.
Una pernera,
otra pernera,
una bota
otra bota,
un pie, otro pie.

Erst einmal ein großer Kreis.
Wird das Don Miguel, wer weiß?
jetzt zwei Ohren außen dran,
zwei Augen mit den Brauen dann.

Der Mund mit Zahn, er lacht so gern,
die große Nase für den Herrn,
darunter fehlt ein Schnurrbart noch –
ein großer Schnurrbart bitte doch!

Eine Schleife um den Hals,
schwarze Haare ebenfalls,
und schon sehen du und ich
Don Miguel ins Angesicht.

Nun den Körper im Jackette
mit Knöpfen und der Uhrenkette,
die Krawatte für den Mann,
links und rechts ein Ärmel dran.

Und die Hände, deren zwein,
links und rechts ein Hosenbein.
Zwei schöne Stiefel trägt der Mann,
links und rechts ein Fuß noch dran.

Hat das Malen Spaß gemacht?
Kinder, mal kurz nachgedacht.
Etwas fehlt, das ist kein Scherz:
Wo hat Don Miguel – sein Herz???

Nachdichtung
von Werner Lachenmaier

El juego del dibujo
¡Qué bonito es!
¡Atención niños, atención!
¡Que le falta un detalle,
el corazón!

Illustration: Miguel A. Pacheco

Quelle: Gloria Fuertes/Miguel A. Pacheco: La oca loca. Madrid: Escuela Espanola 1981, S. 9

Punkt, Punkt, Komma, Strich,
fertig ist das Angesicht.
Mit zwei langen Ohren
ist der Mensch geboren.
Eine Flasche Wein
einen Laib Brot
Hände wie ein Drechsler
Füße wie ein Sechser
Haare in die Luft
und fertig ist der Schuft.

Volksgut
Tradiert von Traudi Krötz

J. Bilderbücher: Empfehlungen und pädagogische Anregungen

Illustration: Irene Bordoy

1. Bilderbücher als Kulturträger

Bilderbücher sind Kulturträger besonderer Art. Sie stellen einen Teil Kinderkultur dar, der weitgehend von Erwachsenen vermittelt wird und nicht – wie z.B. viele Schulhofreime und -spiele – von Kind zu Kind. Erwachsene gestalten Bilderbücher, stellen sie her, verkaufen und kaufen sie. Bilderbücher geben Aufschluß über die Kultur und das Kulturverständnis dieser Erwachsenen – über Themen, die sie beschäftigen, über Darstellungsformen, die sie ansprechen, über ihr Bild von Kindern und Erwachsenen, über ihre Phantasie und Kreativität, über ihre erzieherischen Bemühungen. In diesem Prozeß sind Kinder die Rezipienten, allerdings meist sehr dankbare. Sie sind es letztendlich, die zei gen, ob ein Buch als Kinderbuch wirklich „ankommt", ob es beliebt wird und sich über die Jahre bewährt.

Die Bilderbuchkultur ist in verschiedenen Ländern unterschiedlich stark verbreitet. Generell gilt die Feststellung: Bilderbücher sind in den hochentwickelten Industrieländern am stärksten vertreten. Ein Besuch bei der jährlich stattfindenden internationalen Kinderbuchmesse in Bologna/Italien zeigt dies deutlich.

In unseren sechs Ländern ist die Bilderbuchproduktion auch entsprechend den unterschiedlichen Stadien der Entwicklung. In Italien ist sie z.B. differenziert ausgebaut, während in der Türkei Bilderbücher nach unserem mittlerweile gewohnten Vorstellungsmuster (Großformat, Vier-Farben-Druck, fester Einband) kaum zu finden sind; andererseits gibt es in der Türkei viele anregende Kinderbücher für Kinder ab 6 Jahren mit interessanten Schwarz-weiß-Illustrationen. Eng verbunden mit dem Stand der Bilderbuchproduktion eines Landes ist die Entwicklung und der Stellenwert der Vorschulerziehung. Gibt es eine lange Kindergartentradition, so werden umsomehr Materialien speziell für diese Altersgruppe produziert – im Unterschied zu jenen Kulturen, in denen bis vor kurzem Kinder bis zum Schuleintritt ausschließlich in der Familie und Wohnumgebung aufgewachsen sind.

In den letzten Jahrzehnten wurden auch in Süd- und Osteuropa Kinder im Alter von 3–6 zunehmend von professionellen Erziehern in Institutionen betreut, und namhafte Künstler wenden sich nun der Kinderbuchproduktion für diese Altersstufe zu. Umso wichtiger ist es, Migrantenkinder an dieser Entwicklung der letzten Jahre teilhaben zu lassen. Deren Eltern werden die schönen neuen griechischen, türkischen oder spanischen Bilderbücher aus ihrer eigenen Kindheit nicht kennen. Unsere Auswahl enthält neben den „neuen" Bilderbüchern jedoch auch einige weniger anspruchsvolle Heftchen mit allgemein bekannten kulturspezifischen Motiven (Hodscha, Keloglan), die die meisten Eltern wiedererkennen werden.

Eine Auswahl von Bilderbüchern aus verschiedenen Ländern kann für Erzieher und Kinder auch dazu führen, daß sie sehen: nicht immer nur das Teuerste (4-Farbendruck, kartoniert, Hochglanz) ist lustig und interessant. So haben in der Praxis deutsche und ausländische Kinder auch an Schwarz-weiß-Illustrationen (z. B. aus der Türkei) Spaß gefunden.

Über die Entwicklung und den Stand der Bilderbuchproduktion in den sechs Ländern wird in zwei Annotationsbänden des Staatsinstituts für Frühpädagogik (vgl. S. 355) eingehend berichtet.

2. Warum ausländische Bilderbücher in Kindergarten und Grundschule?

In deutschen Kindergärten und zunehmend in Grundschulen („Leseecke") sind Bilderbücher ein vielfach eingesetztes Medium. Nicht nur sind sie bei Kindern beliebt, sondern sie ermöglichen auch pädagogisch bedeutsame Erfahrungen wie die Entwicklung von Sprachkompetenz, von Bildverständnis, von Ausdrucksfähigkeit und von kultureller Identität.

Für ausländische Kinder ist es entsprechend wichtig, auch in der Sprache ihrer Familie interessante und anregende Kinderbücher kennenzulernen.

Bisher war es unüblich, neben den deutschsprachigen Büchern auch Bilderbücher aus den Herkunftsländern der ausländischen Kinder in der Gruppe, bzw. Klasse, im Angebot zu berücksichtigen. Gerade diese im Alltag sichtbaren und greifbaren Kulturelemente sind jedoch wichtig; sie prägen das Bewußtsein sowohl der deutschen als auch der ausländischen Kinder. Migrantenkinder erleben oft, daß die Sprache und Kultur ihrer Eltern in vielen Lebensbereichen außerhalb der Familie kaum Berücksichtigung findet, sogar negativ bewertet wird. Wenn aber Bücher aus ihrem Land neben den deutschen Bilderbüchern angeboten werden, merken sie, daß die Sprache und Kultur ihres Landes im Kindergarten oder in der Schule beachtet werden – eine wichtige Erfahrung für die Entwicklung einer positiven Einstellung zu sich selbst und zu ihrer Familie.

In Ballungsgebieten sollte deshalb sowohl in schulischen als auch in außerschulischen Bildungseinrichtungen ein Grundstock sorgfältig ausgewählter Kinderbücher verfügbar sein. Denn für ausländische Kinder – wie für deutsche Kinder – kann der Spaß am Bilderbuch, das Interesse am Lesen, vom Kindergarten oder von der Schule angeregt werden. Schon ein paar ansprechende, gezielt eingesetzte Bilder- und Kinderbücher können wichtige Impulse geben – sei es für die Entwicklung bilingual-bikultureller Kompetenzen, für eine interkulturelle Verständigung oder für neue Formen der Elternarbeit.

Ausländische Kinder können die Bücher nach Hause ausleihen und in der Familie anschauen. So erleben auch ihre Eltern, daß die Kultur ihres Landes im Kindergarten oder in der Schule respektiert wird und daß Bilder- und Kinderbücher für die Erzieher wichtig sind. Darüber hinaus kann ein Bilderbuch zu einem Gesprächsanlaß zwischen Pädagogen, Kindern und Eltern unterschiedlicher Nationalitäten werden: man hilft sich gegenseitig beim „Übersetzen" des Textes, betrachtet gemeinsam die Bilder. Und: Bilderbücher sind bei Kindern nach wie vor sehr beliebt – trotz Video und Comics. Auch deutsche Kinder haben an ausländischen Bilderbüchern Spaß – wie in multinationalen Kindergruppen beobachtet wurde. Sie gehen selbstverständlich damit um und wissen zugleich: dieses Buch ist etwas Besonderes, das können nur Antonios oder Alis Eltern vorlesen, die Erzieherin (die Lehrerin) versteht es nicht. Konkrete Erfahrungen sprechen für den Einsatz ausländischer Bilderbücher (siehe S. 325 ff.).

3. *Empfehlenswerte Bilderbücher für den Einsatz in national gemischten Kindergruppen*

Die Bilderbücher, die hier vorgestellt werden, sind alle mit positiver Rückmeldung in der Praxis „erprobt" worden. Diese Auswahl bietet natürlich nur einen kleinen Einblick in die Fülle der Bilderbücher aus den sechs Ländern. Wir verweisen deshalb auf zwei andere Publikationen, die ein viel breiteres Spektrum von Kinderbüchern enthalten:

> *Kinderbücher aus Türkei, Jugoslawien, Griechenland*
> und
> *Kinderbücher aus Italien, Spanien, Portugal.*
>
> Beide Bände herausgegeben von W. E. Fthenakis und M. Ulich unter Mitwirkung von P. Oberhuemer und D. Thorbeck-Hess im Staatsinstitut für Frühpädagogik. München u. a.: Saur 1984.
>
> Jedes Buch – es sind zwischen 40 und 80 pro Land – wird einzeln vorgestellt: mit einer Kurzbeschreibung in der Originalsprache und in Deutsch, mit den bibliographischen Angaben und mit einer Illustration. Auch die Einführung zum Stand der Kinderliteratur in jedem Land wird neben Deutsch ebenso in der jeweiligen Originalsprache angeboten.

Die Altersangaben sind nur richtungsweisend. Selbstverständlich kann ein Buch, das für Vierjährige noch als reines Bilderbuch fungiert, zugleich eine ansprechende Lektüre für Leseanfänger sein.

Küçük olmak

(Kleinsein)
Can Göknil (Text und Ill.)
Istanbul: Yapı ve Kredi Bankası 1982

Türkei

Kleinsein ist schwer, dachte der kleine Vogel. Ich wäre lieber groß ... Das Bilderbuch erzählt, wie der kleine Vogel trotz seiner Größe wichtige Aufgaben übernehmen kann. Der Text ist einfach, die Bilder farbig-skurril. Ab 4 Jahren.

Nasrettin Hoca ile eşeği

(Nasreddin Hodscha und sein Esel)
Olcay Göçmen (Bearb. und Ill.)
Istanbul: Oda Yayınları 1981

Türkei

Diese Geschichte von Nasreddin Hodscha und seinem Esel gehört zu einer 10teiligen Serie. Die (schwarz-weiß) illustrierten Heftchen der berühmten Figur des türkischen Humors sind sehr billig und in der Türkei an jedem Zeitungskiosk zu sehen. Für den Einsatz in Kindergruppen sind sie etwas instabil – es empfiehlt sich, die einzelnen Heftseiten auf Karton zu kleben und diese zu einem Leporello zu gestalten (Zusammenhalt der einzelnen Kartonblätter durch Buchbinderstreifen). Ab 6 Jahren.

Keloğlan'in Çomakları

Türkei

(Keloglans Stäbchen)
Olcay Göçmen (Bearb. und Ill.)
Istanbul: Oda Yayınları 1981

Dieses Heftchen ist – wie auch die Hodscha-Geschichten – Teil einer Serie zum Lesen und Vorlesen. Keloglan (der Name heißt soviel wie „Kahlkopf") ist eine bekannte Figur des türkischen Märchens – ein armer Junge, der in die Welt hinausgeht, um Glück und Anerkennung zu suchen. In dieser Geschichte wird ein beliebter Baum im Dorf über Nacht gefällt. Die Dorfbewohner wollen wissen, wer der Täter war. Durch einen klugen Trick gelingt es Keloglan, den Schuldigen festzustellen. Ab 6 Jahren.

Trči, Trči, Trčimir

Jugoslawien
(serbokroatisch)

(Lauf, Laufhard, Lauf)
Stanislav Feminic (Verse), Vojo Radoičić (Ill.)
Zagreb: Školska knjiga 1981

Eine Sammlung von Kinderversen über Tiere und Pflanzen, Sonne und Regen, Wind und Wolken, Kinderphantasien und Alltag. Beeindruckend sind die farbigen, zum Teil surrealistischen Illustrationen Vojo Radoičićs, die jede Textseite schmücken und nicht selten ein direktes Zusammenspiel mit der typographischen Gestaltung erkennen lassen. Ab 5 Jahren.

Muca Copatarica

Jugoslawien
(slowenisch)

(Die Pantoffelmieze)
Ela Peroci (Text), Ančka Gošnik-Codec (Ill.)
Ljubljana: Mladinska knjiga 1983

Alle Kinder im Dorf haben eines gemeinsam: Wenn sie ins Bett gehen, vergessen sie immer, ihre Hausschuhe hinzustellen. Und eines Morgens sind alle Hausschuhe verschwunden ...

Diese Phantasiegeschichte erzählt von der Suchaktion der Kinder und der Überraschung, die ihnen die Katze bereitet. Zu dieser Geschichte gibt es eine Schallplatte. Ab 4 Jahren.

O Phlit taxidevi

Griechenland

(Phlit geht auf Reisen)
Sophia Zarampuka (Text und Ill.)
Athen: Selbstverlag o. J.

Ein Bilderbuch-Leporello zum Auseinanderfalten und Aufstellen. Zwei Kinder werden von ihrer Tante mit dem Auto abgeholt, und sie wollen eine Reise von Athen nach Epidaurus unternehmen. Leider muß Phlit, der schwarze Kater, zuhause bleiben. Die Reise geht an der Akropolis vorbei, über die Brücke von Korinth und durch Landschaft und Städte des Peloponnes. Schade, daß Phlit nicht dabei ist, meinen die Kinder – aber dann entdecken sie, daß er doch mitgereist ist ... Ab 3 Jahren.

Ta ellinakia

(Die Griechenkinder)
Eugenia Fakinou (Text)
Athen: Kedros 1980

Griechenland

In der Form eines historischen Märchens werden Motive der griechischen Volkskunst vermittelt. Die ganzseitigen, farbigen Bilder sind Stickerei- und Webarbeiten entnommen. Farbkopien dieser Bilder wirken sehr gut (in Passepartout oder Rahmen präsentiert) als kulturspezifischer Raumschmuck. Ab 7 Jahren (Text), ab 5 Jahren (Bilder).

Gigi cerca il suo berretto

(Gigi sucht sein Käppchen)
Bruno Munari (Text und Ill.)
Milano: Emme edizioni 1979

Italien

Ein Spielbilderbuch zum Aufklappen, Entdecken, Weitersuchen. Gigi hat sein Käppchen verloren und sucht es im Schrank, im Koffer, hinter dem Sessel, im Eisschrank, im Wäschekorb – und findet es zum Schluß ... auf seinem Kopf. Die vielen Möglichkeiten zum Aufklappen bereiten den Kindern viel Spaß und bieten einen starken Anreiz zum Suchen und Benennen der abgebildeten Gegenstände. Der Text ist auf ein Minimum gehalten. Ab 3 Jahren.

Per esempio un ombrello

Italien

(Ein Schirm ist ...)
Beatriz Ferro (Text), Michele Sambin (Ill.)
Milano: Emme edizioni 1979

Ein Schirm ist ... nicht nur ein gewöhnlicher Regenschirm, sondern auch ein Baum, eine Brücke, eine Zeitung, ein Bus, ein umgestelltes Boot ... Die aquarellierten, doppelseitigen Bilder zeigen verschiedene Zufluchtsorte beim Regenwetter. Der Begleittext ist minimal und sehr einfach. Der Satzanfang *Un ombrello è* ... (Ein Schirm ist ...) wird immer wieder wiederholt und dazu eine Reihe von Gegenständen benannt. Ab 3 Jahren.

All' alba i merli

Italien

(Amseln beim Sonnenaufgang)
Tiziano Loschi (Text), Arturo Galleti (Ill.)
Bologna: Nicola Milano per l'infanzia 1979

Zwei befreundete Amseln haben sich zerstritten. Erst eine bedrohliche Gefahr (die Eule) bringt sie wieder zur Besinnung. Sie fliegen dann gemeinsam in das Weltall, weit, weit ..., bis sie unsichtbar werden. Die klaren, kolorierten Zeichnungen geben das Wesentliche dieser Geschichte sehr eindringlich wieder – und regen zugleich die Kinder zu eigener bildnerischer Umsetzung an. Der Text ist nicht ganz einfach, aber sehr poetisch. Ab 5 Jahren.

El gigante pequeño

(Der kleine Riese)
Enric Larreula (Text), Helena Rosa (Ill.)
Barcelona: Teide 1982

Spanien

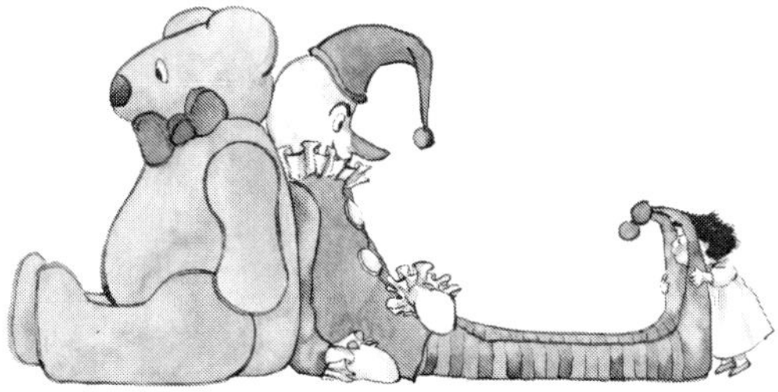

Ein Buch aus der Reihe Graó *Pan con Chocolate* (Brot mit Schokolade). In einem winzigen Dorf leben zwei Riesen – ein Mann und seine Frau. Eines Tages bekommen sie ein Kind – nicht ein Riesenkind, sondern ein winzig kleines Kind, genau wie die anderen Kinder. Da freuen sich die Kinder im Dorf, besonders dann, wenn das Kind der Riesen sein riesiges Spielzeug mit ihnen teilt. Der erzählende Text ist einfach gehalten; die aquarellierten Bilder sind lebendig, lustig und zeigen viele beliebte Spielsachen in außergewöhnlichen Dimensionen. Eine phantasievolle Veranschaulichung der Begriffe „groß – klein“. Ab 4 Jahren.

Pedro y su roble

(Pedro und die Eiche)
Claude Levert (Text), Carme Solé Vendrell (Ill.)
Valladolid: Minón 1979

Spanien

Pedro lernt im Sommer einen neuen Freund kennen – eine große Eiche. Hier kann er stundenlang spielen, sich verstecken, schlafen ... bis sein Lieblingsbaum seine Blätter verliert. Pedro ist ganz traurig und freut sich um so mehr, wenn im Frühling die ersten Blätter wieder erscheinen. In einer poetischen Erzählung und mit liebevollen Bildern wird die innige Beziehung zwischen Pedro und seinem Baum geschildert. Die Besonderheiten der Jahreszeiten werden dabei auch für nichtspanische Kinder sehr lebendig vermittelt. Ab 4 Jahren.

El niño que tenia dos ojos

Spanien

(Das Kind, das zwei Augen hatte)
J. García Sánchez/M. Pacheco (Text), Ulises Wensell (Ill).
Madrid: Altea 1979

Im Land der Einäugigen wird ein Junge mit zwei Augen geboren. Bald merkt er sein „Anderssein". Das macht ihm zu schaffen, bis er dann entdeckt, daß er eine Fähigkeit hat, die kein anderer besitzt: er kann Farben sehen. Von diesem Tag an erzählt er allen Leuten von den wunderschönen Farben in ihrer Umwelt. Sowohl die großflächigen Bilder als auch der Erzähltext setzen die Außenseiterthematik behutsam und sehr phantasievoll um.

Das Bilderbuch erschien im „Jahr des Kindes" in der Reihe *Los derechos del niño* (Die Rechte des Kindes). Ab 5 Jahren.

Tucha e Bicó

Portugal

(Tucha und Bico)
Leonor Praça (Text und Ill.)
Lisboa: Plátano o. J.

Tucha ist mit ihren drei Jahren die Jüngste in der Familie. Aus ihrer Perspektive werden Szenen aus dem Familienleben anschaulich erzählt, vor allem, was sie und ihr vierjähriger Bruder Bico alles machen. Ein Buch aus der Reihe *Leonor Praça*. Ab 3 Jahren.

A raposa vegetariana

(Der vegetarische Fuchs)
Luisa Viana (Text), Artur Henriques (Ill.)
Lisboa: Plátano Editora 1977

Portugal

Ein gefräßiger Fuchs wird eines Tages krank und nun soll er keine Hühner mehr fressen, sondern frisches Gemüse. Humorvolle Karikaturen und einfacher Erzähltext. Ab 4 Jahren.

4. Praktische Erfahrungen und Anregungen zum Einsatz ausländischer Bilderbücher im Kindergarten

Es werden hier Impulse zur Einführung ausländischer Kinderbücher in deutsche Kindergartengruppen geschildert, sowie einige Erfahrungen über die Reaktion von Kindern und Eltern dazu. Diese Anregungen und Erfahrungen wurden in 20 national gemischten Kindergartengruppen über einen Zeitraum von zwei Jahren gesammelt*. Wir möchten uns an dieser Stelle noch einmal ausdrücklich bei den beteiligten Erzieherinnen bedanken.

Einzelne Impulse sind – so denken wir – durchaus auf die Schulpraxis übertragbar.

Impulse zur Einführung ausländischer Bilderbücher bei Kindern und Eltern

- Die Erzieherin stellt das Buch als italienisches, türkisches, jugoslawisches ... Bilderbuch vor und erklärt, daß sie die darin enthaltene Sprache nicht lesen kann. Sie fragt die Kinder: Wie können wir trotzdem die Geschichte „lesen"? Die Kinder machen Vorschläge: die Bilder anschauen, eine italienische Mutter, einen griechischen Vater, eine ältere Schwester fragen ...
- Ein ausländisches Buch wird einem Kind aus dem entsprechenden Land mit nach Hause gegeben. Nach einigen Tagen bringt es das Buch wieder zurück, nachdem es Eltern oder Geschwister vorgelesen haben. Dieses Kind stellt das Buch dann in der Kindergruppe vor. Die Erzieherin baut die Geschichte entsprechend aus.
- Eine türkische Mutter, ein griechischer Vater, eine ältere Schwester kommt in den Kindergarten und stellt das Buch gemeinsam mit der Erzieherin vor (in diesem Fall am besten ein Familienmitglied, das die deutsche Sprache einigermaßen beherrscht). Das Buch wird von der ausländischen Mutter in der Originalsprache vorgelesen – was auch deutsche Kinder fasziniert – und anschließend von ihr in deutscher Sprache erzählt.
- Das Bilderbuch liegt einige Tage neben anderen Büchern in der Bilderbuchecke. Die Erzieherin fragt: Wer hat das Buch bemerkt? Ist etwas Besonderes dazu aufgefallen? usw. – und dann erzählt sie das Besondere daran. Nach dem gemeinsamen Anschauen des Buches bleibt es eine Weile in der Bilderbuchecke.
- Die ausländischen Kinder werden dazu angeregt, von zuhause ein Bilderbuch in der jeweiligen Sprache mitzubringen und dies den anderen Kindern zu zeigen.

* Die Träger der beteiligten Einrichtungen waren:
Arbeiterwohlfahrt Bayern, Kath. Caritasverband Augsburg, Kath. Caritasverband München und Freising, Deutscher Paritätischer Wohlfahrtsverband Bayern, Diakonisches Werk Bayern, Landeshauptstadt München (Schulreferat).

- Bei einem Elternabend erfahren alle Eltern, warum ausländische Bilderbücher in die Gruppe eingeführt werden.
- Von einigen besonders ansprechenden Illustrationen werden (in einem entsprechenden Kopierladen) Farbkopien gemacht und dann auf Karton geklebt oder in ein Passepartout gefügt. Diese Bilder werden zusammen mit den Bilderbüchern und eventuell mit Kinderzeichnungen zu den Büchern zu einer kleinen Bilderbuchausstellung für alle Eltern zusammengestellt. Bei den ausländischen Bilderbüchern sollte möglichst eine Kurzfassung des Inhalts beigefügt werden (vgl. Anregungen dazu in den zwei zitierten Annotationsbänden).

Reaktionen der Kinder und Eltern zu den Büchern

- Die ausländischen *Kinder* sind sehr erfreut, wenn die Erzieherin erzählt, daß ein bestimmtes Bilderbuch aus ihrem Land kommt, und daß dieses Bilderbuch in Deutschland etwas Besonderes ist.
- Die deutschen Kinder sind meist fasziniert von den Büchern, oft besonders dann, wenn es um das Nachsprechen einzelner Worte in der Fremdsprache geht – Riese, Katze, Hund, Regen usw.
- Die ausländischen Kinder haben Spaß, die Erzieherin am nächsten Tag zu „testen", ob sie einige Worte ihrer Sprache behalten hat.
- Die Kinder interessiert es, daß die Erzieherin nicht alles lesen kann. Einige ausländische Kinder erfahren, daß sie und ihre Familie hier *mehr* wissen. Eine Erzieherin dazu: „Die deutschen Kinder sollten das Gefühl haben, daß ich mangels Sprachkenntnissen genau so unwissend bin wie sie, und daß wir auf die Hilfe eines (türkischen, griechischen, spanischen ...) Kindes angewiesen sind."
- Die deutschen Kinder suchen nach Parallelen, Ähnlichkeiten im eigenen Kulturkreis, z. B. die Mütze des türkischen Keloglans wird mit einer Schlumpf-Mütze verglichen.
- Wenn z. B. eine griechische Mutter ein griechisches Bilderbuch zusammen mit der Erzieherin vorstellt, sind die Kinder von solchen Aktivitäten besonders beeindruckt – sie erzählen davon zu Hause, ihre Eltern sprechen wiederum die Erzieherin daraufhin an. So wird das Vorstellen und die Integration kulturspezifischer Materialien im Kindergarten immer wieder greifbar – und der Kontakt zwischen Kindergarten und ausländischen Familien angeregt.
- Beim Zuhören einer Kassetten-Geschichte in griechischer, portugiesischer Sprache merken die deutschen Kinder, wie schwierig (und wie frustrierend) es ist, wenn man eine Sprache nicht versteht. Sie können sich eher in die Situation eines ausländischen Kindes hineinversetzen, das ohne Deutschkenntnisse in die Gruppe kommt.

  (Hinweis zu Geschichten auf Kassetten: Im Rundfunk werden gelegentlich Kindergeschichten in den „Gastarbeiter"-Sprachen gesendet, z. B. im Bayerischen Rundfunk die Serie „Betthupferl" sonntags um 19.00 Uhr. Diese können auf Kassette aufgenommen werden. Man könnte auch ausländische Eltern bitten, selbst eine Geschichte auf Kassette zu sprechen.)

- Die ausländischen *Eltern* sind erfreut, daß Bilderbücher aus ihrem Land im Kindergarten verwendet werden.
- Sie freuen sich auch, daß die Bilderbücher nach Hause ausgeliehen werden und erzählen oft, daß ihr/e Kind/er diese Geschichten immer wieder hören wollen.

- o Einzelne Eltern sind motiviert und erklären sich bereit, ein Bilderbuch, eine Geschichte, ein Lied usw. ins Deutsche zu übersetzen – die Erzieherin erweitert dadurch ihr Repertoire an kulturspezifischen Materialien und bekommt neuartige Kontakte zu den ausländischen Eltern.
- o Einige Eltern werden dazu angeregt, weitere Bilderbücher aus ihrem Land für ihre Kinder zu besorgen oder ihnen „alte" Kinderbücher vorzulesen. Einige Kinder bringen dann weitere Bilderbücher in den Kindergarten.

Bei diesen Erfahrungen mit ausländischen Kinderbüchern erscheint uns folgendes besonders wichtig:

Hier wird ein Stück interkulturelle Erziehung im *Alltag* des Kindergartens praktiziert. Die ausländischen Bilderbücher stehen neben deutschen Bilderbüchern in der Leseecke oder im Regal, für alle Kinder verfügbar. Gleichzeitig sind sie etwas Besonderes, die Erzieherin kann sie nicht lesen, dafür aber Alis Schwester, Antonios Mutter usw. ...

Es geht hier einmal um bestimmte, besonders anregende Bücher, zum anderen aber um die Impulse, die von solchen Büchern ausgehen können:

- Aufwertung der Herkunftssprache und Kulturen ausländischer Familien,
- neuartige Kontakte zwischen Familie und Kindergarten,
- „Anstiftung zum Lesen" in der Familie.

5. Musikalisches Spiel nach einer türkischen Bilderbuchgeschichte – „Das Klatschmohnfeld und das rauchende Ungeheuer" –*

Die Geschichte

Bild 1 Der Herbst kam.
Der kleine Vogel und seine Familie zogen fort,
weit über die Bäche und Berge.
Sie kamen in ein warmes Tal, wo die Sonne herrlich schien.

Bild 2 Sie fanden einen Baum.
Auf diesem bauten sie ihr Nest.
Sie legten sich zur Ruhe und schliefen ein.

Bild 3 Früh am anderen Morgen erwachte die Vogelfamilie.
Jeder schaute sich um,
und was sahen sie?
Der Baum, auf dem sie nisteten, hatte kein einziges Blatt, er war verdorrt.
Nicht eine Blume war zu sehen.
Abfall und Schrott bedeckten den Boden.
„In einem so häßlichen Land mag ich nicht leben",
klagte der kleine Vogel.
„Es wird noch ärger", meinte Mutter Vogel.
„Merkt Ihr nicht, welch ein Gestank von allen Seiten heraufzieht?"
Ein übler Qualm drang in ihre Nasen.

Bild 4 „Laßt Euch davon nicht bedrücken", sagte Vater Vogel,
„schließlich haben wir unser Nest schon gebaut,
es liegt an uns, aus der Unordnung etwas Schönes zu schaffen."
Oma Vogel zog ein paar Samenkörner unter ihrem Flügel hervor.
Das heiterte alle wieder auf.
Der kleine Vogel erinnerte sich,
daß auch er ein Samenkörnchen unter seinem Flügel versteckt hielt.

* Das Bilderbuch von Can Göknil „Gelincik tarlası ve dumanlı canavar" kann angefordert werden über: Yapı ve Kredi Bankası İstanbul, Davutpasa Cadd. 101/A, Topkapı, İstanbul und: Türkei Verlag und Buchversand Yvonne Landeck, Postfach 900543, 6000 Frankfurt a. M., Tel. (069) 466615.

„Oma, Oma! Schau, ich habe auch ein Samenkorn,
das werde ich aussäen.“
„Ja, mein Liebling“, sagte die Oma,
„jedes kleinste Samenkorn ist jetzt notwendig.“

Bild 5 Der kleine Vogel hielt sein Samenkorn fest im Schnabel.
Steil schoß er zum Himmel empor,
Mutter, Vater und Oma folgten ihm.
Jeder hielt ein Samenkorn fest im Schnabel.

Bild 6 Vom Himmel aus ließen die Vögel die Samenkörner zu Boden fallen.

Bild 7 Sie flogen noch höher hinauf, bis zu den Wolken.
Da spürte der kleine Vogel plötzlich die Feuchtigkeit.
„Warum sind die Wolken naß?“ wollte er wissen.
„In den Wolken leben viele Wassertröpfchen,“ antwortete die Mutter.
„Mit ihnen können wir unsere Samenkörner begießen.“
Die Vögel faßten die Wolken mit ihren Schnäbeln und zogen sie zu den Feldern.

Bild 8 Auch der kleine Vogel fand eine kleine Wolke.
Er zog sie dorthin, wo sein Samenkorn zur Erde niedergefallen war.

Bild 9 Die Wolken gaben all ihre Wassertropfen her
und begossen das Tal.
Die Vögel kehrten zu ihren Nestern zurück
und schliefen ein.

Bild 10 Am nächsten Morgen weckte sie ein herrlicher Blumenduft.
Da sahen sie grüne Blätter an den Bäumen.
Ringsherum war auf den Feldern roter Klatschmohn erblüht.
Das Orange der Mohnblume leuchtete,
die Blume des kleinen Vogels erstrahlte.
Alle Vögel sangen ihre Freude heraus:
„Wir haben es geschafft, wir haben es geschafft,
diese Wüste haben wir zum Erblühen gebracht.“

Bild 11 Im selben Augenblick ertönte ein Lärm.
Ein stinkendes Ungeheuer wälzte sich heran.
Aus seinem Rüssel drang Qualm,
mit seinen Schaufelarmen zerschnitt es den Boden,
mit seinen Hinterbeinen wühlte es Unrat auf.

Bild 12 Das Ungeheuer stutzte, als es die Blumen und Vögel erblickte.
„Wie kommen die Blumen hierher?
Ich habe doch alles, was grünt und blüht, getötet.
Ich habe alles verschmutzt und die Luft verpestet.“
Vater Vogel antwortete:
„Wir haben dieses warme Fleckchen Land zu unserer Heimat gemacht.
Wir hatten Samen mitgebracht und ausgesät.

Vom Himmel haben wir die Wolken herbeigezogen
und unsere Felder mit ihren Tropfen begossen."

Bild 13 „Schau, das ist meine Blume",
sagte der kleine Vogel zum Ungeheuer.
„Die habe ich gepflanzt und begossen.
Ist sie nicht wunderschön?"
Einen Augenblick lang dachte das Ungeheuer nach,
dann sagte es:
„Ja, eigentlich ist sie sehr schön,"
und aus seinen Augen fielen zwei Tropfen zu Boden.
„Es gab eine Zeit, da hatte ich das alles auch geliebt,
dann aber überfiel mich Gier
und ich handelte nur mehr verantwortungslos.
Verzeiht mir."
So sprach das Ungeheuer.

Bild 14 Der kleine Vogel flog zum Ungeheuer.
Er gab ihm einen Kuß.
Im selben Augenblick machte es „puff"
und das Ungeheuer löste sich auf in Nichts.

Bild 15 Weit hinten im Klatschmohnfeld
war plötzlich ein gütiger Mann zu sehen.
Er begoß die Blumen und kümmerte sich um sie.

Aus dem Türkischen übertragen von
Müjgan Vardar und
Nora Berzheim

Impulse für musikalische Spiele zum Bilderbuch (Nora Berzheim)

Diese Geschichte der türkischen Bilderbuchkünstlerin Can Göknil bietet gute Ansatzpunkte zum Spielen und Experimentieren mit Musik. Hier sollen Impulse für die Arbeit mit 5- bis 8jährigen Kindern gegeben werden.

Zu Bild 2
Text: „. . . Sie legten sich zur Ruhe und schliefen ein"

1. „Traummusik"

Musikalische Situation mit 5–8 Kindern

- Gespräch über eine „Traummusik", Klangvorstellungen wie leise, zart, ruhig, weich usw.
- Mit den Kindern nach den Materialien und Instrumenten suchen, mit denen die Klangvorstellungen verwirklicht werden können.

- Experimentierphase mit den Klangkörpern.
- Die Kinder stellen einander ihren Traum mit ihren Instrumenten vor. Dazu können sie frei singend erzählen, wovon der kleine Vogel *(Küçük küş)* träumt.
- Im Wechsel von gemeinsamem Musizieren und Einzelspiel wird dieses musikalische Wechselspiel zu einem kleinen Musikstück.

2. Ein Lied vom träumenden Vogel

Musikalische Situation mit der ganzen Kindergruppe.
Instrumente: Klangbausteine: D-F-A
oder Glockenspiel, Metallophon, Triangel u. ä.

- Die Kinder sitzen im Kreis. Einige haben Instrumente vor sich. Sie schlagen im freien Rhythmus die Töne an und lassen so eine „Traummusik“ erklingen (vgl. 1. Beispiel). Auf einer Flöte oder einem anderen Melodieinstrument wie Glockenspiel, Psalter u. ä. kann die Erzieherin die Traummusik der Kinder mit folgenden Tönen begleiten, z. B.

- In diese Musik hinein singt die Erzieherin das Lied. Dadurch, daß jede Verszeile zweimal gesungen wird, singen die Kinder rasch mit. Durch wiederholtes Spiel festigen sich Melodie und Text beim Kind.
- Ein Kind liegt als kleiner Vogel in der Kreismitte. Während die Traummusik erklingt, „schläft“ es. Dann singt es seine Antwort, eventuell auch mit eigenen Tönen. Nach seinem Lied sucht es sich ein anderes Kind, das den Vogel spielt.

> Zu Bild 9
>
> Text: „Die Wolken gaben all ihre Wassertropfen her und begossen das Tal.“

„Regenmusik"

Die Kinder suchen Instrumente und Materialien, mit denen sie fallende Regentropfen musikalisch charakterisieren können. Naheliegend sind für kleine Kinder folgende Geräusche: Mit den Fingern auf den Tisch trommeln, auf eine Blechdose, einen Pappkarton, ein Fellinstrument o. ä. Sie werden spontan bei den verschiedenen Tropfgeräuschen Verbindungen zu ihren Erfahrungen herstellen, z. B. „So klingt es, wenn die Regentropfen gegen die Fenster trommeln", „Das ist ein dünner Regen" u. ä. Die Ergebnisse eines gemeinsamen Erfahrungsaustausches über leisen Regen, wie es sich anhört, wenn ein Regenwetter sich steigert und wieder vorüberzieht, führen zu einem musikalischen Aufbau der Improvisation.

Beispiele:
- Gemeinsam beginnen alle sehr leise auf ihren Instrumenten zu spielen, steigern ihr Musizieren und werden wieder leise. Dieses Spiel kann einer dirigieren und dafür eigene Zeichen der Verständigung erfinden.
- Der Dirigent läßt die Instrumentalisten nacheinander zum Spiel einsetzen und wieder aufhören.

Während solcher musikalischer Spiele kann ein Tonaufnahmegerät eingeschaltet sein. Die Aufnahme kann dem gemeinsamen Vergnügen dienen oder als ein eigenes Musikstück gespeichert werden, das bei seiner Wiedergabe zum Malen eines „Regenbildes" anregt.

Zu Bild 10

Text: „ . . . die Blume des kleinen Vogels erstrahlte"

1. Musik zum Erblühen der Felder und Wiesen

Auch hier geht es darum, daß die Kinder zu den Bildern, geleitet von ihren inneren Vorstellungen, Klänge erzeugen und ein gemeinsames Musizieren veranstalten.
Die Schritte sind:
- Instrumente und Klangerzeuger dafür suchen
- Ausprobieren
- Klänge nach persönlicher Klangvorstellung, z. B. von Blumen und Bäumen ordnen
- Gegenseitig die klangliche Vorstellung mit den Instrumenten darstellen, z. B. „aufblühender Mohn", „erblühender Apfelbaum"

Diese Musik kann die Erzieherin durch ihre Erzählung leiten, z. B. „Die Nacht brach herein. Die Samenkörner schliefen in der weichen Erde. Da ging die Sonne auf. Zuerst streckten sich die Mohnblumen" usw. Die Erzählerin weitet diesen Textteil des Erblühens etwas aus, damit die Kinder sich musikalisch auf ihrem Instrument entfalten können. Wenn alle Instrumente erklingen, kann die Erzählerin die Kinder so führen, daß sie nacheinander leiser werden und ihr Spielen beenden oder daß alle gemeinsam leiserwerdend aufhören.

Text: „Alle Vögel sangen ihre Freude heraus:
Wir haben es geschafft, wir haben es geschafft,
diese Wüste haben wir zum Erblühen gebracht.“

2. Singspiel der Vögel

Die Erzieherin regt zu einem Spiel an, damit das freie Singen den Kindern selbstverständlich erscheint.

Der Inhalt des Spiels ist das freudige Erwachen der Vögel, die um die erblühenden Blumen tanzen und singen.

Es ist ein Spiel zu Paaren. Eine Gruppe stellt die erblühenden Blumen und Bäume dar, die andere die herumfliegenden und singenden Vögel. Später werden die Rollen getauscht.

Spielvorschlag:

Alle herumfliegenden Vögel singen den Vers (vgl. oben oder in vereinfachter Abwandlung), jedes Kind in seiner Tonlage und mit seinen Tönen. Nach dem Kehrvers bleiben sie vor ihrer Pflanze stehen. Ein Vogel singt z. B. „Meine Rose ist erblüht, meine Rose, meine Rose, sie ist schön.“ Es folgt wieder der gemeinsame Kehrvers, dann singt ein anderer Vogel sein Lied.

3. Musikalisches Szenenspiel

Das Instrumentalspiel und das Singspiel der Vögel kann zu einer kleinen musikalischen Szene zusammengefaßt werden, z. B.:

- Musik zum Erblühen der Blumen.
- Die Vögel erwachen, flattern herum und singen den Kehrvers.
- Alle Vögel stehen vor ihrer Pflanze, und ein Kind singt sein Lied von seiner Blume.
- Musik zum Einschlafen der Pflanzen. Die Vögel fliegen in ihre Nester.
- Traummusik aus der Szene von Bild 2, eventuell auch das Lied.
- Wieder „Musik zum Erblühen der Felder und Wiesen“ usw.

6. Beschaffung von ausländischen Bilderbüchern

Noch ist in der Bundesrepublik Deutschland die Beschaffung von Bilderbüchern aus den Herkunftsländern ein beträchtliches Problem. Es gibt zwar einige Buchhandlungen, die sich auf bestimmte Länder spezialisieren – hier ist die Türkei z. B. gut vertreten – (vgl. Adressenliste unten), insgesamt ist das Angebot jedoch weit gestreut und ergänzungsbedürftig.

Wer in der Umgebung von München wohnt, kann die Ausleihbibliothek der Internationalen Jugendbibliothek (IJB) in Anspruch nehmen – eine einmalige Sammlung von Kinderbüchern aus vielen Ländern der Welt. Ein Projekt des Deutschen Bibliothekinstituts befaßte sich in den letzten Jahren mit der Frage einer verbesserten Versorgung mit Büchern aus den Ländern der hier lebenden Arbeitsmigranten. Auch die öffentlichen Büchereien bemühen sich zunehmend, eine Auswahl von Literatur und Kassetten für ausländische Kinder und Erwachsene anzubieten.

Oft sind ausländische Eltern durchaus bereit, sich nach dem einen oder anderen Buch bei Besuchen in ihrer Heimat umzusehen. Dabei muß der Wohnort der Eltern bei solchen Anfragen berücksichtigt werden. Buchhandlungen mit Kinderbüchern gibt es meist nur in Großstädten.

Im Anhang ist eine Adressenliste von Bezugsquellen und Versandbetrieben in der Bundesrepublik Deutschland sowie von einigen Verlagen und Buchhandlungen in den jeweiligen Herkunftsländern.

Anhang

Memo für den Einsatz fremdsprachiger Texte in national gemischten Kindergruppen

- Behutsamkeit von seiten der Erzieher und Lehrer bei der Einführung kulturspezifischer Materialien (siehe S. 16)
- Die Spiel- und Liedtexte sollten in der Originalsprache eingesetzt werden.
- Die Texte aller Lieder, Reime oder Spielformeln wurden mit Übertragungen ins Deutsche versehen. Diese Übersetzungen sind lediglich eine Orientierungshilfe zum Inhalt des jeweiligen Lieds, Spiels usw.; sie sind nicht als Liedtexte zum Singen in der deutschen Sprache gedacht (dafür gibt es genügend deutsche Kinderlieder!).
- Beim Ausprobieren der originalsprachigen Materialien sind deutsche Pädagogen zunächst auf die Hilfe von ausländischen Kindern und ihren Familien angewiesen. Nach dieser ersten „Starthilfe" können dann zumindest die kürzeren Texte auch ohne Hilfe der ausländischen Eltern gespielt werden. Im Unterschied dazu sind die etwas längeren, vorwiegend volkstümlichen Spiel- und Liedtexte nur für gemeinsame Aktionen mit ausländischen Familien geeignet.
- Die Aussprachehilfen (siehe Anhang, S. 338) sollen die Zusammenarbeit mit ausländischen Familien oder Kollegen nur ergänzen, nicht aber ersetzen.
- Alle originalsprachigen Texte sind an ein Lied, Spiel oder Tanz gebunden. So können auch jene mitmachen, die den Text noch nicht beherrschen (im Kreis mitgehen, klatschen, Bewegungen nachahmen usw.).
- Einige Spiele eignen sich besonders zur Rollenteilung: die Kinder der jeweiligen Nationalität können dann die Hauptdialogteile übernehmen, während die anderen erst einmal „mitlaufen".
- Bekannte Lieder und Spieltexte könnten von ausländischen Familien auf Kassette gesprochen werden und dann in der Kindergruppe eingesetzt werden.

Aussprachehilfen

Türkei

Türkische Buchstaben, die es im Deutschen nicht gibt, oder im Türkischen anders ausgesprochen werden:

Buchstaben	Erläuterungen zur Aussprache mit deutschen Beispielen	Beispiele aus dem Türkischen
c	wie dsch *Dsch*ungel	can (Leben, Seele)
ç	wie tsch *Tsch*üß *Tsch*echoslowakei	çok (viel)
e	meist offen gesprochen Geb*ä*ck, *e*twas	ev (Haus)
ğ	wird kaum gesprochen, dehnt meist nur den vorausgehenden Laut	dağ (Berg)
ı I	wie dumpfes, geschlossenes e am Wortende Eul*e*, aber kräftiger	kız (Mädchen)
i İ	das normale i hat im Türkischen auch als Großbuchstabe einen Punkt, so: İ, so daß es von dem ı I klar unterschieden ist	bir (eins)
j	wird weich gesprochen, wie *G*elee oder französisch *J*ournal	jilet (Rasierklinge, Rasierapparat)
s	wie ß oder ss, e*ss*en	saz (Musikinstrument)
ş	wie sch, *sch*ön	şeker (Zucker)
v	wie w, *w*o	var (es gibt)
y	ist im türkischen ein Konsonant, wie j, *j*etzt	yok (es gibt nicht)
z	stimmhaftes s *S*aal, *S*ee	zil (Klingel)

Zusammenfassend die Hauptunterschiede:

c	wie dsch in *Dsch*ungel
ç	wie tsch in *Tsch*üß
ş	wie sch in *sch*ön
ı	i ohne Punkt wie dumpfes e in Eul*e*, nur kräftiger.

Jugoslawien (serbokroatisch)

Serbokroatische Buchstaben, die es im Deutschen nicht gibt bzw. im Serbokroatischen anders ausgesprochen werden.

Buchstaben	Erläuterungen zur Aussprache mit deutschen Beispielen
c	wie z, Kat*z*e
ć	wie tch, Hü*tch*en
č	wie tsch, ru*tsch*en
š	wie sch, *Sch*ule
ž	wird weich gesprochen, wie *G*elee oder *J*alousie

Jugoslawien (slowenisch)

Buchstaben, die im Slowenischen anders ausgesprochen werden:

Buchstaben	Erläuterungen zur Aussprache mit deutschen Beispielen
c	wie z, Kat*z*e
č	wie tsch, ru*tsch*en
s	wie ss oder ß, hei*ß*en
š	wie sch, *Sch*ule
z	ähnlich wie s in le*s*en
ž	wird weich gesprochen, wie *G*endarm oder französisch *J*ournal

Griechenland

Das griechische Alphabet

Druckschrift	Benennung	Aussprache	Laut-schrift	Beispiele
Α α	Álpha	a	a	αρχὴ (Anfang)
Β β	Wita	w	w	βαθὺς (tief)
Γ γ	Ghámma	gh vor a-, o- und u-Lauten und vor Konsonanten j vor e- und i-Lauten	gh j	γάλα (Milch) γλώσσα (Zunge) γη (Erde)

Das griechische Alphabet

Druckschrift	Benennung	Aussprache	Laut-schrift	Beispiele
Δ δ	Dhélta	dh wie engl. th in *th*e und zwar nur offenes e	dh	δέκα (zehn)
Ε ε	Épsilon	e wie in B*e*rg	e	έλα! (komm!)
Ζ ζ	Síta	s stimmhaftes s, wie in Ha*s*e	ś	ζω (ich lebe)
Η η	Íta	i	i	ήλιος (Sonne)
Θ θ o. ϑ	Thíta	th wie engl. th in *th*ing	th	θάλασσα (Meer)
Ι ι	Jóta	i	i	ιδέα (Idee)
Κ κ	Káppa	k weicher als im Deutschen, wie franz. c oder qu vor a-, o- und u-Lauten und Konsonanten	k	κόσμος (Welt) κλειδὶ (Schlüssel)
		kj vor e- und i-Lauten	k	κύριος (Herr)
Λ λ	Lámwdha	l	l	λαὸς (Volk)
Μ μ	Mi	m	m	μάγος (Zauberer)
Ν ν	Ni	n	n	νερὸ (Wasser)
Ξ ξ	Xi	x	x	ξανθὸς (blond)
Ο ο	Ómikron	o und zwar nur offenes o, wie in W*o*rt	o	οδὸς (Straße)
Π π	Pi	p weicher als im Deutschen, ohne Aspiration	P	παίζω (ich spiele)
Ρ ρ	Rho	Zungen-r	r	ρίζα (Wurzel)
Σ σ ς	Ssíghma	ss	ss	σάλα (Saal)
		s vor β, γ, μ, ν	ś	Σμύρνη (Smyrna)
Τ τ	Taf	t weicher als im Deutschen ohne Aspiration	τ	ταβέρνα (Taverne)
Υ υ	Ípsilon	i	i	υγεία (Gesundheit)
Φ φ	Phi (= Fi)	f	f	φίλος (Freund)
Χ χ	Chi	ch wie in *sch* vor a-, o- und u-Lauten und Konsonanten	ch	χορὸς (Tanz) χρώμα (Farbe)
		ch wie in i*ch* vor e- und i-Lauten	ch'	χέρι (Hand)
Ψ ψ	Psi	ps	ps	ψυχὴ (Seele)
Ω ω	Oméгha	o wie Omikron, s.o.	o	ωκεανὸς (Ozean)

Aus: *DIFF:* Herkunftsland Griechenland 1985, S. 55

Italien

Buchstaben, die im Italienischen anders ausgesprochen werden:

Buchstaben	Erläuterungen zur Aussprache mit deutschen Beispielen	Beispiele aus dem Italienischen
c	vor *e, i,* wie tsch, *Tsch*üß	ciao, cento (hundert)
c	vor *a, o, u,* wie k, *K*artoffel	cucina (Küche)
ch	kommt nur vor hellen Vokalen *e* und *i* vor, wie k, *K*ino	chiamare (rufen)
g	vor *e, i,* weich gesprochen, wie französisch *J*ournal, mit d-Laut davor	gente (Leute)
g	vor *a, o, u,* wie deutsches g, *G*ustav	gusto (Geschmack)
sc	vor *e, i,* wie sch, *Sch*eiben	scena (Szene)
sc	vor *a, o, u,* wie sk, *Sk*lave	scusare (entschuldigen)
sch	kommt nur vor hellen Vokalen *e* und *i* vor, wie sk, *Sk*alpell	schiena (Rücken)
v	wie w, *wo*	valore (Wert)

Spanien

Buchstaben, die im Spanischen anders ausgesprochen werden

Buchstaben	Erläuterungen zur Aussprache mit deutschen Beispielen	Beispiele aus dem Spanischen
c	vor *e* und *i* wie stimmloser Lispellaut, ähnlich dem englischen *th* in „thing“	cinco (fünf)
c	vor *a, o, u* wie *k, K*äfig	casa (Haus)
ch	wie *tsch,* Pri*tsche*	chico (Junge)
g	vor *e* und *i* wie *ch,* Da*ch*	gente (Leute)
g	vor *a, o, u* wie *g, G*ast	gloria (Ruhm)
j	wie *ch,* Da*ch*	Don Quijote
ll	Verschmelzung von *lj* zu einem Einheitslaut, ähnlich den deutschen Endungen Famil*ie,* Lin*ie*	calle (Straße)
ñ	wie französisch *gn,* Champa*gn*er	España (Spanien) niño (Kind)
z	ähnlich dem englischen Lispellaut *th*	Zaragoza (Stadt in Spanien)

Portugal

Im Portugiesischen werden Vokale und Diphthonge (Doppellaute) in Verbindung mit dem Zeichen ˜ oder in Verbindung mit *m* und *n* nasaliert – wie z. B. D*in*g.

Beispiele:
lã (Wolle)
sim (ja)
um (eins)
não (nein)
mãe (Mutter)

Buchstaben, die im Portugiesischen anders ausgesprochen werden:

Buchstaben	Erläuterungen zur Aussprache mit deutschen Beispielen	Beispiele aus dem Portugiesischen
a	entweder offen, wie H*a*se, aber kürzer	mau (schlecht)
	oder dumpf, geschlossen, wie Eul*e*, aber etwas offener	cas*a*
lh	ein Laut, zwischen l und j	filho (Sohn)
nh	ein Laut, wie französisch *gn,* Champa*gn*er	Minho (Provinz im Norden Portugals)
c	vor *e* und *i,* wie *s* in e*ss*en	*c*inco (fünf)
	vor *a, o, u,* wie *k* in *K*äfig	casa (Haus), cin*c*o (fünf)

Materialübersicht – nach Ländern geordnet

Die Materialien wurden entweder nach Gattung (Spiele, Lieder, Tänze usw.) oder nach Themenbereichen geordnet. So sind z. B. türkische Lieder sowohl unter entsprechenden Themen (Herbst, Muttertag u. a.) als auch unter der Rubrik „Kinder- und Volkslieder" zu finden.

Türkei

Kinderspiele

Auszählreime: S. 26

Kreisspiele: Yağ satarım (= Der Fuchs geht um), S. 39; Yüzük kimde? (Bei wem ist der Ring?), S. 43; Kutu, kutu pense (Dose, Dose, Zange), S. 45; Arabistan Buğdayları (Weizen aus Arabien), S. 46

Brückenspiele: Aç Kapıyı Bezirgan Başı (Wirt, mach auf das Tor), S. 50

Fangspiele: Tilki tilki saatin kaç (Fuchs, Fuchs, wie spät ist es?), S. 60

Weitere traditionelle Kinderspiele: Güzellik mi çirkinlik mi? (Schön oder häßlich?), S. 69; Sar Makara (Spule aufwickeln), S. 69; Çürük yumurta (Das brüchige Ei), S. 70; Al beni arkana (Nimm mich huckepack), S. 70

Kinder- und Volkslieder

Lieder zum Mitmachen: Küçük Kurbağa (Der kleine Frosch), S. 80; Çalgıcılar (Die Musikanten), S. 82

Volkslieder: Şenkaya Türküsü (Volkslied aus Şenkaya), S. 94; Süt içtim (Ich habe Milch getrunken), S. 94; Dertli Çoban (Trauriger Hirte), S. 95; Ilgaz (Der Berg Ilgaz), S. 96; Uç uç böceğim (Flieg, flieg, mein Käfer), S. 97

Kinder- und Volkstänze

Şap şap (Klatsch, klatsch), S. 108; Oyun (Spiel), S. 108; Gel yanıma (Komm zu mir), S. 109; Çayda Çıra (Kerzentanz), S. 111

Theater spielen – Theater machen

Türkisches Schattentheater: Karagöz, S. 151

Feste und Feiern

Weihnachten: Kulturkunde, S. 181

Ostern: Kulturkunde, S. 199; Eierspeise aus Menemen, S. 210

Kinderfest, 23. April: Kulturkunde, S. 215; Tanz: Oynaya, oynaya, S. 217; Gedicht: Laßt uns die Erde den Kindern übergeben, S. 218

Muttertag: Erzählung: Keloglan und der Muttertag, S. 219; Lied: Annem, S. 220

Zuckerfest: Kulturkunde, S. 224; Rezept: Helva, S. 226; Anekdoten: Nasreddin Hodscha über Helva, S. 226

Opferfest: Kulturkunde, S. 227

Die Jahreszeiten

Sommer: Lieder: Yağmur (Der Regen), S. 248; Yağmur Türküsu (Das Lied vom Regen), S. 249; Al gül mor gül (Rote Rose), S. 253; Erzählung: Das Märchen vom Igel, S. 252

Herbst: Lied: Küçük Oduncular (Die kleinen Holzfäller), S. 254

Winter: Lieder: Rüzgâr (Der Wind), S. 258; Kar şarkısı (Schneelied), S. 259

Familiengeschichten

Der Mann, der die Blumen wiederbelebte, S. 294; Nasreddin-Hodscha Anekdoten, S. 299

Schulgeschichten

Keloglan geht in die Schule, S. 303; Nasreddin-Hodscha Anekdoten, S. 304

Bilderbücher

Türkische Bilderbücher, S. 317; Musikalisches Spiel nach einer türkischen Bilderbuchgeschichte, S. 328

Jugoslawien

Kinderspiele

Auszählreime: S. 27

Kreisspiele: Ringe, ringe, raja (serbokroatisch), S. 34; Ringa, ringa, raja (slowenisch) S. 35; Gnilo jajce (slowenisch = Der Fuchs geht um), S. 41; Čvorak, čvorak (Star, Star, serbokroatisch), S. 47

Brückenspiel: Ali je kaj trden most (Wie fest ist die Brücke? slowenisch), S. 53

Fangspiel: Berem Grožde (Traubenlese, serbokroatisch), S. 61

Kinder- und Volkslieder

Lieder zum Mitmachen: Muzikaš (Die Musikanten, serbokroatisch), S. 83; Ovako se (Das geht so ..., serbokroatisch), S. 85

Volkslied: Čukova Ženitev (Des Käuzchens Hochzeit, slowenisch), S. 98

Kinder- und Volkstänze

Zeko pleše (Der Hase tanzt, serbokroatisch). S. 113

Feste und Feiern

Weihnachten – Neujahr: Lieder: Deda Mraz (Vater Frost, serbokroatisch), S. 190; Oj pastiri (Horcht, ihr Hirten, serbokroatisch), S. 191; Tiha noč (Stille Nacht, slowenisch), S. 192

Ostern: Kulturkunde, S. 211; Rätsel (slowenisch), S. 214; Rezept. S. 211

Tag der Frauen: Kulturkunde: S. 221; Tanz: Mamino Kolo (serbokroatisch), S. 221; Lied: Željica (serbokroatisch), S. 223

Tag der Republik 29. November: Kulturkunde, S. 228; Lied: Druže Tito, Ljubičice Bijek (serbokroatisch), S. 231

Die Jahreszeiten

Frühling: Lied: Proleće (serbokroatisch), S. 245; Tanz: Prolećno Kolo (serbokroatisch), S. 246

Sommer: Lied: Na Kiši (im Regen, serbokroatisch), S. 251

Familiengeschichten

Das kleine Mädchen und die Wölfe, S. 292

Schulgeschichten

Pika kommt in die Schule, S. 305

Bilderbücher

Jugoslawische Bilderbücher, S. 318/319

Griechenland

Kinderspiele

Auszählreime: S. 29

Kreisspiele: Jiro, jiro oli (Ringelreihe), S. 36; Punto, punto to dhachtilidhi (= Taler, Taler, du mußt wandern), S. 44

Brückenspiel: Perna, perna i melissa (Die Biene fliegt vorbei), S. 54

Fangspiel: Perpato is to dhasos (Ich gehe in den Wald), S. 62

Kinder- und Volkslieder

Lieder zum Mitmachen: Psila psila (Hoch oben), S. 86;

Volkslieder: Nani, nani (Wiegenlied), S. 100; Salingari (Die Schnecke), S. 101

Kinder- und Volkstänze

Tsikoleleta, S. 115; Dhen pernas kira Maria (Kommst du nicht vorbei, Maria), S. 116; Militza, S. 120

Theater spielen – Theater machen

Griechisches Schattentheater: Karaghiozis, S. 140

Feste und Feiern

Weihnachten – Neujahr: Kulturkunde, S. 184; Lieder: Kalanda Christujenon, S. 193; Pai o palios o chronos, S. 194

Ostern: Kulturkunde: S. 199; Rezepte: Tsoreki – Osterbrot, S. 204; Mayiritza – Ostersuppe, S. 205; Erzählung: Das winzig-kleine Ei, S. 205; Lied: Passhalino, S. 208

Die Jahreszeiten

Frühling: Erzählung: Die zwölf Monate und ihr Faß, S. 243

Winter: Lied: Chioni, chioni, chionisse (Es schneit), S. 259

Familiengeschichten

Polikos und Melenia, S. 265; Ein Sonntag mit Familie Notidis, S. 282

Bilderbücher

Griechische Bilderbücher, S. 319/320

Italien

Kinderspiele

Auszählreime: S. 31

Kreisspiele: Giro girotondo (Ringelreihe), S. 37; Il pungiglione (= Der Fuchs geht um), S. 41; Foglia, foglina (Blatt, Blättchen), S. 48

Brückenspiel: La gallina bella bianca (Die schöne, weiße Henne), S. 55

Fangspiel: Lupo, lupo, cosa fai? (Wolf, Wolf, was machst du?), S. 64

Weitere traditionelle Spiele: Uno-duo-tre-stella! (= Ochs am Berg), S. 67; Regina, reginella (= Mutter, Mutter, darf ich reisen?), S. 68; Cane e lepri (Hund und Hasen), S. 71; Il gioco del mondo (Hüpfkastenspiel), S. 72

Kinder- und Volkslieder

Lieder zum Mitmachen: Io sono un uccello (Ich bin ein Vogel), S. 88; Il lavoro del contadino (Die Arbeit des Bauern), S. 89; Le belle statuine (Die schönen, kleinen Statuen), S. 91

Volkslied: Ninna-Nanna (Wiegenlied), S. 102

Kinder- und Volkstänze

Oh, come balli bene bella bimba (Oh, wie schön es tanzt, das schöne Mädchen), S. 122; Tarantella di Pulcinella S. 123; Ho scelto la più bella (Ich hab die Schönste gewählt), S. 125

Theater spielen – Theater machen

Theaterstücke: Pinocchio und die Grille, S. 155; Pinocchios Auferstehung, S. 157; Der Hund, der nicht bellen konnte, S. 159; Kulkurkunde: Italienische Masken, S. 165

Feste und Feiern

Weihnachten – Neujahr: Kulturkunde, S. 186; Lied: Dormi Gesù, S. 196; Rezept: Panettone – Rosinenbrot, S. 187; Legende: La Befana, S. 188

Ostern: Kulturkunde, S. 212; Lied: Mattino di Pasqua – Ostermorgen, S. 213

Die Jahreszeiten

Frühling: Lied: L'inverno è gia passato (Der Winter ist vorüber), S. 247;

Herbst: Lied: Evviva le mele! (Hoch die Äpfel!), S. 255

Familiengeschichten

Geremia und die Kinder, S. 272; Papa Vielfraß, S. 279

Schulgeschichten

Das Wunderkind, S. 307

Bilderbücher

Italienische Bilderbücher, S. 320/321

Spanien

Kinderspiele

Auszählreime: S. 31

Kreisspiele: A la rueda de la patata (= Ringelreihe), S. 38; A la zapatilla por detrás (= Der Fuchs geht um), S. 42; El patio de mi casa (Der Hof meines Hauses), S. 49

Brückenspiel: Al alimón, al alimón (Gemeinsam, gemeinsam), S. 56

Fangspiele: Juego del lobo (= Wolfsspiel), S. 65; La luna y los luceros (Der Mond und die Sterne), S. 65

Weitere traditionelle Spiele: Pelele (= Strohpuppenspiel), S. 73; El Molino (Die Mühle), S. 74

Kinder- und Volkslieder

Lieder zum Mitmachen: San Serení de la buena, buena vida (San Sereni vom guten, guten Leben), S. 92

Volkslieder: Al pasar la barca (Da kam ein Boot), S. 103

Kinder- und Volkstänze

La Tarara (Tarara tanzt), S. 127

Theater spielen – Theater machen

Stierkampfszene, S. 170

Feste und Feiern

Weihnachten: Lied: Arre, borriquito (Hopp, Eselchen), S. 197

Ostern: Kulturkunde, S. 212; Rätsel, S. 214

Die Jahreszeiten

Frühling: Erzählung: Der Besuch der Frühlingsfee, S. 244

Herbst: Lied: Tres hojitas (Drei Blätter), S. 257

Schulgeschichten

So zeichnet man Don Miguel, S. 309

Bilderbücher

Spanische Bilderbücher, S. 322/323

Portugal

Kinderspiele

Auszählreime: S. 32

Brückenspiel: Que linda falua (Welch schönes Boot), S. 57

Weitere traditionelle Spiele: Jogo dos Potes (Spiel der Töpfe), S. 75

Kinder- und Volkstänze

Ó Rosa, arredonda a saia (Rosa, schwing den Rock), S. 104; A caminho de Viseu (Auf dem Weg nach Viseu), S. 128; O'Malhão, S. 130

Theater spielen – Theater machen

Stierkampf, S. 170

Feste und Feiern

Weihnachten: Lied: Beijai o Menino (Küßt das Kind), S. 198

Ostern: Kulturkunde, S. 212; Rätsel, S. 214

Die Jahreszeiten

Sommer/Herbst: Lied: Oliveira Pequenina (Kleiner Olivenbaum), S. 253

Familiengeschichten

Die schönste Enkelin der Welt, S. 287

Schulgeschichten

9 mal 9 ist 81, viele Affen, einer macht sich, S. 305

Bilderbücher

Portugiesische Bilderbücher, S. 323/324

Quellen
Literaturhinweise
Adressen

Primärliteratur (Quellenhinweise)

Hauptquelle dieser Materialauswahl ist die originalsprachige Sammlung des Staatsinstituts für Frühpädagogik und Familienforschung aus den Ländern Türkei, Jugoslawien, Griechenland, Italien, Spanien und Portugal. Die Quellen aller modernen, mit Verfasser gekennzeichneten Texte wurden jeweils direkt am Text vermerkt. Für die volkstümlichen, traditionellen Lieder, Spiele und Erzählungen wurden neben der Sammlung des Staatsinstituts folgende Quellen benutzt:

Arsunar, Ferruh: Türk Çocuk Oyunlarından Örnekler. Istanbul: Maarif Basımevi 1955

Aydoğan, Salih: Bir Dünya Bırakın. Ankara: Ayyıldız Matbaası 1981

Bravo-Villasante, Carmen: Una, dola, tela, catola. El libro del folklore infantil. Valladolid: Miñón 1976

Bravo-Villasante, Carmen: China, china, capuchina, en esta mano esta la china. Valladolid: Miñón 1981

Butler, Alex: New Year for Children. A Multicultural Source Book. Richmond (Australia): Hodja Educational Resources 1983

Clarke, Priscilla/*Williams,* Belinda: International Songs for Children. Richmond (Australia): Multicultural Resource Centre 1980

Çocuk, Şarkılları. Ankara: Yayım Müdürlügü 1964

Cömert, Sadettin. Oyun Ve Rontlar. Istanbul: Remzi Kitabevi 1979

Francke, Angelika: Volkslieder aus der Türkei für Kindergarten, Schule und Freizeit. Hamburg: Rissen 1984

Hoerburger, Felix/*Segler,* Helmut (Hrsg.): Klare, klare Seide. Überlieferte Kindertänze aus dem deutschen Sprachraum. Kassel: Bärenreiter 1962

Lissón, Asunción/*Valeri,* M. Eulalia: A la rueda, rueda. Barcelona: La Galera 1971

Lissón, Asunción/*Valeri,* M. Eulalia: Pito, pito colorito. Barcelona: La Galera 1976

Montoya, Juan Hidalgo: Cancionero popular infantil español. Madrid: A. Carmona 1969

Opie, Iona/*Opie,* Peter: Children's Games in Street and Playground. Oxford: University Press 1984 (1969[1])

Opie, Iona/*Opie,* Peter: The Singing Game. Oxford: University Press 1985

Pahlen, Kurt: Kinder der Welt und ihre Lieder. Luzern: Reich 1983

Sel, Ruhi: Yeni Oyunlar ve Eğitimi. Istanbul: Osmanbey Matbaası 1955

Simões, Raquel Marques: Canções para a educação musical. Lisboa: Valentim de Carvalho o. J.

Sun, Muammer: Çokselsli Türküler. Istanbul: Çağdaş Müsik Yayınevi o. J.

Sun, Muammer: Çocuklar ve Gençler Için Şarkı Demeti. Genişletimiş yeni basım. Ankara: Yeni Dağarcık Yayınevi 1969

Sun, Muammer, *Sun,* Ilteriş (Hrsg.): En Güzel Okul Şarkıları. Istanbul: Çağdaş Müsik Yayınevi 1981

Sun, Muammer: Kır Çiçekleri. Istanbul: Dağarcık Yayınları 1978

Sun, Muammer: Okullar Için Çoksesli Türküler. Istanbul: Çağdaş Müzik Yayınevi 1981

Sun, Muammer: Şarkı Demeti. Istanbul: Dağarcik Yayınları 1969

Sun, Muammer: Temel Müsik Eğitimi. Istanbul: Çağdaş Müsik Yayınevı o. J.

Zangalis, Cavell/*Clarke,* Priscilla: Christmas for Children. A Multicultural Source Book. Richmond (Australia): Hodja Educational Resources 1982

Zangalis, Cavell/*Clarke,* Priscilla: Easter for Children. Richmond (Australia): Richmond Community Education Centre/F. K. U. Multicultural Resource Centre 1980

202 Witze von Nasreddin Hodja. Istanbul: Galeri Minyatür o. J.

Sekundärliteratur (Quellenhinweise)

Akpinar, Ünal/*Zimmer,* Jürgen (Hrsg.): Von wo kommst'n du? Interkulturelle Erziehung im Kindergarten, Band 2, München: Kösel 1984

Alpay, Meral: „Türkische Kinderliteratur in der Vergangenheit und heute", Istanbul 1983. Aus: Türkische Sammlung des Staatsinstituts für Frühpädagogik und Familienforschung, München

Baykurt, Fakir u. a.: 23. April – Kinderfest. Herausgegeben von: Regionale Arbeitsstellen zur Förderung ausländischer Kinder und Jugendlicher. Essen u. a. 1983

Bobber, Hans-Leo u. a.: Türkisches Schattentheater Karagöz, eine Handreichung für lustvolles Lernen. Frankfurt a. M.: Puppen und Masken 1983

Boos-Nünning, Ursula/*Hohmann,* Manfred (Hrsg.): Ausländische Kinder. Schule und Gesellschaft im Herkunftsland. Düsseldorf: Schwann 1977

Brandt, Hans-Jürgen/*Haase,* Claus-Peter (Hrsg.): Begegnung mit Türken, Begegnung mit dem Islam. Ein Arbeitsheft. Hamburg: Rissen 1981 bis 1984 (erscheint fortlaufend)

Büschenfeld, Herbert: Jugoslawien. Länderprofile. Stuttgart: Klett 1981

DIFF (Deutsches Institut für Fernstudien an der Universität Tübingen): Projekt „Ausländerkinder in der Schule"

- Herkunftsland Griechenland, Tübingen 1985
- Herkunftsland Jugoslawien, Tübingen 1985
- Herkunftsland Türkei, Tübingen 1984

Bezugsadresse: Deutsches Institut für Fernstudien an der Universität Tübingen, Herrenbergerstr. 23, 7400 Tübingen 1

Diskowski, Detlef/*Heuchert,* Lucija: Fremd sein aber nicht fremd bleiben. Deutsche und Ausländer im Stadtteil, Projektinformation 2, Berlin 1984

Dunkel, P. F.: Schattenfiguren – Schattenspiel. Geschichte – Herstellung – Spiel. Köln: DuMont 1984

Erzbischof Paul: Orthodoxe Kirche Finnland: Unser Glaube. Köln: Edition Orthodoxie 1983

Flitner, Andreas: Spielen – Lernen. Praxis und Deutung des Kinderspiels. München: Piper 1980[6]

Franger, Gaby/*Kneipp,* Hubert (Hrsg.): Miteinander leben und feiern. Ausländische und deutsche Kinder feiern Feste. Frankfurt: Dağyeli 1984

Hirschberger, Marie-Luise/*Kersten,* Ralph: Spielend lernen – Schattentheater mit ausländischen Jugendlichen. In: Sprachverband DfaA Heft 1 (1984), S. 51–52

Hüsler-Vogt, Silvia: Kinder ausländischer Familien. Zürich: Schweizerischer Kindergärtnerinnen-Verein 1985

Incirsi, Tahsin: Musik der Türkei/Türk Müsiği. Zu beziehen über Express Edition, Berlin

Informationsdienst zur Ausländerarbeit: Themenheft „Jugoslawien", Nr. 2–3, 1983

Lernen in Deutschland, Heft 10 (1982), S. 5–10 (zu Weihnachten)

Müller, Helga/*Oberhuemer,* Pamela, unter Mitwirkung von *v. Engelbrechten,* Erika: Kind und Bilderbuch. Hannover: Schroedel 1979

Paerl, Hetty: Schattenspiel und das Spielen mit Silhouetten. München: Hugendubel 1981

Projekt „Deutsche und Ausländer im Stadtteil – Integration durch den Kindergarten" (Robert Bosch Stiftung). Projektinformationen 9. München 1984

RAA (Regionale Arbeitsstelle zur Förderung ausländischer Kinder und Jugendlicher): 29. November – Tag der Republik in Jugoslawien (Schüler- und Lehrerheft), Essen-Altenessen 1981

RAA (Regionale Arbeitsstelle zur Förderung ausländischer Kinder und Jugendlicher): 23. April – Kinderfest (Lehrerheft), Essen-Altenessen 1983

Reidelhuber, Almut: Die gemeinsame Förderung deutscher und ausländischer Kinder beginnt beim Planen. In: *Hagenbusch,* A. M. (Hrsg.): Das schulbereite Kind. Donauwörth: Auer 1985, S. 130–143

Savvopoulos, Dionyssis/*Kerker,* Armin: „Wissen Sie, was ein Basar ist? ...“ In: Informationsdienst zur Ausländerarbeit, Heft 1 (1984). S. 104–106

Seitz, Rudolf (Hrsg.): Spiele mit Licht und Schatten. München: Don Bosco 1984

Trautsch, Eberhard: Das Opferfest im Wandel. Ausländerkinder 4, Heft 4 (1983), S. 23–27

Ulich, Michaela: Kinder und Regelspiele. Regelspiel ist nicht gleich Regelspiel. In: Theorie und Praxis der Sozialpädagogik, Jg. 92, Heft 3 (1984), S. 128–131

Ulich, Michaela: „Ene, meene muh/raus bist du.“ Rituale und Freiräume im traditionellen Kinderspiel. In: Zeitschrift für Pädagogik Jg. 31, Heft 6 (1985), S. 735–746

Publikationen des Staatsinstituts für Frühpädagogik und Familienforschung zur gemeinsamen Förderung ausländischer und deutscher Kinder

1. Kulturspezifische Materialien

Es war einmal, es war keinmal ...

Ein multikulturelles Lese- und Arbeitsbuch.
Herausgegeben von Michaela Ulich/Pamela Oberhuemer unter Mitwirkung von Almut Reidelhuber im Staatsinstitut für Frühpädagogik.
Weinheim: Beltz 1985 (Beltz praxis)

Kinderbücher aus Türkei – Jugoslawien – Griechenland

Herausgegeben von W. E. Fthenakis/M. Ulich unter Mitwirkung von P. Oberhuemer/D. Thorbeck-Hess. Staatsinstitut für Frühpädagogik.
München u. a.: Saur 1984

Kinderbücher aus Italien – Spanien – Portugal

Herausgegeben von W. E. Fthenakis/M. Ulich unter Mitwirkung von P. Oberhuemer/D. Thorbeck-Hess. Staatsinstitut für Frühpädagogik.
München u. a.: Saur 1984

2. Weitere Publikationen

Fthenakis, W. E./Sonner, A./Thrul, R./Walbiner, W.:
Bilingual-bikulturelle Entwicklung des Kindes
Herausgegeben vom Staatsinstitut für Frühpädagogik.
München: Hax Hueber 1985

Staatsinstitut für Frühpädagogik (Hrsg.):
Gemeinsame Förderung ausländischer und deutscher Kinder im Kindergarten
Schriftenreihe mit 7 Einzelbänden.
Donauwörth: Auer 1984, 1985.

Elternbriefe für ausländische Eltern im Kindergarten
München: Staatsinstitut für Frühpädagogik 1984.
15 Briefe als Faltblatt mit je 8 Seiten in deutscher, griechischer, italienischer, serbokroatischer und türkischer Sprache.
Zu beziehen über: Wehrfritz GmbH, Postfach 1107, 8634 Rodach

Komm in den Kindergarten
Herausgegeben vom Bayerischen Staatsministerium für Unterricht und Kultus. München 1981
(Zu beziehen über das Staatsinstitut für Frühpädagogik und Familienforschung, Arabellastraße 1, 8000 München 81)

Bildnachweise

Illustration: Helena *Rosa*. Aus: Enric *Larreula*/Helena *Rosa:* El gigante pequeño (Der kleine Riese). Barcelona: Teide 1982, S. 13 23

Illustration: Carme *Solé*. Aus: Asunción *Lissón*/M. Eulàlia *Valeri:* Olles, olles de vi blanc (Kinderreime). Barcelona: La Galera 1976, S. 15 26

Illustration: Carmen *Andrada*. Aus: Carmen *Bravo-Villasante*/Carmen *Andrada:* China, china, capuchina, en esta mano esta la china (Kinderreime). Valladolid: Miñón 1981 (Deckblatt) 33

Illustration: Carme *Solé*. Aus: Asunción *Lissón*/M. Eulàlia *Valeri:* Olles, olles de vi blanc (Kinderreime). Barcelona: La Galera 1976, S. 24 50

Illustration: Marjan *Manček*. Aus: Marjan *Manček:* Mojca Pokrajculja (Das Mädchen mit einem Kreuzer). Ljubljana: Mladinska knjiga 1983 59

Illustration: Marcella *Fusi,* Florenz 1983. Aus: Italienische Sammlung des Staatsinstituts für Frühpädagogik und Familienforschung, München 66

Illustration: Marcella *Fusi,* Florenz 1983. Aus: Italienische Sammlung des Staatsinstituts für Frühpädagogik und Familienforschung, München 68

Illustration: Francisco *Goya,* 1780. Aus: Spiele der Welt. Herausgegeben von F. v. Grunfeld u. a. Frankfurt a. M.: Wolfgang Krüger 1976, S. 231 73

Illustration: Teresa *Buongiorno*. Aus: Einband der Schallplatte: Gine Ginappole fa ballar le trappole (Lieder, Reime, Spiele und Wiegenlieder). Ausgewählt von A. Virgilio Savona. Cologno Monzese (Mi): Vedette Records o. J. 77

Illustration: Teresa *Buongiorno*. Aus: Einband der Schallplatte: Gine Ginappole fa ballar le trappole (Lieder, Reime, Spiele und Wiegenlieder). Ausgewählt von A. Virgilio Savona. Cologno Monzese (Mi). Vedette Records o. J. 105

Illustration: Marcella *Fusi,* Florenz 1983. Aus: Italienische Sammlung des Staatsinstituts für Frühpädagogik und Familienforschung, München 110

Illustration: Marcella *Fusi,* Florenz 1983. Aus: Italienische Sammlung des Staatsinstituts für Frühpädagogik und Familienforschung, München 118

Illustration: Marcella *Fusi,* Florenz 1983. Aus: Italienische Sammlung des Staatsinstituts für Frühpädagogik und Familienforschung, München 125

Illustration: Viví *Escrivá*. Aus: Carmen *Vázquez-Vigo:* Aire de Colores (Farbenspiel). Valladolid: Miñón 1977 (Deckblatt) 133

Illustration: Metin *Özlen*. Aus: Metin *And:* Karagöz. Turkish Shadow Theatre. Istanbul: Dost 1979 (Deckblatt) 136

Illustrator unbekannt. Aus: Bastelvorlage für Karaghiozis und andere Figuren. Am Kiosk in Griechenland erhältlich 141

Illustration: Marcella *Fusi*, Florenz 1983. Aus: Italienische Sammlung des Staatsinstituts für Frühpädagogik und Familienforschung, München 165

Illustrator unbekannt. Aus: La corrida de toros (Stierkampf heute). Barcelona: Laminograf 1967, S. 35 171

Illustration: Robert *Lawson*. Aus: Munro *Leaf*: Ferdinand. Zürich: Diogenes 1970 172

Illustration: Griechische Volkskunst. Aus: Eugenia *Fakinou*: Ta ellinakia (Die Griechenkinder). Athen: Kedros 1980, S. 19 175

Illustrator unbekannt. Aus: C. *Zangalis*/P. *Clarke*: Christmas for Children. A Multicultural Source Book. Richmond (Australia): Hodja Educational Resources 1982, S. 39 188

Illustration: Asun *Balzola*. Aus: Asun *Balzola*: Pepón y Pepín (Pepon und Pepin), Madrid: Encuentro Ediciones 1980, S. 12 u. 13 241

Illustration: Marcella *Fusi*, Florenz 1983. Aus: Italienische Sammlung des Staatsinstituts für Frühpädagogik und Familienforschung, München 256

Illustration: Fina *Rifa*. Aus: Asunción *Lissón*/M. Eulàlia *Valeri*: Olles, olles de vi blanc (Kinderreime), Barcelona: La Galera 1976, S. 27 257

Illustration: Can *Göknil*. Aus: Can *Göknil*. Ailem (Meine Familie). Istanbul: Redhouse 1980 (Leporello) 261

Illustration: Paulos *Valassakis*. Aus: P. *Valassakis*: Mia Kyriaki me ten oikogeneia Notide (Ein Sonntag mit der Familie Notidis). Athen: Lychnos 1978, S. 4 282

Illustration: Paulos *Valassakis*. Aus: P. *Valassakis*: Mia Kyriaki me ten oikogeneia Notide (Ein Sonntag mit der Familie Notidis). Athen: Lychnos 1978, S. 9 285

Illustration: Paula *Amaral*. Aus: Carlos *Pinhão*: A onda grande e boa (Die Welle ist groß und gut), Lisboa: Livros Horizonte 1981, S. 21 289

Illustration: Paula *Amaral*. Aus: Carlos *Pinhão*: A onda grande e boa (Die Welle ist groß und gut). Lisboa: Livros Horizonte 1981, S. 31 291

Illustration: Daniel *Demšar*. Aus: Ervin *Fritz*/Daniel *Demšar*: Dimnikar je črn grof. Ljubljana: Univerzum 1984, S. 10 301

Illustration: Miguel A. *Pacheco*. Aus: Gloria *Fuertes*/Miguel A. *Pacheco*: La oca loca. (Die verrückte Gans). Madrid: Escuela Española 1981, S. 9 309

Illustration: Irene *Bordoy*. Aus: Lolo *Rico*/Cruz *Blanco*: Kalamito se aburre (Kalamito langweilt sich). Madrid: Altea 1982 311

Illustration: Can *Göknil*. Aus: Can *Göknil*: Gelincik tarlası ve dumanlı canavar (Das Klatschmohnfeld und das rauchende Ungeheuer). Istanbul: Yapı ve Kredi Bankası 1982 (Deckblatt) 328

Adressen (Bezugsquellen, Versandbetriebe)

a) In der Bundesrepublik Deutschland

Internationale Jugendbibliothek (IJB)
Schloß Blutenburg
8000 München 60
Tel.: (0 89) 8 11 20 28

Kinderbücher aus aller Welt;
Präsenz- und Ausleihbibliothek

Stadtbibliothek Duisburg
Düsseldorfer Straße 5–7
4100 Duisburg 1

Großer Bestand türkischer Bücher

EKZ
Einkaufszentrale für öffentliche
Bibliotheken
Postfach 96
7410 Reutlingen 1
Tel.: (0 71 21) 144-0

Guiseppe Zambon
Münchner Str. 56
6000 Frankfurt/M. 1
Tel.: (0 69) 77 92 23

Bücher und Schallplatten in
griechischer, italienischer,
portugiesischer, serbokroatischer,
spanischer und türkischer Sprache

Schulbuchverlag Anadolu
Vennstr. 37–39
Postfach 6131
5142 Hückelhoven
Tel.: (0 24 33) 66 50 u. (02 08) 64 45 73

Buchhandlung Türkei/
Türkiye Kitabevi Verlag
Versand & Vertrieb
Eigelstein 48
5000 Köln 1
Tel.: (02 21) 12 31 39

Türk. Buchhandlung
Kaynar
Hansastr. 86
4100 Duisburg 1
Tel.: (02 03) 33 17 95

Dagyeli Verlag
Merianstr. 27
6000 Frankfurt 1
Tel.: (0 69) 43 81 38

Bücher aus der Türkei und
türkische Migrantenliteratur

Verein für Kassettenprogramme für ausländische Mitbürger Kyreinstr. 2 8000 München 70 Tel.: (0 89) 7 25 80 83–84	v.a. Kassetten in türkischer und deutscher Sprache für Erwachsene und Kinder
Kyritsis Griechische Buchhandlung Rosenheimer Straße 119 8000 München 80 Tel.: (0 89) 4 48 12 01	griechischer Buchvertrieb
Kubon & Sagner Heßstr. 39 Postfach 340 108 8000 München 34 Tel.: (0 89) 52 20 27	Jugoslawischer Buchvertrieb
Liberia Iberoamericana Verlag Klaus Dieter Vervuert Wielandstraße 40 (Hinterhaus) 6000 Frankfurt/M. Tel.: (0 69) 59 96 15	Bücher aus Spanien, Lateinamerika, Portugal
TFM Heiligkreuzgasse 9 a 6000 Frankfurt/M. 1 Tel.: (0 69) 28 26 47	Bücher in brasilianischer und portugiesischer Sprache
Ital-Libri Ismaningerstr. 110 8000 München 80 Tel.: (0 89) 98 97 86	Italienische Bücher
edition Con „Südwind Gastarbeiterdeutsch“ Westerdeich 38 2800 Bremen Tel.: (04 21) 54 00 12 Express Edition Kottbusser Damm 79 1000 Berlin 61 Tel.: (0 30) 6 93 20 64–65 Neuer Malik Verlag Ringstraße 53 2300 Kiel 1 Tel.: (04 31) 6 19 06	Migrantenliteratur

b) Kinderbuchverlage im Ausland

Türkei

Cem Yayınevi
Ankara Caddesi 40/1
Cağaloğlu – Istanbul
Tel.: 27 17 41

Oda Yayınları
Babiali Caddesi 19
Sihhiye Apt. Daire 3
Cağaloğlu – Istanbul
Tel.: 27 39 53

Incilap Kitapları
Ankara Cad. 95
Cağaloğlu – Istanbul
Türkei

Redhouse Yayınevi
Rizapaşa Yokusu 50
Sultanhaman – Istanbul

Remzi Kitabevi
Ankara Caddesi 93
Cağaloğlu – Istanbul
Tel.: 22 20 14

Jugoslawien

Decje Novine
32300 Gornji Milanovac

Mladinska Knjiga
Presernova 5
61000 Ljubljana

Mladost
Ilica 30
41000 Zagreb

Narodna Knjiga
Safarikova 11
11000 Beograd

Nolit
Terazije 27/II
11000 Beograd

Školska Knjiga
Masarykova 28
41000 Zagreb

Svjetlost
Petra Preradovica 3
71000 Sarajevo

Veselin Maslesa
Sime Milutinovica 4
71000 Sarajevo

Griechenland

Kedros
Gennadiu 6
Athen 142

Astir
Lycurgus 111
Athen

Italien

La Libreria dei Ragazzi
Via Unione 3
I-20122 Milano

Libreria „Il Marzocchino" (Buchhandlung)
Via De'Martelli 14r
50100 Firenze

Arnoldo Mondadori
Divisione Libri per Ragazzi
Via Zeviani 2
I-37131 Verona

La Editoriale Libreria S.p.A.
(Edizione Elle)
Via San Francesco 62–64
34100 Trieste
Tel.: 040/76 42 76

La Nuova Italia (NIEP)
Via E. Codignola
518 Casellina di Scandicci
I-50100 Firenze

La Scuola Editrice S.p.A.
Via L. Cadorna 11
25186 Brescia

Spanien

Talentum-Libros Infantiles (Buchhandlung)
Nuñez de Balboa 53
Madrid – 1

La Galera
Ronda del Guinardó 38
Apartat de Correus 20146
Barcelona 25

Editorial Juventud S.A.
Provenza 101
Apartado de Correos 3
Barcelona 29

Ediciones Altea
Prinzipe de Vergara 84,1°
Madrid – 6
Tel.: 2 62 53 00

Escuela Española
Mayor 4
Madrid – 13

Portugal

Livraria Portugal (Buchhandlung)
Rua da Carmo 70–74
1200 Lisboa

Livraria Sá da Costa Editora
Rua Garrett 100–102
Lisboa

Plátano Editora
Av. de Berna 31, 2° -E
Lisboa